Beiträge zum Strafrecht –
Contributions to Criminal Law

herausgegeben von

Prof. Dr. Jochen Bung, Universität Hamburg

Prof. Dr. Christoph Burchard,
Goethe-Universität Frankfurt

Prof. Dr. Jörg Eisele, Universität Tübingen

Prof. Dr. Elisa Hoven, Universität Leipzig

Prof. Dr. Johannes Kaspar, Universität Augsburg

Prof. Dr. Tobias Reinbacher,
Julius-Maximilians-Universität Würzburg

Prof. Dr. Dr. Frauke Rostalski, Universität zu Köln

Band 6

Jakob F. Dämmer

Auswirkungen von „Button-Lösung" und Widerrufsrecht auf den Eingehungsbetrug

Zum Spannungsfeld zwischen wirtschaftlicher Vermögensbewertung und neuen zivilrechtlichen Schutzmechanismen

Nomos

Onlineversion
Nomos eLibrary

Die Deutsche Nationalbibliothek verzeichnet diese Publikation in
der Deutschen Nationalbibliografie; detaillierte bibliografische
Daten sind im Internet über http://dnb.d-nb.de abrufbar.

Zugl.: Mainz, Univ., Diss., 2019

ISBN 978-3-8487-6813-4 (Print)
ISBN 978-3-7489-0914-9 (ePDF)

1. Auflage 2020
© Nomos Verlagsgesellschaft, Baden-Baden 2020. Gedruckt in Deutschland. Alle Rechte,
auch die des Nachdrucks von Auszügen, der fotomechanischen Wiedergabe und der
Übersetzung, vorbehalten. Gedruckt auf alterungsbeständigem Papier.

Mein Werdegang wäre deutlich anders verlaufen, hätten nicht meine Eltern mit ihrem festen Glauben an mich – insbesondere in meiner Kindheit – hinter mir gestanden. Von Zweiflern unbeirrt konnte ich mich daher frei entfalten, Schule und Studium absolvieren und Letzteres mit zwei juristischen Examen abschließen. Meine Mutter ist im Jahr 2011 schwer erkrankt und ein Jahr später verstorben. Ich habe unzählige Stunden an ihrem Krankenbett für mein erstes Examen gelernt und während dieser Zeit mein Schwerpunktexamen bestanden. Es hat sie mit Stolz erfüllt zu sehen, mit welchem Ehrgeiz ich meinen Weg gehe und es hätte sie umso mehr mit Stolz erfüllt zu sehen, dass dieser Weg nun in der vorliegenden Arbeit mündet.

Diese Arbeit steht deswegen auch als Symbol für das Vertrauen und die tiefe Überzeugung meiner Eltern. Ihnen ist diese Arbeit gewidmet.

Vorwort

Die vorliegende Arbeit wurde im Wintersemester 2018/2019 vom Fachbereich Rechts- und Wirtschaftswissenschaften der Johannes Gutenberg-Universität Mainz als Dissertation angenommen. Rechtsprechung und Literatur wurden bis März 2019 berücksichtigt.

Besonderer Dank gilt meinem Doktorvater Herrn Prof. Dr. Volker Erb für die hervorragende und engagierte Betreuung der Arbeit sowie für die zügige Erstellung des Erstgutachtens. Herrn Prof. Dr. Jörg Scheinfeld danke ich für die Erstellung des Zweitgutachtens.

Danken möchte ich auch meiner Familie. Hervorzuheben ist mein Vater Egon Dämmer, der mir insbesondere durch intensives und mehrfaches Korrekturlesen der Arbeit sehr geholfen hat. Herzlichen Dank auch an meine Frau Lisa, die mich auf vielfältige Weise sehr unterstützt hat und wegen der Promotion drei weitere Jahre in unserer kleinen Dachgeschosswohnung mit mir und unserem Boxer Paul durchstehen musste.

Mainz, im April 2020   Jakob F. Dämmer

Inhaltsverzeichnis

A. Einleitung

I. Die Abofalle im Internet – eine Einführung

Die unentwegt fortschreitende Ausbreitung des Internets und dessen Integration in den Alltag bringt neben der zunehmenden Onlineabwicklung von Geschäften auch eine Vielzahl kostenlos verfügbarer Angebote mit sich.[1] Auch Kriminelle entwickeln seither mit großem Einfallsreichtum stetig neue Möglichkeiten, um sich in der Onlinewelt auf Kosten anderer zu bereichern.[2]

Ein seit Jahren beliebtes Geschäftsfeld, das mittlerweile ohne Weiteres als Klassiker des Internetbetruges bezeichnet werden kann, sind die sogenannten Abofallen, mit denen ahnungslose Internetnutzer um ihr Geld gebracht werden.[3] Auf eigens hierfür eingerichteten Internetseiten werden dem Verbraucher – üblicherweise kostenlos verfügbare – Leistungen wie etwa Routenplaner[4] oder der Zugriff auf verschiedenste Datenbanken angeboten.[5] Das Angebot reicht von Tattooideen über Mitfahrzentralen[6],

---

1 Vgl. Gaedertz/Martinek/Ory/*Peters*, Mediaagenturen, S. 198 f.
2 *Hatz*, JA 2012, 186; *Völschow*, Kostenfallen, S. 1, 5; *Weiss*, JuS 2013, 590; eingehend *Krischker*, Internetstrafrecht.
3 Siehe nur *Ellbogen/Saerbeck*, CR 2009, 131; *Krell*, ZIS 2019, 62; BT-Drs. 17/7745, S. 6. Eine Übersicht der allein bis zum Jahr 2013 von der Verbraucherzentrale Bundesverband geführten wettbewerbsrechtlichen Verfahren aufgrund von Abofallen im Internet findet sich unter www.vzbv.de/sites/default/files/downloads/Kostenfall en_im_Internet.pdf (abgerufen am 02.03.2018). Um eine aktuelle Form der Abofalle, die sog. WAP-Billing-Falle, die speziell für die Smartphone Nutzung angepasst ist, geht es in der vorliegenden Untersuchung nicht. Vgl. hierzu *Gaßner/Strömer*, HRRS 2017, 110–122; *Wegner*, NStZ 2016, 455–460.
4 BGH, Urteil v. 05.03.2014 – 2 StR 616/12, NJW 2014, 2595; vgl. auch *Völschow*, Kostenfallen, S. 13 f.
5 LG Hamburg, Urteil v. 21.03.2012 – 608 KLs 8/11, BeckRS 2012, 06778; *Alexander*, NJW 2012 1985 (1986); Wabnitz/Janovsky/*Wimmer*, HdB Wirtschafts- u. Steuerstrafrecht, 7. Kap., Rn. 5. Teilweise werden gezielt „Lock-E-Mails" versendet, die den Verbraucher über einen Link direkt auf die Internetseite mit der Vertragsfalle lotsen. Siehe zu einer solchen Konstellation LG Göttingen Urteil v. 17.08.2009 – 8 KLs 1/09, BeckRS 2011, 10690. Siehe auch *Klisa*, der in seiner Untersuchung, Betrug trotz wahrer Erklärung (S. 223 ff.), „Screenshots" einiger bereits aus dem Internet genommener Internetseiten zur Veranschaulichung abdruckt.
6 LG Berlin Urteil v. 08.02.2011 – 15 O 268/10, BeckRS 2012, 3885; AG Berlin-Charlottenburg Urteil. v. 05.03.2010 – 206 C 541/09, BeckRS 2012, 3884.

Wohngemeinschaften[7], Intelligenztests[8], Kontakte aus der Nachbarschaft[9], Ahnenforschung[10] und Gedichte[11] bis hin zu Kochrezepten.[12] Die Angebote können als wertlos bezeichnet werden, weil vergleichbare Dienste im Internet üblicherweise kostenlos zur Verfügung stehen.[13] Teils ist trotz Anmeldung der Zugriff auf die versprochene Datenbank überhaupt nicht möglich.[14] Ziel der Seitenbetreiber ist ohnehin nicht, Internetnutzern sinnvolle Dienste vorzuhalten. Vielmehr soll hier lediglich eine „Alibi-Leistung"[15] angeboten werden, um die vermeintlichen Kosten, von denen das Opfer bei Inanspruchnahme des Dienstes noch nichts weiß, im Anschluss rechtfertigen zu können. Vor Freischaltung des Zugriffs auf die Datenbank muss sich der Nutzer unter Eingabe seiner Daten anmelden.[16] Als zusätzliche Ablenkung von einer etwaigen Kostenpflicht und um die Eingabe persönlicher Daten zu rechtfertigen, wird die Anmeldung häufig mit einem Gewinnspiel verknüpft.[17] Die Auffassung des Verbrauchers, er würde einen kostenlosen Dienst in Anspruch nehmen, wird zudem oftmals mit blickfangartig herausgestellten Aussagen wie „free", „kostenlos" oder „heute gratis" verstärkt.[18] Nach erfolgter Anmeldung und Freischaltung des begehrten Angebots erhält der ahnungslose Nutzer eine Zahlungsauf-

---

7 LG Berlin, Urteil v. 21.10.2011 – 50 S 143/10, NJW-RR 2012, 424.
8 AG Berlin-Mitte, Urteil v. 28.10.2010 – 13 C 118/10, BeckRS 2011, 07563.
9 AG Berlin-Mitte, Urteil v. 05.11.2008 – 17 C 298/08.
10 OLG Frankfurt a. M., Urteil v. 04.12.2008 – 6 U 187/07, GRUR-RR 2009, 265.
11 OLG Frankfurt a. M., Urteil v. 04.12 2008 – 6 U 186/07, GRUR-RR 2009, 265.
12 OLG Hamm, Urteil v. 16.11.2016 – I-12 U 52/16, GRUR-RR 2017, 198. Zum Ganzen mit bebilderten Beispielen *Völschow*, Kostenfallen, S. 5–25.
13 BGH, Urteil v. 05.03.2014 – 2 StR 616/12, NJW 2014, 2595 (2599); LG Hamburg, Urteil v. 21.03. 2012 – 608 KLs 8/11, BeckRS 2012, 06778; AG Marburg, Urteil v. 08.02.2010 – 91 C 981/09 (81), MMR 2010, 329; *Eisele*, NStZ 2010, 193 (198); *Greupner*, Schutz des Einfältigen, S. 54; *Rönnau/Wegner*, JZ 2014, 1064 (1067).
14 www.vzhh.de/themen/telefon-internet/abofallen/falsche-streaming-dienste-vorsicht-vor-abo-fallen (abgerufen am 14.05.2018).
15 *Erb*, FS Müller-Graff, S. 199 (203); *ders.*, ZIS 2011, 368 (375); ähnlich *Rönnau/Wegner*, JZ 2014, 1064 (1065).
16 *Alexander*, NJW 2012 1985 (1986); *Hatz*, JA 2012, 186; *Wilschke*, VuR 2012, 171 (173).
17 *Buchmann/Majer/Hertfelder/Vögelein*, NJW 2009, 3189 (3190); *Eisele*, NStZ 2010, 193; *Greupner*, Schutz des Einfältigen, S. 54; *Völschow*, Kostenfallen, S. 148; www.verbraucherzentrale.de/abofalle-routenplaner (abgerufen am 02.03.2018).
18 BT-Drs. 17/7745, S. 6; OLG Frankfurt a. M., Urteil v. 20.05.2010 – 6 U 33/09, GRUR-RR 2010, 482; *Klas/Schwarz*, VuR 2009, 341 (342); *Völschow*, Kostenfallen, S. 18 f.; siehe auch OLG Koblenz, Urteil v. 18.03.2009 – 4 U 1173/08, GRUR-RR 2009, 262 zu einem Sachverhalt, in dem der Button mit den Worten „Dankeschön auspacken" beschriftet war.

forderung, zunächst meist per Email.[19] Hierbei wird üblicherweise auf eine tatsächlich vorhandene aber gut versteckte oder bewusst klein und inmitten eines Fließtextes[20] abgedruckte Textpassage auf der jeweiligen Internetseite verwiesen, in der darauf hingewiesen wird, dass mit Anmeldung ein Einjahres- oder Zweijahresabonnement abgeschlossen wird.[21] Die in Rechnung gestellten Kosten sind regelmäßig nur so hoch, dass sich der Verbraucher vielfach gegen die Beauftragung eines Rechtsanwaltes entscheiden wird und den Betrag in der Hoffnung begleicht, fortan seine Ruhe zu haben.[22] Erscheint das Kostenrisiko im Verhältnis zu den relativ geringen Streitwerten doch enorm hoch.[23]

Uneinsichtigen Verbrauchern offenbart sich eine Drohmaschinerie, die zur Zahlung bewegen soll und – ganz unabhängig von der Rechtslage – vielfach tatsächlich auch zur Zahlung der eingeschüchterten Betroffenen führt.[24] Dies geschieht ungeachtet dessen, ob der vermeintliche Vertrag widerrufen wird.[25] Neben Drohungen durch Inkassounternehmen und Rechtsanwälte werden dem zahlungsunwilligen „Kunden" mitunter Urteile

---

19 LG Göttingen Urteil v. 17.08.2009 – 8 KLs 1/09, BeckRS 2011, 10690. Hierbei wird offenbar teilweise der Ablauf der Widerrufsfrist abgewartet, *Roth*, VuR 2012, 477 (478); *Wilschke*, VuR 2012, 171 (172). Zu beachten sind aber stets die Besonderheiten des Einzelfalles. Denn die grundsätzlich 14-tägige Widerrufsfrist setzt eine ordnungsgemäße Belehrung über das Widerrufsrecht voraus.
20 Siehe dazu etwa LG Berlin, Urteil v. 21.10.2011 – 50 S 143/10, NJW-RR 2012, 424; *Greupner*, Schutz des Einfältigen, S. 55; *Völschow*, Kostenfallen, S. 19 f.
21 Teilweise wird der Text zudem noch in kontrastarmer Schrift abgebildet, BT-Drs. 17/7745, S. 6.
22 OLG Frankfurt a. M. Urteil v. 04.12.2008 – 6 U 187/07, GRUR-RR 2009, 265: dort 60 Euro für 12 Monate; *Eisele*, NStZ 2010, 193; *Hecker*, JuS 2011, 470 (471); *Hecker/Müller*, ZWH 2014, 329; *Völschow*, Kostenfallen, S. 17; *Wabnitz/Janovsky/Wimmer*, HdB Wirtschafts- u. Steuerstrafrecht, 7. Kap., Rn. 5; zum Ganzen auch BT-Drs. 17/7745, S. 6.
23 BMJV, Abschlussbericht d. Evaluierung d. Button-Lösung 2014, S. 108, abzurufen unter www.bmjv.de/SharedDocs/Publikationen/DE/Evaluierung_ Verbraucherschutz_Kostenfallen.html (abgerufen am 05.03.2019); *Kredig/Uffmann*, ZRP 2011, 36 (40).
24 *Klas/Schwarz*, VuR 2009, 341 f.; zutreffend *Hövel*, GRUR 2011, 254, der von „einer regelrechten Einschüchterungsmaschinerie, bestehend aus Mahnbriefen, Inkassofirmen und dubiosen Rechtsanwälten[...], die die ahnungslosen Opfer zur Begleichung angeblicher Forderungen bewegen soll" spricht. Vgl. auch *Reifner*, VuR 2010, 228.
25 www.vzhh.de/telekommunikation/408310/abofalle-routenplaner.aspx (abgerufen am 02.03.2018).

übersendet, die die Rechtsansicht der Kriminellen belegen sollen.[26] Bei den Urteilen handelt es sich teils um Fälschungen, teils um solche Entscheidungen, die allein deswegen ergangen sind, weil sich der Verbraucher nicht oder zu spät verteidigt hat.[27] Recherchieren Betroffene im Internet nach Tipps, wie sie sich verhalten sollten, wenn sie Opfer einer Abofalle geworden sind, stoßen sie teilweise auf YouTube-Videos, in denen dringend zur Zahlung geraten wird. Freilich sind diese Videos vorsorglich eigens von den Abofallenbetreibern erstellt worden.[28] Neuerdings kündigen die Betreiber einschlägiger Internetseiten ihren Opfern per Email einen Termin zur Pfändung von Wertgegenständen an.[29] In der Email heißt es, das „Inkasso Außendienst Team" werde bei dem vermeintlichen Schuldner zu Hause erscheinen, um mit einem Kleintransporter Wertgegenstände abzutransportieren. Nötigenfalls werde man die Wohnungstür durch einen Schlosser öffnen lassen. Wann die Drohungen aufhören, ist von Fall zu Fall unterschiedlich. Nach Einschätzung der *Verbraucherzentrale Hamburg* „dauert der Spuk mit den Rechnungen und Mahnungen mindestens zwei Jahre an."[30]

Eine gerichtliche Geltendmachung der vermeintlichen Ansprüche erfolgt nur in den allerseltensten Fällen.[31] Das Geschäftsmodell der Abofallenbetreiber ist vielmehr darauf ausgerichtet, bei dem Opfer den Eindruck zu erwecken, es habe sich durch die Eingabe der Daten und den tatsächlich vorhandenen Kostenhinweis rechtswirksam zur Zahlung verpflichtet. Wer an der Zahlungspflicht zweifelt, wird durch die dargestellte Drohmaschinerie massiv unter Druck gesetzt.[32]

---

26 www.vzhh.de/telekommunikation/30115/abofalle-nicht-zahlen.aspx (abgerufen am 02.03.2018); *Buchmann/Majer/Hertfelder/Vögelein*, NJW 2009, 3189 (3194); *Klisa*, Betrug trotz wahrer Erklärung, S. 228 f., jeweils m. w. N.

27 www.vzhh.de/telekommunikation/30115/abofalle-nicht-zahlen.aspx (abgerufen am 02.03.2018). In anderen Fällen wird auf Urteile verwiesen, die – wie eine Nachfrage bei den betreffenden Gerichten durch die Verbraucherzentrale Niedersachsen ergeben hat – unter den angeführten Aktenzeichen nicht existieren, www.verbraucherzentrale-niedersachsen.de/maps-routenplaner-pro (abgerufen am 02.03.2018).

28 www.vzhh.de/themen/telefon-internet/abofallen/falsche-streaming-dienste-vorsicht-vor-abo-fallen (abgerufen am 14.05.2018).

29 www.verbraucherzentrale.de/routenplaner-inkasso (abgerufen am 02.03.2018).

30 www.vzhh.de/telekommunikation/30115/abofalle-nicht-zahlen.aspx (abgerufen am 02.03.2018).

31 *Meyer-van Raay/Deitermann*, VuR 2009, 335 (336); *Völschow*, Kostenfallen, S. 11 f.

32 *Völschow*, Kostenfallen, S. 10.

Trotz der geringen Einzelbeträge ist der durch Abofallen hervorgerufene Gesamtschaden erheblich und das Procedere auf die Erzielung hoher Gewinne ausgerichtet.[33] In einem vor dem Landgericht München verhandelten Fall flossen der Inkassoanwältin eines entsprechenden „Internetdienstleisters" innerhalb eines halben Jahres 2,2 Millionen Euro aus 25.000 Einzelüberweisungen zu.[34] Das Landgericht Hamburg stellte sogar einen Schaden von mehr als 4,5 Millionen Euro, verteilt auf über 60.000 Geschädigte fest, den die dort Angeklagten mit dem Betreiben verschiedener Abofallen verursacht hatten.[35]

Strafanzeigen der Geschädigten führten lange Zeit nicht zum Erfolg.[36] So herrschte allgemein die Auffassung, dass in dem Betreiben entsprechender Internetseiten und dem Abkassieren der Verbraucher kein strafbares Verhalten liege, weil der Internetnutzer den Hinweis auf Kosten bei genauem Lesen hätte erkennen können.[37] Zutreffend wird daher der Beschluss des Oberlandesgerichts Frankfurt am Main vom 17.12.2010 – 1 Ws 29/09 als „lange erwarteter Wendepunkt in der (straf-) rechtlichen Beurteilung von Abofallen im Internet" bezeichnet.[38] Der Bundesgerichtshof bestätigte die erstinstanzliche Entscheidung, mit der der Angeklagte, ein Betreiber einschlägiger Internetseiten, wegen versuchten Betruges in einem besonders schweren Fall verurteilt wurde, § 263 I, II, III 2 Nr. 1 u. 2 StGB.[39] Zentraler Aspekt der Entscheidung ist die Beantwortung der Fra-

---

33 *Erb*, ZIS 2011, 368 (374); *Greupner*, Schutz des Einfältigen, S. 55 f.; *Völschow*, Kostenfallen, S. 17 f.; *Wilschke*, VuR 2012, 171 (172 f.).

34 LG München I Urteil v. 12.05.2009 – 28 O 398/09, BeckRS 2010, 7536.

35 LG Hamburg, Urteil v. 21.03.2012 – 608 KLs 8/11.

36 *Hatz*, JA 2012, 186.

37 *Ellbogen/Saerbeck*, CR 2009, 131 (136). So auch noch die 27. Strafkammer des LG Frankfurt a. M., die die Eröffnung des Hauptverfahrens gegen die Betreiber von Abofallen abgelehnt hatte, weil sie eine Täuschung nicht für gegeben erachtete. Die Anklage basierte auf mehreren hundert Strafanzeigen, Beschluss v. 05.03.2009 – 5/27 Kls 3330 Js 212484/07 KLs – 12/08, MMR 2009, 421; vgl. hierzu auch Wabnitz/Janovsky/*Wimmer*, HdB Wirtschafts- u. Steuerstrafrecht, 7. Kap., Rn. 7.

38 *V. Heintschel-Heinegg*, JA 2014, 790 (791); *Hövel*, GRUR 2011, 254. Von einer „Kehrtwende in der Rechtsprechung" spricht *Hatz*, JA 2012, 186. Die Strafverfolgung gestaltet sich auch weiterhin schwierig. Siehe hierzu im Einzelnen in Bezug auf den Betrug durch Online-Auktionen *Dingler*, Online-Auktionen, S. 23–35.

39 BGH, Urteil v. 05.03.2014 – 2 StR 616/12, NJW 2014, 2595; siehe zum Ganzen auch *Greupner*, Schutz des Einfältigen, S. 53–65.

ge, wann trotz eines (versteckten) Hinweises auf vermeintliche Kosten eine Täuschung vorliegt.[40]

Neben der strafrechtlichen Ahndung durch Gerichte ist der Gesetzgeber zunehmend bestrebt, den Verbraucher durch zivilrechtliche Schutzmechanismen vor den Gefahren von Kostenfallen und ungewollten Vertragsschlüssen im Internet zu schützen. So hat man als Reaktion auf die zunehmende Problematik rund um Kostenfallen im Internet auf europäischer Ebene (unter anderem) mit der Richtlinie 2011/83/EU und durch deren Umsetzung auf nationaler Ebene im Jahr 2012 mit einer Änderung des Bürgerlichen Gesetzbuches zum besseren Schutz der Verbraucherinnen und Verbraucher vor Kostenfallen im elektronischen Geschäftsverkehr reagiert.[41]

Entscheidende und im Rahmen der vorliegenden Untersuchung interessierende Änderung ist die zum 01.08.2012 eingeführte „Button-Lösung".[42] Diese fand sich zunächst in § 312g III, IV BGB[43], ab dem 13.06.2014 dann gleichlautend in § 312j III, IV BGB.[44] Durch die neu eingeführte Regelung ist nunmehr ausdrücklich gesetzlich festgeschrieben, dass ein entgeltlicher Vertrag im Internet zwischen Unternehmer und Verbraucher nur dann wirksam geschlossen wird, wenn der Verbraucher auf eine Schaltfläche mit der Aufschrift mit nichts anderem als den Wörtern „zahlungspflichtig bestellen" oder mit einer entsprechenden eindeutigen Formulierung

---

40 Hierzu eingehend *Eisele*, NStZ 2010, 193. Die Entscheidung des BGH hat ferner die Diskussion befeuert, inwieweit bei der Täuschung über wahre Tatsachen der europäische Maßstab eines durchschnittlich informierten situationsadäquat aufmerksamen Verbrauchers berücksichtigt werden muss. Jeweils m. w. N. *Cornelius*, NStZ 2015, 310; *Erb*, FS Müller-Graff, S. 199; *Hecker*, JuS 2014, 1043; *Hecker/Müller*, ZWH 2014, 329; *Heger*, HRRS 2014, 467; *Hillenkamp*, FS Müller Graff, S. 191; *Joecks/Jäger*, StGB, § 263 Rn. 77a; *Rönnau/Wegner*, JZ 2014, 1064; *Rengier*, FS Fezer, S. 365–376; *Schramm*, BT I, § 7 Rn. 63 ff.; *Tiedemann*, Wirtschaftsstrafrecht, Rn. 547, 858; eingehend *Greupner*, Schutz des Einfältigen, insbes. S. 137 ff. Zur Abgrenzung zu (noch) erlaubtem unternehmerischem Werben i. R. d. Täuschung, *Scheinfeld*, wistra 2008, 167–173.

41 BT-Drs. 17/7745; *Völschow*, Kostenfallen, S. 35 ff.

42 *Schärtl*, JuS 2014, 577 (578).

43 Art. 1 Gesetz zum besseren Schutz der Verbraucherinnen und Verbraucher vor Kostenfallen im elektronischen Geschäftsverkehr v. 10.05.2012 (BGBl. Nr. 21 v. 16.05.2012, S. 1084). Siehe zum Ganzen auch *Heinig*, MDR 2012, 323–327.

44 Art. 1 Gesetz zur Umsetzung der Verbraucherrechterichtlinie v. 20.09.2013 (BGBl. Nr. 58 v. 27.09.2013, S. 3642).

klickt, § 312j III, IV BGB.[45] Mit der „Button-Lösung" setzt der deutsche Gesetzgeber Art. 8 II, III RL 2011/83/EU um.[46]

Aber auch wenn es zu einem Vertragsschluss gekommen sein sollte, gibt der Gesetzgeber dem Verbraucher grundsätzlich die Möglichkeit an die Hand, sich auf unkomplizierte Art vom Vertrag zu lösen.[47] Hierzu muss letzterer lediglich von seinem Widerrufsrecht Gebrauch machen, §§ 312c, 312g i. V. m. §§ 355, 356 BGB.[48] Weder ist die Ausübung an Gründe, wie etwa das Vorliegen eines Mangels, geknüpft, noch werden dem Verbraucher Beweispflichten aufgebürdet, wie beispielsweise im Falle einer Anfechtung.[49]

Trotz dieser zivilrechtlichen Schutzmechanismen, dem engagierten Vorgehen von Verbraucherverbänden und der drohenden Verurteilung wegen Betruges treiben Abofallenbetreiber weiterhin ihr Unwesen.[50] So ist ein Rückgang der Abofallen auch Jahre nach Einführung der „Button-Lösung"

---

45 Auf die durchaus umstrittene dogmatische Einordnung der Vorschrift soll hier nicht näher eingegangen werden; siehe hierzu etwa *Kirschbaum*, MMR 2012, 8; Hoeren/Sieber/Holznagel/*Kitz*, MMR-HdB, Teil 13.1 Rn. 12–24 m. w. N.; *Weiss*, JuS 2013, 590. Als nicht ausreichend wurden bisweilen etwa folgende Formulierungen erachtet: „Jetzt anmelden" (LG Leipzig, Urteil v. 26.07.2013 – 08 O 3495/12, BeckRS 2013, 13273), „anmelden" (LG Berlin, Urteil v. 17.07.2013 – 97 O 5/13, BeckRS 2013, 15956), „Bestellung abschicken" (OLG Hamm, Urteil v. 19.11.2013 – 4 U 65/13, WRP 2014, 330 (332 f.)) und „jetzt kostenlos testen" oder „Jetzt gratis testen – danach kostenpflichtig", auch wenn der erste Monat der Mitgliedschaft tatsächlich kostenfrei ist (LG München I, Beschluss v. 11.06.2013 – 33 O 12678/13 und OLG Köln, Urteil. v. 03.02.2016 – 6 U 39/15, GRUR-RR 2016, 456). Siehe zum Ganzen MüKoBGB/*Wendehorst*, § 312j, Rn. 24 ff. Nach *Frevers* kommt auch bei fehlerhaftem oder fehlendem Button jedenfalls ein unentgeltlicher Vertrag zustande, NJW 2016, 2289 (2292). Inwieweit die „Button-Lösung" in der Praxis umgesetzt wurde, hat das Bundesministerium der Justiz und für Verbraucherschutz im Jahr 2014 untersuchen lassen. Die Studie lässt sich unter www.bmjv.de/SharedDocs/Publikationen/DE/Evaluierung_Verbraucherschutz_Kostenfallen.html abrufen (abgerufen am 05.03.2019).

46 Frist zur Umsetzung war der 13.12.2013, Art. 28 RL 2011/83/EU; siehe auch *Kliegel*, JR 2013, 389 (390); Palandt/*Grüneberg*, BGB, § 312j, Rn. 1; *Schärtl*, JuS 2014, 577 (578).

47 *Schärtl*, JuS 2014, 577.

48 Zur Einordnung und Darstellung aktueller Entwicklungen des Verbraucherwiderrufsrechtes siehe *Specht*, VuR 2017, 363; für eine Übersicht über Voraussetzungen und Folgen des Widerrufs siehe *Schärtl*, JuS 2014, 577.

49 Zum Ganzen MüKoBGB/*Wendehorst*, § 312g, Rn. 1; BeckOK-BGB/*Martens*, § 312g, Rn. 2 f., 11.

50 *Klisa*, Betrug trotz wahrer Erklärung, S. 219. Meldung der Verbraucherzentrale Bundesverband e.V. vom 07.04.2017. Abzurufen unter www.verbraucherzentrale.de/routenplaner-inkasso; Meldung der Verbraucherzentrale Rheinland-Pfalz vom

nicht zu verzeichnen. Die *Verbraucherzentrale Rheinland-Pfalz* spricht im März 2016 in Anbetracht der Flut an Beschwerden von Verbrauchern über ungewollte Routenplanerabonnements von einem „Comeback der Internetabzocke".[51] Die „Button-Lösung" wird hierbei entweder einfach ignoriert oder aber dreist umgangen.[52] Letzteres geschieht beispielsweise, indem Seitenbetreiber vorgeben, den ganz offensichtlich an Verbraucher gerichteten Inhalt entsprechender Angebote nur für Gewerbetreibende vorhalten zu wollen.[53] Tatsächlich sollen Verbraucher angelockt werden, wobei die Betreiber sämtliche für Verbrauchsgüterkäufe geltenden Vorschriften nicht angewendet wissen wollen. Schließlich habe man sein Angebot ja ausschließlich an Unternehmer gerichtet. Ein weiterer Umgehungsversuch der „Button-Lösung" liegt in dem Anbieten sogenannter kostenloser Probeabos, die sich automatisch in (angeblich) kostenpflichtige Abonnements umwandeln.[54]

14.08.2017. Abzurufen unter www.verbraucherzentrale-rlp.de/pressemeldungen/r outenplanerabzocke-absurde-drohungen-verbraucherzentrale-warnt-vor-ungewoll ten-abonnements-und-ungerechtfertigten-mahnungen-17599 (jeweils abgerufen am 02.03.2018).

51 www.verbraucherzentrale-rlp.de/routenplaner-abzocke (abgerufen am 02.03.2018).

52 www.vzhh.de/themen/telefon-internet/abofallen/falsche-streaming-dienste-vorsic ht-vor-abo-fallen (abgerufen am 29.06.2018). Zu unterschiedlichen Umgehungs-möglichkeiten siehe auch *Kredig/Uffmann*, ZRP 2011, 36; *Roth*, VuR 2012, 478 (482).

53 OLG Hamm, Urteil v. 16.11.2016 – I-12 U 52/16, GRUR-RR 2017, 198.

54 Auch bei einem Abonnement, das zunächst tatsächlich kostenlos ist und sich erst später in ein kostenpflichtiges Abonnement umwandelt, muss bei Abschluss des Abos ein Button mit einer Beschriftung i. S. v. § 312j III BGB vorhanden sein. Fehlt es an diesem, so fehlt es auch an einer zivilrechtlich begründeten Zahlungs-pflicht. Siehe zum Ganzen etwa OLG Köln, Urteil v. 07.10.2016 – 6 U 48/16, GRUR-RR 2017, 108; OLG Köln, Urteil v. 03.02.2016 – 6 U 39/15, GRUR-RR 2016, 456; OLG Koblenz, Urteil v. 18.03.2009 – 4 U 1173/08, GRUR-RR 2009, 262; LG München I, Beschluss v. 11.06.2013 – 33 O 12678/13, m. Anm. *Weisser*, VuR 2013, 393; Jauering/*Stadler*, BGB, § 312j, Rn. 3; MüKoBGB/*Wendehorst*, § 312j, Rn. 29; *Raue*, MMR 2012, 438 (439).

II. Gegenstand der Untersuchung und Vorgehensweise

1. Gegenstand der Untersuchung

Die vorliegende Untersuchung beschäftigt sich mit der Frage, wie die Auswirkungen des stärker werdenden zivilrechtlichen Schutzes durch „Button-Lösung" und Widerrufsrecht mit der Annahme einer Vollendungsstrafbarkeit wegen Betruges zum Zeitpunkt des (vermeintlichen) Vertragsschlusses zu vereinbaren sind.[55]

Die Problematik, die sich anhand der Abofalle stellvertretend für eine ganze expandierende Gattung weiterer denkbarer Sachverhalte zeigt, liegt darin, dass der Gesetzgeber durch die Schaffung zivilrechtlicher Vorgaben bemüht ist, den Verbraucher beziehungsweise dessen Vermögen zu schützen, indem schon das Eingehen einer rechtswirksamen Verpflichtung, jedenfalls aber eine Zahlung möglichst verhindert werden sollen. Demgegenüber setzt die Strafbarkeit wegen vollendeten Betruges gerade eine Vermögensverfügung und einen Vermögensschaden voraus. Dem zivilrechtlichen Versuch, die Gefahr, dass der Verbraucher tatsächlich zahlt, möglichst zu reduzieren, steht die strafrechtliche Notwendigkeit gegenüber, die eine Vermögensminderung zum Vollendungszeitpunkt zwingend fordert.

Zusätzliche Dynamik entfaltet dieses Spannungsverhältnis vor dem Hintergrund zweier Entscheidungen des Bundesverfassungsgerichts aus den Jahren 2010 und 2011.[56] Zwar äußert das Bundesverfassungsgericht gegenüber dem Vorliegen eines Vermögensschadens zum Zeitpunkt der Eingehung eines Vertrages prinzipiell keine Bedenken, stellt jedoch wegen der Anforderungen an das Bestimmtheitsgebot für die Darlegung des Schadens strenge, jedoch ebenso unpräzise Rahmenbedingungen auf.[57] Eben

---

55 Zu einer ähnlichen Fragestellung nunmehr *Krell*, ZIS 2019, 62, der sich mit dem Zeitpunkt von Versuchs- und Vollendungszeitpunkt in der Konstellation der Abofalle befasst. Zur Betrugsstrafbarkeit vor Einführung der „Button-Lösung" siehe z. B. *Ladiges*, Jura 2013, 844.

56 BVerfG, Beschluss v. 23.06.2010 – 2 BvR 2559/08, BVerfGE 126, 170; BVerfG, Beschluss v. 07.12.2011 – 2 BvR 2500/09, BVerfGE 130, 1. Auf die durch die vorstehenden Entscheidungen erhöhte Brisanz der ohnehin regen Diskussion um den sog. Gefährdungsschaden weißt *Krell* in NZWiSt 2013, 370 (373 ff.) hin.

57 BVerfG, Beschluss v. 23.06.2010 – 2 BvR 2559/08, BVerfGE 126, 170; BVerfG, Beschluss v. 07.12.2011 – 2 BvR 2500/09, BVerfGE 130, 1; kritisch auch *Begemeier/ Wölfel*, NStZ 2016, 129 (133) und *Kubiciel*, JZ 2014, 99 (101), der den Grund für die Schwierigkeiten bei der Bestimmung des Vermögensschadens „in einer Un-

wegen dieser Anforderungen hatte *Kraatz* bereits 2012 den Eingehungsbetrug für „faktisch tot" erklärt.[58]

Ob eine Strafbarkeit wegen vollendeten Betruges zum Zeitpunkt des (vermeintlichen) Vertragsschlusses in Anbetracht des immer stärkeren Schutzes der Verbraucher durch das Zivilrecht überhaupt noch in Betracht kommt, oder ob der Eingehungsbetrug – wie von *Kraatz* schon ganz allgemein und unabhängig von bestimmten Fallkonstellationen befürchtet[59] – auch für die Konstellation der Abofalle endgültig begraben werden muss, gilt es vorliegend zu untersuchen.[60] So erschiene es zwar durchaus am einfachsten, die Strafbarkeit wegen vollendeten Eingehungsbetruges unter Verweis auf den erst gar nicht zustande gekommenen (§ 312j II, IV BGB), jedenfalls aber widerrufbaren Vertrag (§§ 312g, 355 BGB) auch in Bezug auf die Abofalle schon aus diesen Gründen per se zu verneinen.[61] Jedoch gebieten insbesondere die folgenden drei Aspekte Anlass dafür, die Richtigkeit einer solch pauschalen Annahme genauer zu überprüfen, bevor auch der Eingehungsbetrug für die Konstellation der Abofalle vorschnell zu Grabe getragen wird.

Erstens hat das Bundesverfassungsgericht in oben genannten Entscheidungen ausdrücklich betont, dass das Vermögen vorrangig nach wirtschaftlichen Gesichtspunkten zu bemessen ist. Demnach kann es jedenfalls nicht primär auf zivilrechtliche Wertungen ankommen.[62] Der Einfluss von „Button-Lösung" und Widerrufsrecht auf die Vermögensminderung erscheint insoweit zumindest fraglich.

Zweitens geht – auf eben dieser Grundlage – der Bundesgerichtshof davon aus, dass Vorstellungen der Betroffenen im Rahmen einer „intersubjektiven Wertsetzung" bei der Bemessung des Vermögens durchaus zu be-

---

schärfe der Begriffe" sieht, die nun durch die Ausführungen des BVerfG nochmals vergrößert worden sei.

58 *Kraatz*, JR 2012, 329 (332); diese Frage aufgreifend *Krell*, NZWiSt 2013, 370.
59 *Kraatz*, JR 2012, 329 (332).
60 Ebenfalls auf diese Problematik hinweisend *Brammsen/Apel*, WRP 2011, 1254 (1256): „Die Abstimmung der zivilistischen und strafrechtlichen Schutzvorschriften bedarf hier wie allgemein im neueren Zivilrecht zunehmend sorgfältigerer Klärung." Siehe zum Ganzen auch *Krell*, ZIS 2019, 62. Für einen versuchten Betrug durch Unterlassen, jedoch ohne nähere Erläuterung, *Schramm*, BT I, § 7 Rn. 69.
61 So etwa *Kliegel*, JR 2013, 389 (399); in diese Richtung offenbar auch *Fischer*, StGB, § 263 Rn. 176a; *Rengier*, BT I, § 13 Rn. 14a; zu oberflächlich *Klisa*, Betrug trotz wahrer Erklärung, S. 164 f.
62 So bereits *Beseler*, Eingehungsbetrug, S. 65 f.

rücksichtigen sind.[63] Auch könne ein „nur drohender, ungewisser Vermögensabfluss" weiterhin „einen Schaden darstellen, wenn der wirtschaftliche Wert des gefährdeten Vermögens bereits gesunken" sei.[64] Die vorliegend zu erwartenden Einschüchterungsversuche der Täter bieten insoweit Anlass, der Frage nach einer Vermögensminderung weiter nachzugehen. Denn für eine gegenwärtige Gefährdung des Vermögens können durchaus auch bevorstehende deliktische Verhaltensweisen des Täuschenden sprechen.[65]

Drittens hat sich die eingangs geschilderte massive Gefährdungslage aus Opfersicht auch nach Einführung von „Button-Lösung" und Widerrufsrecht nicht schlagartig in Luft aufgelöst, sondern dürfte vielmehr nahezu unverändert fortbestehen.[66] Gerade vor diesem Hintergrund erscheint es nur schwerlich vorstellbar, dass allein die genannten feinen zivilrechtlichen Änderungen über die Vollendungsstrafbarkeit wegen Betruges zum Zeitpunkt des (vermeintlichen) Vertragsschlusses entscheiden sollen.[67]

---

63 BGH, Urteil v. 20.03.2013 – 5 StR 344/12, BGHSt 58, 205 (210); zum Ganzen *Dannecker*, NStZ 2016, 318–327; kritisch *Albrecht*, NStZ 2014, 17; *Sinn*, ZJS 2013, 625.

64 BGH, Beschluss v. 19.02.2014 – 5 StR 510/13, NStZ 2014, 318 (320); BGH, Urteil v. 20.12.2012 – 4 StR 55/12, BGHSt 58, 102 (112) m. w. N.; *Schuhr*, ZStW 123 (2011), 517 (530).

65 BGH, Urteil v. 15.04.2015 – 1 StR 337/14, NStZ 2015, 514 (515); *Joecks*, Vermögensverfügung, S. 104.

66 Äußerst kritisch insoweit *Ernst*, VuR 2012, 205; in diese Richtung auch *Greupner*, Schutz des Einfältigen, S. 57; *Spindler/Thorun/Blom*, MMR 2015, 3 (7).

67 Der „Button-Lösung" jedoch von vorneherein „aus strafrechtlicher Sicht" pauschal jegliche Bedeutung abzusprechen, erscheint zu undifferenziert. So jedoch *Greupner*, Schutz des Einfältigen, S. 56. *Ders.* aber andererseits zu Recht kritisch in Bezug auf eine Reduzierung der tatsächlichen Gefährdungslage durch Einführung der „Button-Lösung", a. a. O., S. 57. Ferner ist zu beachten, dass für eine Betrugsstrafbarkeit im Zusammenhang mit Abofallen selbstverständlich auch zeitlich spätere Anknüpfungspunkte, wie etwa die Zahlungsaufforderung und die darauffolgende Zahlung, denkbar sind. Gegenstand der vorliegenden Untersuchung ist jedoch ausschließlich der Zeitpunkt einer frühest möglichen Vollendungsstrafbarkeit, das heißt noch vor Zahlungsaufforderung und Zahlung. Siehe hierzu auch *Krell*, ZIS 2019, 62.

2. Vorgehensweise

Nachfolgend wird zunächst dargelegt, bei welchem Tatbestandsmerkmal des Betrugstatbestandes die oben dargestellte Problematik zu verorten ist. Da als Fundament der Untersuchung die Kenntnis des hier zugrunde gelegten Vermögensbegriffs und auch der vom Bundesverfassungsgericht für den Eingehungsbetrug aufgestellten Anforderungen in ihren Grundzügen unerlässlich ist, werden auch diese beiden Aspekte vorab knapp dargestellt (*B. I.*). Hiervon ausgehend folgt der Kern der Untersuchung, der sich in zwei Teile gliedert, deren gemeinsamer Nenner in der Frage nach dem Vorliegen eines vollendeten Eingehungsbetruges liegt. Im ersten der beiden zentralen Abschnitte (*B. II.*) wird die Fallgestaltung in den Blick genommen, in der sich der Verbraucher täuschungsbedingt zu einem Abonnement „anmeldet", ein entgeltlicher Vertrag jedoch mangels Button im Sinne von § 312j III BGB erst gar nicht zustande kommt, § 312j II, IV BGB. Das zweite der beiden zentralen Abschnitte (*B. III.*) behandelt die Konstellation, in der der Verbraucher im Internet täuschungsbedingt einen entgeltlichen Vertrag wirksam abschließt. Dort werden Auswirkungen eines gegebenenfalls bestehenden Widerrufsrechts (§§ 312g, 355 BGB) auf den Eingehungsbetrug untersucht. Die Erläuterung der Vorgehensweise innerhalb der beiden Kapitel erfolgt jeweils zu deren Beginn.

B. Zivilrechtliche Schutzmechanismen und Eingehungsbetrug im Internet – ein unlösbares Spannungsverhältnis?

I. Grundlagen

1. Einordnung innerhalb des Betrugstatbestandes

Zum besseren Verständnis nachfolgender Ausführungen ist zunächst eine Einordnung der Problematik in den Gesamtzusammenhang des Betrugstatbestandes erforderlich.

Der objektive Tatbestand des § 263 I StGB setzt Täuschung, Irrtum, Vermögensverfügung und Vermögensschaden voraus, wobei die ersten drei Voraussetzungen kausal aufeinander beruhen müssen.[68] Führen Täuschung und Irrtum zunächst zu einem, gegebenenfalls nur vermeintlichen, Vertragsschluss und dann zu einer Leistung des Getäuschten, kann eine Vollendungsstrafbarkeit bereits zum Zeitpunkt des Vertragsschlusses vorliegen.[69] Man spricht in diesem Fall von einem Eingehungsbetrug.[70] Entsprechend der zivilrechtlichen Differenzierung zwischen dem Eingehen einer Verbindlichkeit (sogenanntes Verpflichtungsgeschäft) und dem Erfüllen dieser Verbindlichkeit (sogenanntes Erfüllungsgeschäft), wird auch im Strafrecht zwischen Eingehungs- und Erfüllungsbetrug differenziert.[71] Anders als bei einem Erfüllungsbetrug liegt im Falle des Eingehungsbetruges die maßgebliche Vermögensverfügung bereits in der täuschungsbedingten Übernahme, dem *Eingehen*, einer Verbindlichkeit.[72] Demnach befasst sich vorliegende Untersuchung ausschließlich mit dem Eingehungs-

---

68 V. Heintschel-Heinegg/*Beukelmann*, StGB, § 263 Rn. 71; LK/*Tiedemann*, § 263 Rn. 2; *Naucke*, FS Peters, S. 109 (109 f.).

69 BGH, Urteil v. 20.12.2012 – 4 StR 55/12, BGHSt 58, 102 (109, 111); BGH, Urteil v. 20.03.2013 – 5 StR 344/12, BGHSt 58, 205 (208); *Rengier*, JuS 2000, 644 (645).

70 *Küper/Zopfs*, BT, Rn. 654; eingehend *Beseler*, Eingehungsbetrug.

71 Zum Ganzen *Klein*, Verhältnis, S. 17; *Tenckhoff*, FS Lackner, S. 677 (678). Zum Erfüllungsbetrug eingehend *Küper*, FS Tiedemann, S. 617–636.

72 *Küper/Zopfs*, BT, Rn. 644; LK/*Tiedemann*, § 263 Rn. 173; NK-StGB/*Kindhäuser*, § 263 Rn. 316.

betrug.[73] Innerhalb des Eingehungsbetruges ist die Frage nach den Auswirkungen von „Button-Lösung" und Widerrufsrecht auf den Betrugstatbestand bei dem Tatbestandsmerkmal der *Vermögensverfügung* zu verorten.
Vermögensverfügung ist jedes Handeln, Dulden oder Unterlassen, das
sich unmittelbar vermögensmindernd auswirkt.[74] Dementsprechend besteht die Vermögensverfügung aus dem *Verhalten* des Verfügenden einerseits und der *unmittelbar* hieraus resultierenden *Vermögensminderung* andererseits.[75] Der Irrende verfügt, wenn sein Verhalten eine verschlechterte
tatsächliche oder rechtliche Zugriffsmöglichkeit auf das Vermögen unmittelbar zur Folge hat.[76] Die Vermögensverfügung im Sinne von § 263 StGB
ist faktisch und nicht im Sinne des Zivilrechts zu verstehen.[77] Ohne Bedeutung für die Vermögensminderung und daher im Rahmen der nachfolgenden Untersuchung außer Acht zu lassen ist die Frage, ob die Vermögensminderung durch ein entsprechendes Äquivalent kompensiert wird.[78]
Letzteres betrifft den Vermögensschaden, nicht aber die Vermögensverfügung.[79] Die potentielle Verfügung liegt beim Eingehungsbetrug in dem

---

73 Und zwar unabhängig davon, ob durch spätere Handlungen des Täters und/oder
   des Opfers weitere Anknüpfungspunkte für eine Betrugsstrafbarkeit denkbar
   sind. Zum Verhältnis von Eingehungs- und Erfüllungsbetrug bei späterer Erfüllung siehe BGH, Urteil v. 20.12.2012 – 4 StR 55/12, BGHSt 58, 102 (109); eingehend *Funck*, Täuschungsbedingter Betrugsschaden, S. 296 ff.
74 BGH, Urteil v. 11.03.1960 – 4 StR 588/59, BGHSt 14, 170 (171); v. Heintschel-
   Heinegg/*Beukelmann*, StGB, § 263 Rn. 31; *Küper/Zopfs*, BT, Rn. 666; LK/
   Tiedemann, § 263 Rn. 97; *Rengier*, JuS 2000, 644; *Wessels/Hillenkamp/Schuhr*, BT 2
   Rn. 515; eingehend *Schmidhäuser*, FS Tröndle, S. 305–311; *Jänicke*, Gerichtliche
   Entscheidungen, S. 181–192; kritisch *Walter*, FS Herzberg, S. 763–776.
75 *Küper/Zopfs*, BT, Rn. 667 f.; *Winkler*, Vermögensbegriff, S. 117; eingehend Matt/
   Renzikowski/*Saliger*, StGB, § 263 Rn. 110 ff., 149.; *Samson*, JA 1978, 564.
76 MüKoStGB/*Hefendehl*, § 263 Rn. 301; *Stuckenberg*, ZStW 118 (2006), 878 (903 ff.).
77 Lackner/Kühl/*Kühl*, StBG, § 263 Rn. 23; *Küper/Zopfs*, BT, Rn. 666; NK-StGB/
   Kindhäuser, § 263 Rn. 198; *Wessels/Hillenkamp/Schuhr*, BT 2 Rn. 515. In diese Richtung 1954 bereits *Bruns*, FS Mezger, S. 335 (359).
78 Brettel/Schneider/*Brettel*, Wirtschaftsstrafrecht, § 3 Rn 42; *Küper/Zopfs*, BT,
   Rn. 668; Matt/Renzikowski/*Saliger*, StGB, § 263 Rn. 112; *Rengier*, BT I, § 13
   Rn. 72; *Wittig*, Wirtschaftsstrafrecht, § 14 Rn. 75 f.
79 BGH, Urteil v. 21.12.1982 – 1 StR 662/82, BGHSt 31, 178 (179); BeckOK-StGB/
   Beukelmann, § 263 Rn. 37; *Bley*, Warenkreditbetrug, S. 195; *Eisele*, BT II, Rn. 554;
   Kindhäuser, FS Dahs, S. 65 (77); *Klein*, Verhältnis, S. 48 f.; *Küper/Zopfs*, BT,
   Rn. 668; *Maurach/Schröder/Maiwald*, BT 1 § 41 II, Rn. 72, 86; *Rotsch*, ZStW 117
   (2005), 577 (587); *Schmidhäuser*, FS Tröndle, S. 305 (306). Gleichwohl wird die
   Problematik rund um die Vermögensminderung oftmals im Kontext des Vermö-
   gensschadens diskutiert. Es wird deswegen auch im Rahmen dieser Untersu-

(vermeintlichen) Eingehen einer Verbindlichkeit.[80] Bei der Konstellation der Abofalle, wie sie im Folgenden *zunächst* untersucht wird[81], ist daher das Klicken auf einen nicht gesetzeskonformen Button, der dem Verbraucher suggeriert, eine kostenlose Anmeldung abzuschließen und etwa Zugriff auf eine Datenbank zu erhalten, auf seine Verfügungsqualität zu untersuchen.[82] In dem zweiten Hauptkapitel der Untersuchung[83] geht es hingegen um die Frage, ob der getäuschte Verbraucher, der auf einen gesetzeskonformen Button klickt, zu diesem Zeitpunkt – trotz Widerrufsrecht – über sein Vermögen verfügt.

2. Vermögensbegriff

Ob wiederum eine Vermögensminderung zum Zeitpunkt des Eingehens der (vermeintlichen) Verbindlichkeit vorliegt, hängt davon ab, wie man das Vermögen definiert, das heißt, was man zum Vermögen zählt.[84] Als Grundlage vorliegender Untersuchung ist es daher notwendig, den hier vertretenen Vermögensbegriff zumindest grob zu umreißen.[85] Erst auf die-

---

chung immer wieder um eine Auseinandersetzung mit Ausführungen von Literatur und Rechtsprechung zum Vermögensschaden gehen. Dies ändert jedoch nichts daran, dass die hier im Kern behandelte Problematik, der reine Vermögensabfluss, zunächst einmal dem Tatbestandsmerkmal der Vermögensverfügung zuzuordnen ist, wenngleich sie oftmals im Zuge des Schadens erörtert wird.

80 *Küper/Zopfs*, BT, Rn. 644; *Ladiges*, Jura 2013, 844 (847).

81 In Abschnitt B. II. werden ausschließlich Fallgestaltungen untersucht, in denen die Beschriftung des Buttons *nicht* den gesetzlichen Anforderungen genügt und ein entgeltlicher Vertrag deswegen nicht zustande gekommen ist.

82 *Malek/Popp*, Strafsachen im Internet, Rn. 242.

83 In Kapitel B. III. werden ausschließlich Fallgestaltungen untersucht, in denen die Beschriftung des Buttons den gesetzlichen Anforderungen entspricht, der getäuschte Verbraucher den Vertrag jedoch ggfls. widerrufen kann.

84 Brettel/Schneider/*Brettel*, Wirtschaftsstrafrecht, § 3 Rn. 42; *Funck*, Täuschungsbedingter Betrugsschaden, S. 285; *Gallas*, FS Schmidt, S. 401; *Joecks*, Vermögensverfügung, S. 94; *Küper/Zopfs*, BT, Rn. 624 f.; Matt/Renzikowski/*Saliger*, StGB, § 263 Rn. 149; *Maurach/Schröder/Maiwald*, BT 1 § 41 II, Rn. 76; *Walter*, FS Herzberg, S. 763 (765).

85 Ähnlich auch MüKoStGB/*Hefendehl*, § 263 Rn. 365: Für die Frage, ob überhaupt ein Vermögensgut vorliege, sei die Entscheidung für einen bestimmten Vermögensbegriff präjudiziell; *ders.* in Fischer/Hoven/Huber/Raum/Rönnau/ Saliger/ Trüg, Dogmatik und Praxis des strafrechtlichen Vermögensschadens, S. 77 (79): der Schlüssel der Beantwortung der Frage, wann die Gefährdung eines Vermögenswerts als tatbestandlicher Vermögensschaden zu klassifizieren ist, liege im Vermögensschaden. Gleichwohl werde es in aller Regel vernachlässigt, eine un-

sem Fundament kann an späterer Stelle eine Einordnung von „Button-Lösung" und Widerrufsrecht im Rahmen der Vermögensverfügung erfolgen. Die nachfolgenden Ausführungen basieren auf einem wirtschaftlich geprägten Vermögensbegriff[86], ohne sich aber uneingeschränkt einer bestimmten – weiter differenzierenden – Ansicht innerhalb des wirtschaftlichen Vermögensbegriffs zu verschreiben.

Als hier zugrunde gelegter Standpunkt kann davon ausgegangen werden, dass dem Vermögen grundsätzlich alle Positionen, denen ein wirtschaftlicher Wert beigemessen werden kann, zuzuordnen sind. In der Literatur wird dieser wirtschaftliche Ausgangspunkt zwar größtenteils zugrunde gelegt, dann aber vielfach unter dem Gesichtspunkt der Einheit der Rechtsordnung mehr oder weniger stark am Zivilrecht ausgerichtet (sogenannter juristisch-ökonomischer Vermögensbegriff).[87] Unterschiede beziehungsweise Einschränkungen widerfahren dem rein wirtschaftlichen Vermögensbegriff beim Übergang zu dem juristisch-ökonomischen Vermögensbegriff insbesondere bei der Bewertung von Positionen aus verbotenen, rechtswidrigen oder unsittlichen Rechtsgeschäften, in denen die Orientierung am Zivilrecht als Korrektiv fungiert.[88] Hierbei existieren unterschiedliche Ausprägungen, die teilweise deutliche Tendenzen zu der rein

---

mittelbare Ableitung aus dem Begriff des Vermögens vorzunehmen. Treffend auch *Hauck*, ZIS 2011, 919 (921): „Denn wenn man nicht weiß, was Betrug, Untreue oder Erpressung schützen, ist es müßig, sich über das Für und Wider sowie über die systematische Verschränkung gewisser Angriffsformen Gedanken zu machen, die zulasten dieses (dann ja noch unbekannten) Schutzguts geführt werden." Zur Bedeutung des Vermögensbegriffs allgemein *Cramer*, Vermögensschaden, S. 64 ff.

86 Eine wirtschaftliche Betrachtungsweise entspricht der ständigen Rechtsprechung des BGH, vgl. nur BGH, Urteil v. 14.08.2009 – 3 StR 552/08, BGHSt 54, 69 (122); BGH, Beschluss v. 14. 04. 2011 – 2 StR 616/10, NJW 2011, 2675 (2676); BGH, Urteil v. 16.06.2016 – 1 StR 20/16, NJW 2016, 3543 (3544). Auch das BVerfG hat mit Beschluss v. 23.06.2010 – 2 BvR 2559/08, BVerfGE 126, 170 (206, 212 f.) ausdrücklich darauf hingewiesen, dass das Vermögen primär auf der Grundlage einer wirtschaftlichen Betrachtungsweise zu beurteilen ist. Zu dem von der Rspr. vertretenen wirtschaftlichen Vermögensbegriff siehe auch *Fischer*, StGB, § 263 Rn. 90 f.; Lackner/Kühl/*Kühl*, StGB, § 263 Rn. 33 ff.

87 Siehe etwa *Küper/Zopfs*, BT, Rn. 626 ff.; Lackner/Kühl/*Kühl*, StBG, § 263 Rn. 33; Schönke/Schröder/*Perron*, StGB, § 263 Rn. 82 f.; *Spickhoff*, JZ 2002, 970–977, jeweils m. w. N. Eine Darstellung des rein juristischen Vermögensbegriffs, der heute nicht mehr vertreten wird, findet sich in MüKoStGB/*Hefendehl*, § 263 Rn. 366–369.

88 Siehe *Engländer*, JR 2003, 164; *Fischer*, StGB, § 263 Rn. 101 ff.; v. Heintschel-Heinegg/*Beukelmann*, StGB, § 263 Rn. 42 ff.; *Kargl*, JA 2001, 714. Einzelheiten sind freilich umstritten, siehe nur AnwK-StGB/*Gaede*, § 263 Rn. 76–79.

juristischen Vermögenslehre aufweisen.[89] Es würde den Umfang der vorliegenden Untersuchung deutlich sprengen, die „verschiedenen Spielarten" der juristisch-ökonomischen Vermögenslehre im Einzelnen dazustellen.[90] Da die Einschränkungen der juristisch-ökonomischen Vermögenslehre jedoch überwiegend wegen ihrer Sittenwidrigkeit nichtige und nicht aus sonstigen Gründen zivilrechtlich nicht zustande gekommene Rechtsgeschäfte vom strafrechtlich geschützten Vermögen ausnehmen möchten, dürfte sich ein Unterschied für die vorliegende Untersuchung ohnehin nicht ergeben.[91] Schließlich kommt in den vorliegenden Konstellationen entweder ein Vertrag schon überhaupt nicht zustande[92] oder ein wirksamer Vertrag ist mit einem Widerrufsrecht behaftet.[93] Damit steht die wirtschaftliche Relevanz der erlangten Position als solche in Frage, nicht aber der Umfang, in dem wirtschaftlich werthafte Positionen dem strafrechtlichen Schutz von § 263 StGB unterworfen oder – entsprechend den Anhängern der juristisch-ökonomischen Vermittlungslehre – von diesem ausgenommen werden.

Als Grundlage nachfolgender Ausführungen ist lediglich festzuhalten, dass der Umstand, dass ein Vertrag durch die täuschungsbedingte Anmeldung zu einem Abonnement entweder nicht wirksam geschlossen wurde oder widerrufbar ist, einer Vermögensminderung zu diesem Zeitpunkt grundsätzlich nicht entgegensteht.[94]

---

89 Zum Ganzen *Küper/Zopfs*, BT, Rn. 626 ff.; Lackner/Kühl/*Kühl*, StBG, § 263 Rn. 33 jeweils m. w. N.; mit deutlicher Tendenz zum juristischen Vermögensbegriff etwa *Brand*, JZ 2011, 96 (100).
90 Von „verschiedenen Spielarten" sprechen *Küper/Zopfs*, BT, Rn. 626, die einen ersten Überblick über die vertretenen Ansätze liefern, a. a. O., Rn. 626 ff.
91 Matt/Renzikowski/*Saliger*, StGB, § 263 Rn. 176; Fallgruppen, für die der Streit von Bedeutung ist, finden sich z. B. bei *Wittig*, Wirtschaftsstrafrecht, § 14 Rn. 86 ff.
92 So in der unter B. II. dargestellten Fallgruppe.
93 So in der unter B. III. dargestellten Fallgruppe.
94 Dieser Grundsatz ist in Rspr. und Lit. weitestgehend anerkannt: BGH, Urteil v. 17.02.1999 – 5 StR 494–98, BGHSt 44, 376 (386); BGH, Urteil v. 20.02.1968 – 5 StR 694/67, BGHSt 22, 88 (89); OLG Köln, Urteil v. 18.09.1973 – Ss 168/73, MDR 1974, 157; OLG Hamm, Urteil v. 18.12.1964 – 2 Ss 422/64, NJW 1965, 702; *Cramer*, Vermögensschaden, S. 151 Fn. 184; *Buchmann/Majer/ Hertfelder/Vögelein*, NJW 2009, 3189 (3193 f.); *Fischer* StGB, § 263 Rn. 71; *Krey/Hellmann/Heinrich*, BT 2 Rn. 609; Lackner/Kühl/*Kühl*, StGB, § 263 Rn. 23 f.; Schönke/Schröder/*Perron*, StGB, § 263 Rn. 56; *Tiedemann*, Die Zwischenprüfung im Strafrecht, S. 192; a. A. *Eisele*, NStZ 2010, 193 (198); *Kliegel*, JR 2013, 389 (398 f.); eingehend *Puppe*, MDR 1973, 12; ihr zust. *Ellbogen/Saerbeck*, CR 2009, 131 (134), *Klein*, Verhältnis, S. 120; *Riemann*, Vermögensgefährdung, S. 90 f.

Bei der Beurteilung der Vermögensminderung kommt es vielmehr primär auf die *tatsächlichen Verhältnisse* an.[95] Normative Aspekte können bei der Vermögensbewertung durchaus miteinfließen, dürfen jedoch die wirtschaftliche Sichtweise nicht überdecken oder in den Hintergrund drängen.[96] Maßgeblich ist im Rahmen einer wirtschaftlichen Vermögensbetrachtung aber stets, ob der zivilrechtliche Anspruch auch eine tatsächliche Machtposition vermittelt, das heißt *faktisch* auch realisiert werden kann.[97] Entscheidend sind die *tatsächlichen* und nicht die zivilrechtlichen Umstände, sodass im umgekehrten Fall tatsächliche Ereignisse ohne zivilrechtliche Auswirkungen durchaus eine Vermögensminderung im wirtschaftlichen Sinne darstellen können.[98] Dieser Einblick soll hier genügen und wird im Laufe der Untersuchung im Hinblick auf den Eingehungsbetrug und die Besonderheiten der hier behandelten Fallgruppen weiter präzisiert.

a) Eingehungsbetrug und Vermögensschaden

Welche Anforderungen an die Vermögensminderung zu stellen sind, wenn diese zum Zeitpunkt des Vertragsschlusses zu beurteilen ist, entfacht seit jeher rege – zumeist im Rahmen des Schadens angesiedelte[99] – Diskus-

---

95 BGH, Urteil v. 15.04.2015 – 1 StR 337/14, NStZ 2015, 514 (515); *Beseler*, Eingehungsbetrug, S. 66. Diese i. R. e. wirtschaftlichen Vermögensbetrachtung geltenden Grundsätze darstellend etwa *Cramer*, Vermögensschaden, S. 158; *ders.*, JuS 1966, 472 (473); MüKoStGB/*Hefendehl*, § 263 Rn. 370 f.; *Schmidt*, Begriff des Vermögensschadens, S. 76; kritisch *Puppe*, ZIS 2010, 216.

96 BVerfG, Beschluss v. 07.12.2011 – 2 BvR 2500/09, BVerfGE 130, 1 (48). Zu der Frage, was mit „wirtschaftlich" und was mit „normativ" im Rahmen des Vermögensbegriffs gemeint ist *Hefendehl* in Fischer/Hoven/Huber/Raum/ Rönnau/Saliger/Trüg, Dogmatik und Praxis des strafrechtlichen Vermögensschadens, S. 77. Ebenfalls zu dieser Thematik *Fischer*, a. a. O., S. 51; *Saliger*, FS Samson, S. 455–482.

97 AnwK-StGB/*Gaede*, § 263 Rn. 70; *Cramer*, Vermögensschaden, S. 157 f.; *Krey/Hellmann/Heinrich*, BT 2 Rn. 609; *Kubiciel*, JZ 2014, 99 (100) m. w. N.; *Nelles*, Untreue, S. 366; *Schröder*, JZ 1972, 26.

98 BGH, Urteil v. 15.04.2015 – 1 StR 337/14, NStZ 2015, 514 (515); *Bley*, Warenkreditbetrug, S. 195; *Cramer*, JuS 1966, 472 (473); *Pawlik*, Das unerlaubte Verhalten, S. 255 ff.; kritisch *Puppe*, ZIS 2010, 216.

99 Im Rahmen des Eingehungsbetruges wird die Problematik um die Vermögensminderung ganz überwiegend zusammen mit einer etwaigen Kompensation im Zuge des Schadensmerkmals besprochen. Wie oben bereits dargestellt, ändert dies daran aber nichts, dass die Frage nach einer Vermögensminderung zunächst schon die Vermögensverfügung betrifft, bevor dann eine etwaige Kompensation

sionen.[100] Die anschließende Darstellung ist bewusst kurz gehalten und soll nur insoweit erfolgen, wie sie als Grundlage für das Verständnis nachfolgender Ausführungen erforderlich ist.

Bei dem Versuch der Darstellung des Schadens beim Eingehungsbetrug sind in Rechtsprechung und Lehre verschiedene Bezeichnungen entwickelt worden, die statt des Wortes „Vermögensschaden" verwendet werden und zum Ausdruck bringen sollen, dass zum Zeitpunkt der Vollendung, dem Vertragsschluss, ein Schaden oder eine diesem gleichzusetzende Gefährdung im Sinne von § 263 StGB vorliegt, ohne dass es zu einem effektiven Vermögensabfluss gekommen ist.[101]

Häufig verwendet wird der Begriff der „schadensgleichen Vermögensgefährdung", der terminologisch nicht unproblematisch und bis heute teilweise unklar geblieben ist.[102] Die terminologische Problematik im Zusammenhang mit diesem Begriff wurzelt bereits darin, dass man nach dem allgemeinen Sprachgebrauch dazu neigen wird, eine „Gefahr" als Vorstufe eines „Schadens" zu verstehen.[103] Auch ist im „gesamten übrigen Strafrecht anerkannt", dass Gefährdung und Verletzung unterschiedliche Grade der Beeinträchtigungen meinen.[104] Jene missverständliche Terminologie der „schadensgleichen Vermögensgefährdung"[105] hat immer wieder die Frage aufgeworfen, welche Voraussetzungen inhaltlich an eine solche Gefährdung zu stellen sind, damit die Anforderungen des Betrugstatbestandes gewahrt bleiben. War man doch in Anbetracht des immer wieder ausdrücklich als Gefährdung deklarierten Konstruktes verunsichert, ob es sich nicht doch um eine nicht nur in zeitlicher Hinsicht vorgelagerte, sondern auch

---

überhaupt Relevanz entfalten könnte. In der Sache hat der unterschiedliche Standort der Behandlung des Problems jedoch keine Auswirkungen, Brettel/Schneider/*Brettel*, Wirtschaftsstrafrecht, § 3 Rn. 42; *Winkler*, Vermögensbegriff, S. 118.

100 Vgl. *Küper/Zopfs*, BT, Rn. 652, 654.
101 Zum Ganzen *Fischer*, StGB, § 263 Rn. 156 ff.
102 *Fischer*, StGB, § 263 Rn. 157 f.; MüKoStGB/*Hefendehl*, § 263 Rn. 703; *Luipold*, Schadensmerkmal, S. 69 f.; *Rengier*, BT I, § 13 Rn. 185.
103 *Baumanns*, JR 2005, 227 (228) m. w. N.; ähnlich *Ensenbach*, Prognoseschaden, S. 376 f.; *Hellmann*, FS Kühl, S. 691.
104 *Cramer*, Vermögensschaden, S. 119.
105 BGH, Beschluss v. 16.07.1970 – 4 StR 505/69, BGHSt 23, 300 (303 f.); weitere Nachweise aus Rechtsprechung und Literatur bei *Fischer*, StGB, § 263 Rn. 156 f.; *Funck*, Täuschungsbedingter Betrugsschaden, S. 304 ff. und *Rengier*, BT I, § 13 Rn. 185. Die Unterschiede der Auffassungen des 1. und 2. Strafsenates des BGH darstellend *Schlösser*, NStZ 2012, 473 (477).

qualitativ dem Schaden untergeordnete Vorstufe handelt.[106] Besondere Sorge besteht im Rahmen dieser Diskussion seit jeher, weil man neben der Vorverlagerung der Vollendungsstrafbarkeit schließlich die Auflösung der Konturen des Betruges als Vermögensverletzungsdelikt befürchtet.[107]

b) Anforderungen des Bundesverfassungsgerichts

Hervorgehend aus den Bedenken hinsichtlich der Überdehnung des Schadensmerkmals und der damit einhergehenden Frage, ob es mit dem Bestimmtheitsgebot nach Art. 103 II GG vereinbar ist, bereits bei der konkreten Gefahr eines zukünftigen Verlusts einen gegenwärtigen Vermögensschaden anzunehmen, hatte das Bundesverfassungsgericht über die Verfassungsmäßigkeit der sogenannten schadensgleichen Vermögensgefährdung zu entscheiden.[108] Die vom Bundesverfassungsgericht aufgestellten Anforderungen sollen auch für den dieser Arbeit zugrunde gelegten wirtschaftlichen Schadensbegriff als Orientierungspunkte dienen.[109]

---

106 Verwirrend insoweit auch *Riemann*, Vermögensgefährdung, S. 65 f., 112, der von „bloßen Gefahrenlagen als Schäden" spricht und offenbar von einem Stufenverhältnis ausgeht. Siehe auch etwa BGH, Urteil v. 09.07.1987 – 4 StR 216/87, BGHSt 34, 394 (395): dort wird angenommen, dass eine für den Betrugstatbestand ausreichende konkrete Vermögensgefährdung vorliege, sofern „mit wirtschaftlichen Nachteilen ernstlich zu rechnen ist."

107 Vgl. Arzt/Weber/Heinrich/Hilgendorf/*Heinrich*, BT, § 20 Rn. 99; *Cramer*, Vermögensschaden, S. 126, 172 f.; *Ladiges*, wistra 2016, 180 (182); *Meyer*, MDR 1975, 357 (358 f.); *ders.*, MDR 1971, 718 (720); *Küper/Zopfs*, BT, Rn. 655; *Peters*, FS Schmidt, S. 488 (497); *Riemann*, Vermögensgefährdung, S. 66 ff., 91; *Schmidt*, Begriff des Vermögensschadens, S. 69 ff.; Schönke/Schröder/*Perron*, StGB, § 263 Rn. 143 f. Um den Konflikt zwischen einer vorgelagerten Vollendungsstrafbarkeit einerseits und einer damit einhergehenden fehlenden Rücktrittsmöglichkeit andererseits zu lösen, schlägt *Weber* vor, einen strafbefreienden Rücktritt ausnahmsweise auch für den vollendeten Eingehungsbetrug zu gewähren, FS Tiedemann, S. 637–647.

108 BVerfG, Beschluss v. 23.06.2010 – 2 BvR 2559/08, BVerfGE 126, 170; BVerfG, Beschluss v. 07.12.2011 – 2 BvR 2500/09, BVerfGE 130, 1. Siehe auch *Blassl*, wistra 2016, 425; *Küper/Zopfs*, BT, Rn. 649.

109 Mit den Auswirkungen der Entscheidungen des BVerfG auf den Betrugstatbestand setzt sich eingehend *Funck* in seiner Monographie, Täuschungsbedingter Betrugsschaden, auseinander.

Die erste Entscheidung des Bundesverfassungsgerichts zu dieser Thematik betraf § 266 StGB, die zweite § 263 StGB.[110] Da sich die Schadensbegriffe im Wesentlichen entsprechen, ist auch die erste Entscheidung für das Schadensmerkmal beim Betrug relevant.[111] Im Grundsatz erachtet das Bundesverfassungsgericht einen Gefährdungsschaden beziehungsweise eine schadensgleiche Vermögensgefährdung ebenso für verfassungskonform wie das Konstrukt des Eingehungsbetruges.[112] Die Anforderungen an das Bestimmtheitsgebot ließen sich bei Einhaltung bestimmter Voraussetzungen auch bei der Annahme der sogenannten schadensgleichen Vermögensgefährdung wahren.[113] Denn auch die Gefahr eines künftigen Verlusts könne einen gegenwärtigen Nachteil darstellen.[114] Damit liege gerade kein Widerspruch zwischen Gefährdung und Schaden vor. Denn unter wirtschaftlichen Gesichtspunkten stelle die konkrete Gefahr der künftigen Leistung einen *gegenwärtigen Minderwert* des Vermögens dar und unterscheide sich daher lediglich quantitativ von einer gegebenenfalls darauffolgenden körperlichen Herausgabe des Vermögens.[115]

Verfassungsrechtlich bedenklich soll dagegen die von der Rechtsprechung häufig unterlassene eigenständige Ermittlung des *Gefährdungsschadens* sein.[116] So müsse unbedingt eine nur allgemeine Gefahr eines zukünftigen Verlustes beziehungsweise die Möglichkeit eines Schadenseintritts von einer solchen zukünftigen Verlustgefahr abgegrenzt werden, die bereits jetzt mit wirtschaftlichen Nachteilen für das Opfer verbunden sei.[117] Schließlich komme dem Nachteilsmerkmal strafbarkeitsbegrenzende Funktion zu, die nicht durch eine weitgehend normativ geprägte Betrach-

---

110 Zu § 266 StGB: BVerfG, Beschluss v. 23.06.2010 – 2 BvR 2559/08, BVerfGE 126, 170 und zu § 263 StGB: BVerfG, Beschluss v. 07.12.2011 – 2 BvR 2500/09, BVerfGE 130, 1.

111 BVerfG, Beschluss v. 07.12.2011 – 2 BvR 2500/09, BVerfGE 130, 1 (47); *Hellmann*, ZIS 2007, 433 (439); *Rengier*, BT I, § 13 Rn. 185a; *Saliger*, ZIS 2011, 902 (914); Unterschiede bestehen zwar nicht beim Schadensbegriff, jedoch bei der Schadensbestimmung, BGH, Urteil v. 20.03.2013 – 5 StR 344/12, BGHSt 58, 205 (210).

112 BVerfG, Beschluss v. 23.06.2010 – 2 BvR 2559/08, BVerfGE 126, 170 (226); BVerfG, Beschluss v. 07.12.2011 – 2 BvR 2500/09, BVerfGE 130, 1 (45); zum Ganzen *Blassl*, wistra 2016, 425; für die Bezeichnung als „Gefährdungsschaden" z. D. *Eisele*, BT II, Rn. 578 und *Schuhr*, ZStW 123 (2011), 517 (530).

113 BVerfG, Beschluss v. 23.06.2010 – 2 BvR 2559/08, BVerfGE 126, 170 (221).

114 BVerfG, Beschluss v. 23.06.2010 – 2 BvR 2559/08, BVerfGE 126, 170 (224 f).

115 BVerfG, Beschluss v. 23.06.2010 – 2 BvR 2559/08, BVerfGE 126, 170 (224); so u.a. bereits *Cramer*, Vermögensschaden, S. 125.

116 BVerfG, Beschluss v. 23.06.2010 – 2 BvR 2559/08, BVerfGE 126, 170 (228).

117 BVerfG, Beschluss v. 23.06.2010 – 2 BvR 2559/08, BVerfGE 126, 170 (228).

tungsweise unterlaufen werden dürfe.[118] Vom Gesetzgeber gewollt sei eine wirtschaftliche Betrachtung, weshalb – zur Vermeidung einer verfassungswidrigen Überdehnung des Tatbestandes – verlangt werden müsse, dass die Gerichte den Schaden „in wirtschaftlich nachvollziehbarer Weise" feststellten.[119] Bei einfach gelagerten und eindeutigen Fällen, bei denen ein Mindestschaden ohne Weiteres greifbar sei, sei dies nicht erforderlich.[120] Darüber hinaus dürfe auch bei „unvermeidlich verbleibenden Prognose- und Beurteilungsspielräumen" eine „vorsichtige Schätzung" eines Mindestschadens erfolgen.[121] Eine konkrete Schadensbestimmung beim Eingehungsbetrug – auch eines jedenfalls anzugebenden Mindestschadens – verlange, dass das Gericht für den Zeitpunkt des Vertragsschlusses tragfähig schätze, wie hoch die Verlustwahrscheinlichkeit sei.[122] Eine solche tragfähige Schätzung dürfe auch nicht deswegen unterbleiben, weil sich eine Berechnung nach bilanziellen Maßstäben als schwierig darstellen könne, etwa weil es für die Bewertung keine anerkannten Richtgrößen gebe.[123] Auch sei den Anforderungen nicht genüge getan, wenn in den Urteilsgründen lediglich floskelhaft darauf hingewiesen werde, dass eine tatsächliche Inanspruchnahme zum Zeitpunkt des Vertragsschlusses „sicher zu erwarten" sei.[124]

Der Bundesgerichtshof hat die Rechtsprechung des Bundesverfassungsgerichts aufgegriffen und sich bemüht, die dort aufgestellten Maßstäbe der Schadensbestimmung auf der Grundlage verschiedenster Sachverhalte ein-

---

118 BVerfG, Beschluss v. 23.06.2010 – 2 BvR 2559/08, BVerfGE 126, 170 (228). Jedoch können, auch nach Ansicht des BVerfG, normative Gesichtspunkte bei der Bewertung von Schäden eine Rolle spielen, sofern die wirtschaftliche Betrachtung nicht überlagert oder verdrängt wird, BVerfG, Beschluss v. 07.12.2011 – 2 BvR 2500/09, BVerfGE 130, 1 (48).

119 BVerfG, Beschluss v. 23.06.2010 – 2 BvR 2559/08, BVerfGE 126, 170 (211, 229). Hierzu soll nach dem BVerfG in der Regel die zahlenmäßige Bezifferung des Schadens gehören, BVerfGE 126, 170 (211, 228 f.); zust. *Blassl*, wistra 2016, 425 (428); siehe auch *Küper/Zopfs*, BT, Rn. 644, 649, 652. Zu den Konsequenzen einer fehlenden oder fehlerhaften Bezifferung im Urteil, siehe *Ladiges*, wistra 2016, 231.

120 BVerfG, Beschluss v. 23.06.2010 – 2 BvR 2559/08, BVerfGE 126, 170 (211); BVerfG, Beschluss v. 07.12.2011 – 2 BvR 2500/09, BVerfGE 130, 1 (47).

121 BVerfG, Beschluss v. 23.06.2010 – 2 BvR 2559/08, BVerfGE 126, 170 (212).

122 BVerfG, Beschluss v. 07.12.2011 – 2 BvR 2500/09, BVerfGE 130, 1 (48 f.).

123 BVerfG, Beschluss v. 07.12.2011 – 2 BvR 2500/09, BVerfGE 130, 1 (48); BVerfG, Beschluss v. 23.06.2010 – 2 BvR 2559/08, BVerfGE 126, 170 (211).

124 BVerfG, Beschluss v. 07.12.2011 – 2 BvR 2500/09, BVerfGE 130, 1 (49).

zuhalten.[125] Ein einheitliches Bild ist hierbei noch nicht auszumachen. Beobachten lässt sich indes die Tendenz einer deutlich restriktiveren Auslegung des Schadensmerkmals beim Eingehungsbetrug.[126]

3. Resümee und Folgen für die vorliegende Untersuchung

a) Resümee

Maßgeblich ist damit, ob es durch die potentielle Verfügung zu einer Verschlechterung des Vermögenszustandes unter Berücksichtigung wirtschaftlicher Kriterien gekommen ist.[127] Durch die von Rechtsprechung und Literatur vorgenommene „Begriffskosmetik"[128], wie etwa der Bezeichnung als „konkrete" oder „schadensgleiche Vermögensgefährdung", ist wenig gewonnen solange unklar bleibt, an welche konkreten wirtschaftlichen Voraussetzungen sie anknüpfen.[129] Sie verleiten zudem zu der unzutreffenden Annahme, ein vollendeter Eingehungsbetrug setze keine wirtschaftliche Minderung des Vermögens, sondern eben nur dessen Gefährdung voraus.[130]

---

125 So etwa BGH, Beschluss v. 20.09.2016 – 2 StR 497/15, NStZ 2017, 30; BGH, Urteil v. 02.02.2016 – 1 StR 435/15, NJW 2016, 2434; BGH, Beschluss v. 26.11.2015 – 3 StR 17/15, NJW 2016, 2585; BGH, Urteil v. 26.11.2015 – 3 StR 247/15, NStZ 2016, 343, Anm. *Ladiges*, wistra 2016, 229; BGH, Urteil v. 15.04.2015 – 1 StR 337/14, NStZ 2015, 514; BGH, Beschluss v. 11.12.2013 – 3 StR 302/13, NStZ 2014, 578; BGH, Urteil v. 20.03.2013 – 5 StR 344/12, BGHSt 58, 205, Anm. *Albrecht*, NStZ 2014, 17; BGH, Urteil v. 20.12.2012 – 4 StR 55/12, BGHSt 58, 102; BGH, Beschluss v. 13.04.2012 – 5 StR 442/11, NJW 2012, 2370; BGH, Beschluss v. 14.04.2011 – 2 StR 616/10, NJW 2011, 2675. Siehe auch *Funck*, Täuschungsrelevanter Betrugsschaden, S. 349 ff.
126 Diese Auffassung teilt *Ladiges*, wistra 2016, 180 (182); siehe auch *Jäger*, JA 2013, 868 (870).
127 Zutreffend MüKoStGB/*Hefendehl*, § 263 Rn. 703. Fehlplatziert sind im Rahmen dieser Überlegungen Motive, die dem Täter eine Rücktrittsmöglichkeit offenhalten wollen und daher mit einer vom gewünschten Ergebnis ausgehenden Diskussion versuchen, eine Versuchsstrafbarkeit zu begründen. Hierauf weist *Weber*, FS Tiedemann, S. 637 (642) zutreffend hin.
128 Arzt/Weber/Heinrich/Hilgendorf/*Heinrich*, BT, § 20 Rn. 97.
129 *Hellmann*, FS Kühl, S. 691 (702); MüKoStGB/*Hefendehl*, § 263 Rn. 703; kritisch auch BGH, Beschluss v. 18.02.2009 – 1 StR 731/08, BGHSt 53, 199 (203 f.).
130 *Hefendehl*, FS Samson, 295 (299 f.); *Ensenbach*, Prognoseschaden, S. 376 f.; *Hellmann*, FS Kühl, S. 691.

Richtigerweise handelt es sich bei dem „Eingehungsschaden" nicht erst seit den Entscheidungen des Bundesverfassungsgerichts um einen „echten Schaden".[131] § 263 StGB verlangt nun einmal das Vorliegen eines (echten) Vermögensschadens.[132] Nur weil der Vollendungszeitpunkt beim Eingehungsbetrug demjenigen beim Erfüllungsbetrug vorgelagert ist, bedeutet dies nicht, dass an den Schaden geringere Anforderungen zu stellen wären.[133] Der Umstand, dass zu diesem Zeitpunkt noch keine tatsächlich weggegebenen beziehungsweise ausgetauschten Leistungen in die Berechnung eines Schadens einfließen können, liegt in der Natur der Sache. Ob man das Ganze deswegen anders – etwa als schadensgleiche Vermögensgefährdung, schädigende Vermögensgefährdung oder konkrete Vermögensgefährdung – benennt, ändert nichts daran, dass stets ein Vermögensschaden vorliegen muss, um den Tatbestand des § 263 StGB zu erfüllen.[134] Die Annahme, man habe bislang einen Eingehungsbetrug auch dann bejahen können, wenn nur eine Vorstufe des Schadens in Form einer wie auch immer bezeichneten Vermögensgefährdung vorliege, ist jedenfalls unzutreffend. Ein – wie auch immer bezeichneter – Schaden beim Eingehungsbetrug unterscheidet sich nach der wirtschaftlichen Lehre lediglich in quantitativer, nicht aber in qualitativer Hinsicht, von einem Vermögensschaden zum Erfüllungszeitpunkt.[135]

---

131 *Becker/Rönnau*, JuS 2017, 499 (500); *Otto*, Jura 2002, 606 (614). In diese Richtung auch *Bley*, Warenkreditbetrug, S. 212; *Fischer* StGB, § 263 Rn. 157; v. Heintschel-Heinegg/*Beukelmann*, StGB, § 263 Rn. 65; *Hellmann*, FS Kühl, S. 691 (711); *Otto*, Die Struktur, S. 276. In Bezug auf die „terminologischen Verwirrungen" zu Recht kritisch *Krell*, NZWiSt 2013, 370 (373). Den Begriff „Eingehungsschaden" verwenden ebenfalls u.a. *Cramer*, Vermögensschaden, S: 170 ff.; *Küper/Zopfs*, BT, Rn. 654 und *Seyfert*, JuS 1997, 29. Der Begriff scheint deswegen treffend, weil er einerseits unmissverständlich von einem „Schaden" und nicht von einer bloßen Gefährdung spricht, andererseits aber durch den Zusatz „Eingehungs" deutlich macht, dass eine körperliche Vermögensverschiebung zu diesem Zeitpunkt nicht stattgefunden hat. Unklar insoweit jedoch *Krell*, ZIS 2019, 62 (63), der nochmals zwischen einem Eingehungs- und einem Gefährdungsschaden zu differenzieren scheint.

132 So auch recht deutlich BVerfG, Beschluss v. 23.06.2010 – 2 BvR 2559/08, BVerfGE 126, 170 (224).

133 *Otto*, Jura 1991, 494 (495); *Ensenbach*, Prognoseschaden, S. 45; *Krey/Hellmann/Heinrich*, BT 2 Rn. 630; *Satzger*, Jura 2009, 518 (524).

134 LK/*Tiedemann*, § 263 Rn. 168: „Terminologische Unterscheidungen sind nicht maßgebend".

135 *Satzger*, Jura 2009, 518 (524). Unter Verweis auf *Hefendehl* und *Tiedemann* so schon BGH, Beschluss v. 18.02.2009 – 1 StR 731/08, BGHSt 53, 199 (202); zum Ganzen *Baumanns*, JR 2005, 227 (228) m. w. N.

Im Ergebnis ist aber, selbst für jene, für die die Erkenntnis, dass der Betrug einen echten Schaden fordert, neu ist, wenig gewonnen.[136] Die auch für die vorliegende Untersuchung entscheidende Frage, unter welche Voraussetzungen zum Zeitpunkt des (vermeintlichen) Vertragsschlusses eine Vermögensbeeinträchtigung vorliegt, ist hiermit nämlich nicht beantwortet. Denn wann ein Vermögensabfluss vorliegt, hängt zunächst einmal davon ab, ob eine Vermögensminderung im wirtschaftlichen Sinne durch das (vermeintliche) Eingehen einer Verbindlichkeit erfolgt.[137] Man wird sich auch in diesem Zusammenhang weiterhin – was wegen der eingehenden Diskussion rund um den Begriff der Vermögensgefahr in der Vergangenheit Missverständnisse für die Zukunft quasi vorprogrammiert – mit dem Begriff der *Gefahr* auseinandersetzen müssen.[138] Hinzuweisen ist daher nochmals darauf, dass mit der nunmehr zu erörternden Gefahr – im Unterschied zu soeben erwähnter schadensgleicher Gefahr – die Gefahr gemeint ist, dass der Getäuschte tatsächlich zahlen wird.[139] Bereits diese Gefahrenlage kann unter Umständen eine gegenwärtige Vermögensminderung darstellen.[140] Damit geht es nicht (mehr) um eine Vermögensgefährdung im Sinne einer *Vermögensgefahr*, die als Vorstufe eines wirtschaftlichen Abflusses aus dem Vermögen eine künftige Vermögensminderung lediglich befürchten lässt.[141] Die hier maßgebliche *Zahlungsgefahr* bezieht sich auf die Zahlung und stellt selbst schon eine *gegenwärtige* wirtschaftliche Vermögensminderung dar.[142] Zahlt das Opfer tatsächlich, stellt dies nicht den erstmaligen wirtschaftlichen Abfluss, sondern lediglich eine

---

136 Ähnlich AnwK-StGB/*Gaede*, § 263 Rn. 123.

137 Erst wenn eine Vermögensminderung bejaht wird, was dogmatisch korrekt der Vermögensverfügung zuzuordnen ist, kann nämlich in einem nächsten Schritt der Frage nach einer etwaigen Saldierung nachgegangen werden.

138 So bereits *Otto*, Jura 1991, 494 (495).

139 *Rotsch*, ZStW 117 (2005), 577 (587).

140 AnwK-StGB/*Gaede*, § 263 Rn. 116 f.; *Becker/Rönnau*, JuS 2017, 499; *Ensenbach*, Prognoseschaden, S. 375; *Küper/Zopfs*, BT, Rn. 644, 652.

141 *Otto*, Jura 2002, 606 (614). Zu Recht kritisch auch *Cramer*, Vermögensschaden, S. 148, der sich dagegen ausspricht, beim Eingehungsbetrug eine Gefährdung schon dann zu bejahen, wenn der Getäuschte der Gefahr ausgesetzt wird, eine Verfügung zu treffen.

142 BGH, Beschluss. v. 19.02.2014 – 5 StR 510/13, NStZ 2014, 318 (320); *Blassl*, wistra 2016, 425 (428); *Küper/Zopfs*, BT, Rn. 654 m. w. N.; *Rengier*, BT I, § 13 Rn. 185c; *Riemann*, Vermögensgefährdung, S. 70 f. *Dingler*, Online-Auktionen, S. 190 formuliert zutreffend: „Damit geht es eben nicht mehr um eine Gefährdung des Vermögens, sondern um eine wirtschaftliche Vermögensminderung durch Gefährdung."

quantitative Vertiefung der qualitativ schon durch die Gefahr der Zahlung geschaffenen Vermögensminderung dar.[143]

b) Folgen für die vorliegende Untersuchung

Auf dieser Grundlage lässt sich die Ausgangsfrage der vorliegenden Untersuchung nochmals konkretisieren. Entweder ist mangels korrektem Button schon kein entgeltlicher Vertrag zustande gekommen (*dazu B. II.*) oder aber der wirksam zustande gekommene entgeltliche Vertrag ist – korrekten Button vorausgesetzt – widerrufbar (*dazu B. III.*). Weil der hier zugrunde gelegte wirtschaftliche Vermögensbegriff nicht zwangsläufig akzessorisch zum Zivilrecht verläuft, schließt ein fehlender oder widerrufbarer Vertrag, eine Vermögensminderung im strafrechtlichen Sinne nicht von vorneherein aus.[144] Ob eine Vermögensminderung aber auch in den genannten Fällen zum Zeitpunkt der vermeintlichen Anmeldung oder dem vermeintlichen Abschluss eines sonstigen Vertrages im Internet vorliegt, beurteilt sich zunächst einmal nach der Frage, ob das Opfer hierdurch einer Zahlungsgefahr ausgesetzt wird, die bereits als gegenwärtige Vermögensminderung zu begreifen ist.[145]

Selbst wenn eine Vermögensminderung nach dem zugrunde gelegten Maßstab zu bejahen sein sollte, bleibt jedoch zu erörtern, ob die Art und Weise ihres Eintritts den Anforderungen an eine Vermögensverfügung im Sinne von § 263 StGB genügt. Hervorzuheben ist, dass es sich bei der Frage nach der Vermögensminderung einerseits und der Frage, ob ihr Eintritt über die Vermögensverfügung des Getäuschten vermittelt wird anderer-

---

143 *Baumanns*, JR 2005, 227 (228); Brettel/Schneider/*Brettel*, Wirtschaftsstrafrecht, § 3 Rn. 56; *Wittig*, Wirtschaftsstrafrecht, § 14 Rn. 113.
144 BGH, Urteil v. 17.02.1999 – 5 StR 494–98, BGHSt 44, 376 (386); BGH, Urteil v. 20.02.1968 – 5 StR 694/67, BGHSt 22, 88 (89); OLG Köln, Urteil v. 18.09.1973 – Ss 168/73, MDR 1974, 157; OLG Hamm, Urteil v. 18.12.1964 – 2 Ss 422/64, NJW 1965, 702; *Buchmann/Majer/Hertfelder/Vögelein*, NJW 2009, 3189 (3193 f.); *Cramer*, Vermögensschaden, S. 151 Fn. 184; *Fischer* StGB, § 263 Rn. 71; *Krey/Hellmann/Heinrich*, BT 2 Rn. 609; Lackner/Kühl/*Kühl*, StGB, § 263 Rn. 23 f.; *Ladiges*, Jura 2013, 844 (847); *Lobe*, FG Frank, S. 33 (36); *Otto*, Die Struktur, S. 278; Schönke/Schröder/*Perron*, StGB, § 263 Rn. 56; *Tiedemann*, Die Zwischenprüfung im Strafrecht, S. 192; *Völschow*, Kostenfallen, S. 207; a. A. *Eisele*, NStZ 2010, 193 (198); *Kliegel*, JR 2013, 389 (398 f.); eingehend *Puppe*, MDR 1973, 12; ihr zust. *Ellbogen/Saerbeck*, CR 2009, 131 (134); *Klein*, Verhältnis, S. 120; *Riemann*, Vermögensgefährdung, S. 90 f.
145 *Blassl*, wistra 2016, 425 (429).

seits, um zwei unterschiedliche Fragestellungen handelt, zwischen denen grundlegend zu differenzieren ist.[146]

Das zentrale Thema des ersten Hauptkapitels (*B. II.*) betrifft damit die Frage, ob bei der Abofalle und vergleichbaren Konstellationen durch das nur vermeintliche Eingehen einer Verbindlichkeit eine solche Zahlungsgefahr geschaffen wird, die *erstens* eine gegenwärtige Vermögensminderung darstellt und ob, sofern dies zu bejahen sein wird, *zweitens* die Art und Weise von deren Eintritt den Anforderungen an eine Vermögensverfügung entspricht. Umgekehrt formuliert könnte man fragen, ob allein die Einführung der „Button-Lösung" dazu führen kann, dass die vermeintliche Anmeldung zu einem Abonnement entweder schon nicht als vermögensmindernd im Sinne des Betrugstatbestandes begriffen werden darf oder es – trotz Vermögensminderung – jedenfalls an der Verfügungsqualität fehlt.

Das zweite Hauptkapitel (*B. III.*) befasst sich mit der Frage, ob beziehungsweise unter welchen konkreten Umständen das Widerrufsrecht beim Betrug im Internet trotz täuschungsbedingt geschlossenem Vertrag eine tatsächlich – jedenfalls dem Grunde nach – bestehende Zahlungsgefahr derart abschirmen kann, dass von einer betrugsrelevanten gegenwärtigen Vermögensminderung zum Zeitpunkt des Vertragsschlusses im Ergebnis nicht mehr gesprochen werden kann.

---

146 Freilich sind beide Fragen dem Tatbestandsmerkmal der Vermögensverfügung zuzuordnen.

II. Eingehungsbetrug trotz fehlendem oder fehlerhaftem Button?

Dem vorliegenden Kapitel liegt die zentrale Frage zugrunde, ob in dem Eingehen einer nur vermeintlichen Verbindlichkeit eine Vermögensverfügung im Sinne von § 263 I StGB zu erblicken ist. Diese Frage lässt sich freilich nicht pauschal beantworten und soll hier lediglich in Bezug auf den eingangs geschilderten Anwendungsfall der Abofalle untersucht werden.[147] Zu erörtern ist, ob durch das „Anmelden" bei fehlendem oder fehlerhaftem Button im Sinne von § 312j III BGB, bei dem deswegen ein entgeltlicher Vertrag nicht geschlossen wird (§ 312j IV BGB), eine Vermögensverfügung vorliegt.[148]

Für die Beantwortung dieser Frage ist zu beachten, dass innerhalb der Vermögensverfügung zwei Anknüpfungspunkte möglich erscheinen, zwischen denen grundlegend zu differenzieren ist:

Der Eintritt einer Vermögensminderung bildet das zentrale Element der Vermögensverfügung.[149] Der Schwerpunkt der nachfolgenden Untersuchung liegt *zunächst* an dieser Stelle, um zu klären, ob die „Button-Lösung" dazu führt, dass bereits keine Vermögensminderung gegeben ist und es *deswegen* an einer Vermögensverfügung fehlt.[150] Auf Grundlage eines wirtschaftlichen Vermögensbegriffs ist zwar eine Vermögensminderung durch einen nur vermeintlichen Vertragsschluss, das heißt bei fehlendem oder fehlerhaftem Button, denkbar.[151] Dies darf aber nicht zu dem Schluss verleiten, dass daher per se auch ohne Vertragsschluss eine Vermögensmin-

---

147 A. I.
148 Auch *Völschow* wirft diese Frage am Rande seiner Untersuchung auf, Kostenfallen, S. 205 f.
149 B. I. 1.; Matt/Renzikowski/*Saliger*, StGB, § 263 Rn. 149; kritisch *Reitemeier*, Täuschungen vor Arbeitsverträgen, S. 136 ff.
150 Hierzu insbes. unter B. II. 1.
151 B. I. 3. b); zum Ganzen auch *Cramer*, Vermögensschaden, S. 110; Lackner/Kühl/*Kühl*, StGB, § 263 Rn. 23, 35; *Klein*, Verhältnis, S. 46 m. w. N.; *Kubiciel*, JZ 2014 99 (100); *Krey/Hellmann/Heinrich*, BT 2 Rn. 609; *Küper/Zopfs*, BT, Rn. 666; *Maurach/Schröder/Maiwald*, BT 1 § 41 II, Rn. 75; NK-StGB/*Kindhäuser*, § 263 Rn. 198. In diese Richtung 1954 bereits *Bruns*, FS Mezger, S. 335 (359). *Wahl*, Schadensbestimmung, S. 118 geht sogar davon aus, dass auch die juristisch ökonomische Vermögenslehre einen nichtigen Vertrag berücksichtigen kann: „Zulässig ist es jedoch, bei der Bewertung des Endvermögens die Gefahr zu berücksichtigen, dass der nichtige Vertrag *entgegen* der getroffenen Absprache abgewickelt und der Getäuschte dabei benachteiligt wird. [...] Hierdurch wird nicht entgegen der Zivilrechtsordnung der nichtigen Absprache Geltung zuerkannt, sondern der Möglichkeit Rechnung getragen, dass diese Absprache verletzt wird, und der Getäuschte hierdurch einen Nachteil erleidet."

derung stets vorliegen würde.[152] Vielmehr gilt es anhand des konkreten Falles zu ermitteln, ob das Eingehen einer nur vermeintlichen Verbindlichkeit schon eine Vermögensminderung im wirtschaftlichen Sinne darstellt.[153] Entsprechend den in dem vorherigen Kapitel angestellten Überlegungen[154], geht es dabei zunächst einmal um die Frage, ob durch die vermeintliche Anmeldung eine solche Gefahr der anschließenden Zahlung entstanden ist, die bereits als gegenwärtige Vermögensminderung bewertet werden muss.[155] Weil sich die Gefahr der späteren Zahlung in der konkreten Situation der Abofalle aber nicht aus einer tatsächlich entstehenden zivilrechtlichen Verpflichtung herleiten lässt, können im Umkehrschluss nur solche Kriterien für die Gefahrenbewertung herangezogen werden, die die tatsächliche Durchsetzbarkeit des vermeintlichen Anspruchs betreffen.[156] Dieser Umstand erscheint unter der Prämisse einer wirtschaftlichen Vermögensbewertung zunächst nicht weiter bedenklich.[157]

Tatsächlich stellt sich aber bereits die Frage, wie überhaupt beurteilt werden könnte, ob es durch die potentielle Verfügung, das „Anmelden" auf einer entsprechenden Internetseite, ohne dass es zum Vertragsschluss

---

152 Zu diesem Schluss verleitend *Buchmann/Majer/Hertfelder/Vögelein*, NJW 2009, 3189 (3193). Eine Vermögensverfügung auch ohne Zustandekommen eines Vertrages in Bezug auf Abofallen ausdrücklich bejahend, *Hatz*, JA 2012, 186 (188) und *Völschow*, Kostenfallen, S. 208. Für eine unbedingte Differenzierung zwischen zivilrechtlicher- und strafrechtlicher Vermögensbewertung *Pawlik*, Das unerlaubte Verhalten, S. 253 f. und *Völschow*, Kostenfallen, S. 206 f.

153 *Eisele*, NStZ 2010, 193 (198). Dies ist nicht mit der Frage zu verwechseln, ob eine konkrete Gefährdung vorliegt, weil mit wirtschaftlichen Nachteilen „ernstlich zu rechnen ist" (so aber noch etwa BGH, Urteil v. 20.07.1966 – 2 StR 188/66, BGHSt 21, 112 (113); BGH, Urteil v. 09.07.1987 – 4 StR 216/87, BGHSt 34, 394 (395); zust. *Baumanns*, JR 2005, 227 (230)). Vielmehr geht es um die Gefahr einer tatsächlichen Inanspruchnahme, die schon zum Zeitpunkt des vermeintlichen Vertragsschlusses als *gegenwärtiger* wirtschaftlicher Nachteil zu bewerten ist, siehe nur *Küper/Zopfs*, BT, Rn. 644, 652. Zu einem nur „scheinbar geschlossenen Vertrag" als Ansatzpunkt für eine Vermögensverfügung siehe auch *Krack*, FS Puppe, S. 1205 (1207) und *Völschow*, Kostenfallen, S. 205–208.

154 B. I. 3. b).

155 Ähnlich AnwK-StGB/*Gaede*, § 263 Rn. 70, 117; *Blassl*, wistra 2016, 425 (429).

156 *Cramer*, Vermögensschaden, S. 130, 157 f.; *Krey/Hollmann/Heinrich*, BT 2 Rn. 609. Im Grundsatz ähnlich BGH, Urteil v. 15.04.2015 – 1 StR 337/14, NStZ 2015, 514 (515). Dort begründet der BGH das Vorliegen eines Vermögensschadens zum Zeitpunkt des täuschungsbedingten Vertragsschlusses maßgeblich mit dem drohenden Verlust der erhaltenen Kaufsache durch einen geplante „Rückholung" eben dieser durch den Täuschenden.

157 *Maurach/Schröder/Maiwald*, BT 1 § 41 II, Rn. 100; so im Grundsatz auch *Krell*, ZIS 2019, 62 (63).

kommt, zu einer wirtschaftlichen Minderung des Vermögens kommen kann. Denn fraglich erscheint schon, ob eindeutige Bewertungsmaßstäbe existieren, die eine entsprechende Abgrenzung zuverlässig erlauben.[158]

Ferner fehlt es, anders als bei einer täuschungsbedingt eingegangenen – tatsächlich bestehenden – Verbindlichkeit, bei der sich der Vermögensabfluss greifen und meist ohne Weiteres zahlenmäßig beziffern lässt, an einer solchen Möglichkeit der problemlosen Erfassbarkeit im vorliegenden Fall mangels Vertragsschluss gerade. Es wird deswegen zu untersuchen sein, ob sich dies im Rahmen der Vermögensverfügung auswirkt. Insoweit wird zu erörtern sein, ob hierdurch Auswirkungen auf die Vermögensminderung selbst oder aber auf die Art und Weise ihrer Vermittlung über die Vermögensverfügung entstehen.[159]

Der eingangs geschilderte Sachverhalt der Abofalle bietet eine Fülle unterschiedlicher tatsächlicher Anknüpfungspunkte für die Bewertung einer Zahlungsgefahr. In einem ersten Schritt gilt es daher, mögliche Abgrenzungsmechanismen, die sich in Rechtsprechung und Literatur zur Beantwortung ähnlich gelagerter Fallgestaltungen herausgebildet haben, zu sammeln und vorzustellen (*dazu unter B. II. 1.*). Gegebenenfalls können auf einer solchen Grundlage aus Faktoren wie etwa Beweiswirkung und Rechtsschein der potentiellen Verfügung oder dem Glauben des Opfers an das Bestehen einer Zahlungspflicht, aber auch wegen der durch die potentielle Verfügung ausgelösten Drohkulisse des Täuschenden und dem damit verbundenen massiven Druckaufbau gegenüber dem Opfer, erste Erkenntnisse abgeleitet werden. In diesem ersten Schritt wird zunächst der Versuch unternommen, „in das bunte Bild der verschiedensten Gesichtspunkte einige Konturen zu bringen"[160] und deren Konsequenz für die Abofalle darzustellen.

In einem weiteren Schritt erfolgt eine Stellungnahme zu der zuvor vorgenommenen Fallgruppenanalyse (*dazu unter B. II. 2.)*). Entscheidend für die Beantwortung der Ausgangsfrage scheint nämlich, ob die dargestellten Abgrenzungsmechanismen auch tauglich sind, um bei relativ modernen Konstellationen, wie etwa der Abofalle, eine sachgerechte Lösung zu erzielen. Zu beachten ist insoweit, dass einerseits der Charakter des Betruges als Vermögensschädigungsdelikt gewahrt bleibt und die Grenzen zwischen Versuch und Vollendung nicht zu sehr verwässert werden, andererseits aber auch schwerwiegende tatsächliche (vermögensmindernde) Umstände

---

158 *Maurach/Schröder/Maiwald*, BT 1 § 41 II, Rn. 95.
159 Dazu insbes. unter B. II. 2.
160 *Cramer*, Vermögensschaden, S. 140.

erfasst werden, die sich mit Zahlen schwerlich beziffern lassen. Gerade die Einführung von Schutzmechanismen, wie etwa die „Button-Lösung", kann im Hinblick auf die strafrechtliche Würdigung entsprechender Sachverhalte zu nicht unerheblichen Spannungen führen. Denn aus dem nunmehr unstreitig fehlenden Vertragsschluss einerseits und den Anforderungen des Bundesverfassungsgerichtes an die Darlegung des Vermögensschadens andererseits, entstehen gerade in Konstellationen wie der Abofalle *neue Herausforderungen*, denen entsprechende Abgrenzungsversuche gerecht werden müssen. Hierbei gilt es anhand des Beispiels der Abofalle zu ermitteln, welche grundsätzlichen Probleme sich durch Einführung der „Button-Lösung" im Hinblick auf die Vermögensverfügung beim Eingehungsbetrug ergeben. Hat der Gesetzgeber eine Strafbarkeit wegen vollendetem Eingehungsbetruges mit der Einführung von § 312j BGB möglicherweise gänzlich unmöglich gemacht?

1. Abgrenzung anhand tatsächlicher Gefahrenmomente auf der Grundlage von Rechtsprechung und Lehre entwickelter Kriterien

Anhand unterschiedlicher Lebenssachverhalte, in denen eine effektive Herausgabe von Vermögenswerten (noch) nicht erfolgt ist, werden unterschiedliche Kriterien herausgearbeitet, die von Rechtsprechung und Literatur teils als Indikatoren für und teils als Indikatoren gegen eine wirtschaftliche Minderung des Vermögens angesehen werden.[161] Diese werden nachfolgend vorgestellt, wobei eine Untergliederung in objektive Merkmale (*dazu unter B. II. 1. a)*), subjektive Merkmale des Täuschenden (*dazu unter B. II. 1. b)*) und subjektive Merkmale des Getäuschten (*dazu unter B. II 1. c)*) erfolgt. Eine trennscharfe Aufspaltung ist jedoch nicht ausnahmslos durchzuhalten.

a) Objektive Merkmale

Bei der Frage nach dem Vorliegen einer Vermögensminderung ohne effektive Herausgabe von Vermögenswerten haben sich in Rechtsprechung und Literatur folgende objektive Abgrenzungskriterien herausgebildet.

---

161 Zu weiteren Fallgestaltungen *Joecks*, FS Samson, S. 355 ff. Ein Überblick über die „Konturierung des Gefährdungsschadens" durch die Literatur findet sich bei *Krell*, NZWiSt 2013, 370 (375).

aa) Zurückbehaltungsrecht / Zug um Zug-Erfüllung

Rechtsprechung und Literatur gehen unter bestimmten Umständen davon aus, dass in einem täuschungsbedingt abgeschlossenen Vertrag noch keine Vermögensminderung liegt, sofern der Getäuschte lediglich zur Leistung Zug um Zug verpflichtet wird.[162] Dies betrifft vornehmlich Fallgestaltungen, in denen der Täter über seine Zahlungsbereitschaft täuscht, der Getäuschte aber die geschuldete Ware nur Zug um Zug gegen Zahlung des Kaufpreises herausgeben muss.[163] Insoweit ist das objektive Kriterium des Zurückbehaltungsrechts eng verknüpft mit dem subjektiven Kriterium der Erkennbarkeit der Täuschung, weil beide Umstände dem Getäuschten, jedenfalls theoretisch, die Möglichkeit an die Hand geben, die effektive Herausgabe eines Vermögenswertes zu verweigern.

Auf dieser Grundlage, die freilich allein auf eine rechtlich mögliche Zurückbehaltung abstellt, ohne aber wichtige tatsächliche Gegebenheiten, wie etwa die Erkennbarkeit des Zurückbehaltungsrechtes, miteinzubeziehen, muss eine Minderung des Vermögens des Getäuschten zum Zeitpunkt der vermeintlichen Anmeldung für das Abonnement verneint werden. Der Internetnutzer, der sich versehentlich für ein Abo „anmeldet", geht objektiv betrachtet – wegen des Fehlens eines Buttons im Sinne von § 312j III BGB – nicht einmal eine rechtliche Verpflichtung ein. Er ist deswegen von Beginn an bereits überhaupt nicht zu leisten verpflichtet. Diesen Maßstab einmal zu Grunde gelegt, muss die nicht einmal wirksam entstandene Verpflichtung jedenfalls als Aliud zu einer tatsächlich entstandenen, aber mit einem Zurückbehaltungsrecht behafteten Verbindlichkeit qualifiziert werden. In der Konstellation der Abofalle kann das Opfer, *rein rechtlich* betrachtet, einfach die Zahlung verweigern, nachdem es durch die Zahlungsaufforderung von der vermeintlichen Zahlungspflicht erfahren hat.[164]

---

162 BGH, Beschluss v. 09.02.2005 – 4 StR 539/04, NStZ-RR 2005, 180; BGH, Beschluss v. 12.06.2001 – 4 StR 402/00, NStZ-RR 2001, 328; BGH, Urteil v. 18.09.1997 – 5 StR 331/97, NStZ 1998, 85; OLG Bamberg Beschluss v. 17.03.2016 – 8 Ss 18/16, BeckRS 2016, 7602; *Eisele*, BT II, Rn. 584.

163 Zum Ganzen auch Arzt/Weber/Heinrich/Hilgendorf/*Heinrich*, BT, § 20 Rn. 96; *Winkler*, Vermögensbegriff, S. 134 ff.

164 Zu durchaus berechtigten Einwänden ggü. dieser Ansicht, die daraus resultieren, dass tatsächliche Risiken wie die ggfls. fehlende Erkennbarkeit der Möglichkeit der Zahlungsverweigerung für das Opfer unberücksichtigt bleiben, sogleich unter B. II. 1. c) aa).

bb) Beweislastumverteilung, Rechtsschein und Prozessrisiko

Führt eine Täuschung dazu, dass das Opfer eine nur scheinbare, das heißt eine zivilrechtlich nicht wirksam entstehende, Verpflichtung eingeht, wird bei der Frage, ob hierin gleichwohl eine Vermögensminderung zu sehen sein kann, vielfach auf die Kriterien Beweisverteilung und Rechtsschein abgestellt.[165]

Als klassisches Beispiel ist der Fall zu nennen, in dem ein Provisionsvertreter unter falschem Vorwand eine Unterschrift von seinem Opfer auf einem Bestellschein erschleicht.[166] So werden Verbraucher, die etwa den Kauf einer Waschmaschine ablehnen, zur Unterschrift unter einen Kaufvertrag gebracht, indem der Vertreter vorgibt, die Unterschrift diene lediglich dazu, seinen Besuch zu bescheinigen, der Probevorführung der Waschmaschine zuzustimmen oder sonst irgendwelche unverbindlichen und unwichtigen Erklärungen abzugeben.[167] Tatsächlich unterschreibt der Getäuschte aber einen Bestellschein, was ihm wegen der geschickten Ablenkung und/oder Abdeckung entsprechender Textstellen des Vertreters verborgen bleibt. Nach zutreffender Ansicht liegt ein Vertragsschluss in diesen Fällen nicht vor.[168] Nach der herrschenden Meinung kann eine

---

165 Siehe nur BGH, Urteil v. 20.02.1968 – 5 StR 694/67, BGHSt 22, 88; OLG Köln, Urteil v. 18.09.1973 – Ss 168/73, MDR 1974, 157; OLG Hamm, Urteil v. 18.12.1964 – 2 Ss 422/64, NJW 1965, 702 (703); *Cramer*, Vermögensschaden, S. 161; LK/*Tiedemann*, § 263 Rn. 109; *Paschke*, Insertionsoffertenbetrug, S. 253. Grds. zustimmend, im Einzelnen jedoch differenzierend *Ensenbach*, Prognoseschaden, S. 320 f. Zur Bedeutung der Beweisbarkeit einer Forderung für den wirtschaftlichen Vermögensbegriff bereits *Beseler*, Eingehungsbetrug, S. 62; *Schröder*, JZ 1965, 513 (514 f.).

166 So etwa OLG Hamm, Urteil v. 18.12.1964 – 2 Ss 422/64, NJW 1965, 702; zum Ganzen auch *Bohnenberger*, Vertragserschleichung, S. 6 ff.; *Göbel*, Unseriöse Geschäftätigkeit, S. 96 ff.; *Lampe*, NJW 1978, 679; MüKoStGB/*Hefendehl*, § 263 Rn. 777 f.; *Schade*, Unbestellte Vertreter; *Schlüchter*, MDR 1974, 617, jeweils m. w. N.

167 BGH, Urteil v. 20.02.1968 – 5 StR 694/67, BGHSt 22, 88; ähnlich auch OLG Köln, Urteil v. 18.09.1973 – Ss 168/73, MDR 1974, 157; *Lampe*, NJW 1978, 679 (680); *Schlüchter*, MDR 1974, 617 (619).

168 *Bohnenberger*, Vertragserschleichung, S. 28 f. m. w. N. Auch vor Einführung der „Button-Lösung" wurde ein Vertragsschluss nach zutreffender Ansicht verneint, wenn der Hinweis auf Kosten nicht sofort und ohne Weiteres für den Verbraucher erkennbar war. Siehe etwa BGH, Urteil v. 26.07.2012 – VII ZR 262/11, NJW-RR 2012, 1261; LG Hamburg, Urteil v. 21.03.2012 – 608 KLs 8/11; LG Berlin, Urteil v. 21.10.2011 – 50 S 143/10, NJW-RR 2012, 424; LG Mannheim, Urteil v. 14.01.2010 – 10 S 53/09, MMR 2010, 241; AG Berlin-Charlottenburg, Urteil v. 05.03.2010 – 206 C 541/09, BeckRS 2012, 3884; AG Karlsruhe, Urteil v.

Willenserklärung zwar auch ohne Erklärungsbewusstsein vorliegen, der Erklärende muss bei verkehrsüblicher Sorgfalt aber erkennen und vermeiden können, dass seine (ausdrückliche oder konkludente) Äußerung nach Treu und Glauben unter Berücksichtigung der Verkehrssitte (§ 157 BGB) als Willenserklärung aufgefasst werden durfte und der Empfänger sie tatsächlich auch so verstanden hat.[169] Ein solches Erkennen und Vermeiden nach Treu und Glauben ist bei der Erschleichung einer Unterschrift nicht gegeben, weshalb ein Vertrag nicht geschlossen wird.[170]

Trotz des nicht zustande gekommenen Vertrages geht die strafrechtliche Rechtsprechung und Literatur in diesen Fällen ganz überwiegend von einem Eingehungsbetrug, das heißt von einer Vollendung des Betruges zum Zeitpunkt des Unterschreibens des Bestellscheins, aus.[171] In der nur vermeintlichen Verpflichtung wird eine wirtschaftliche Vermögensminderung im Sinne der für den Betrugstatbestand erforderlichen Vermögensverfügung erblickt.[172] Maßgeblicher Begründungspfeiler ist die *Umverteilung der Beweislast* durch die Unterschrift.[173]

Im Zivilrecht gelten Dispositionsmaxime[174] und Beibringungsgrundsatz.[175] Hieraus folgt, dass dem, der vor Gericht die anspruchsbegründenden Tatsachen schlüssig vorträgt, der geltend gemachte Anspruch erst ein-

---

12.08.2009 – 9 C 93/09, NJW-RR 2010, 68; *Buchmann/Majer/Hertfelder/Vögelein*, NJW 2009, 3189 (3190); *Kredig/Uffmann*, ZRP 2011, 36 (37); *Kliegel*, JR 2013, 389 (391). Teilweise wird auch von einem Dissens ausgegangen, so etwa *Ellbogen/Saerbeck*, CR 2009, 131 (134); a. A. offenbar OLG Frankfurt a. M., Beschluss v. 17.12.2010 – 1 Ws 29/09, NJW 2011, 398 (403); AG Witten Urteil v. 07.09.2010 – 2 C 585/10, BeckRS 2010, 23577; *Alexander*, NJW 2012 1985 (1986).

169 BGH, Beschluss v. 19.09.2002 – V ZB 37/02, BGHZ 152, 63 (68); BGH, Urteil v. 29.11.1994 – XI ZR 175/93, NJW 1995, 953; BGH, Urteil v. 02.11.1989 – IX ZR 197/88, BGHZ 109, 171 (177); BGH, Urteil v. 07.06.1984 – IX ZR 66/83, NJW 1984, 2279; siehe zum Ganzen auch MüKoBGB/*Armbrüster*, § 119 Rn. 97, 100 ff.; Palandt/*Ellenberger* BGB, Einf. v. § 116 Rn. 17.

170 *Hampe/Köhlert*, MMR 2012, 722 (725).

171 Einen Überblick gibt *Cramer*, Vermögensschaden, S. 161 ff.; a. A. *Schmidt*, Begriff des Vermögensschadens, S. 76.

172 *Otto*, Jura 1991, 494 (496); spezifisch für die Konstellation der Untreue vgl. *Ensenbach*, Prognoseschaden, S. 317 ff.; a. A. *Ahn*, Schadensberechnung, S. 108.

173 BGH, Urteil v. 09.07.1987 – 4 StR 216/87, BGHSt 34, 394 (395 f.); BGH, Urteil v. 20.02.1968 – 5 StR 694/67, BGHSt 22, 88 (89); OLG Hamm, Urteil v. 18.12.1964 – 2 Ss 422/64, NJW 1965, 702 (703); *Cramer*, Vermögensschaden, S. 161 f.; MüKoStGB/*Hefendehl*, § 263 Rn. 777 f.

174 Thomas/Putzo/*Reichold*, ZPO, Einl. I, Rn. 5.

175 Thomas/Putzo/*Reichold*, ZPO, Einl. I, Rn. 1 ff.

mal zugesprochen wird, solange die Gegenseite den Vortrag nicht in geeigneter Weise bestreitet. Wenn sich in einer täuschungsbedingt vorgenommenen Handlung des Opfers aber gerade ein Beweismittel verkörpert, das der Täuschende vor Gericht für die zivilrechtliche Geltendmachung des vermeintlichen Anspruchs nutzen kann, dann soll diese Handlung bereits als Minderung des Vermögens zu qualifizieren sein. Dies sei der Fall, wenn sich durch die Handlung die *Beweissituation* im Widerspruch zur materiellen Rechtslage verändere.[176] Immer wenn das täuschungsbedingte Eingehen einer – wenn auch zivilrechtlich bestandslosen – Verbindlichkeit dazu führe, dass ein einfaches Bestreiten nicht ausreiche, um sich von dem Behaupteten loszusagen, sei diese Voraussetzung erfüllt. Der wirtschaftliche Minderwert liege dann in der Gefahr, dass es dem Getäuschten nicht gelinge, den Beweis zu erbringen, um sich von dem behaupteten Anspruch loszusagen.[177] Denn mit der Unterschrift entstehe ein entsprechender *Rechtsschein*.[178] Umgekehrt könne der Täuschende in diesem Fall ohne Hindernisse den vermeintlichen Anspruch realisieren.[179] Er erhalte mit der Unterschrift unter den Vertragstext ein *Machtmittel*, das er nutzen könne, um gegen den Getäuschten prozessual vorzugehen.[180] Diese Situation unterscheide sich in wirtschaftlicher Hinsicht nicht von dem Fall, dass der Vertrag tatsächlich geschlossen worden wäre.[181]

Bei dem geschilderten Fall mit dem Provisionsvertreter wird daher der wirtschaftliche Wert der – mangels Rechtsbindungswillen – nicht einmal entstandenen Verbindlichkeit in der Gefahr gesehen, dass der Getäuschte die Unwirksamkeit des Vertrages beweisen muss.[182] Denn nach § 416 ZPO muss er bis zu einer erfolgreichen Anfechtung oder sonstigen Entkräftung des Vertragsinhalts die Unterschrift als *Beweismittel* gegen sich gelten lassen.[183] Der Richter werde der in einem möglichen Verfahren vorgelegten Urkunde nämlich nicht ansehen, „auf welcher Grundlage es entstanden ist

---

176 BGH, Urteil v. 09.07.1987 – 4 StR 216/87, BGHSt 34, 394 (395 f.); *Cramer*, Vermögensschaden, S. 161; a. A. *Kliegel*, JR 2013, 389 (399).
177 BGH, Urteil v. 20.02.1968 – 5 StR 694/67, BGHSt 22, 88 (89); OLG Hamm, Urteil v. 18.12.1964 – 2 Ss 422/64, NJW 1965, 702 (703).
178 OLG Hamm, Urteil v. 18.12.1964 – 2 Ss 422/64, NJW 1965, 702 (703); *Paschke*, Insertionsoffertenbetrug, S. 253.
179 MüKoStGB/*Hefendehl*, § 263 Rn. 777 f.
180 *Cramer*, Vermögensschaden, S. 162.
181 BGH, Urteil v. 20.02.1968 – 5 StR 694/67, BGHSt 22, 88 (89).
182 *Cramer*, Vermögensschaden, S. 161.
183 *Hefendehl*, Fischer/Hoven/Huber/Raum/Rönnau/Saliger/Trüg, Dogmatik und Praxis des strafrechtlichen Vermögensschadens, S. 77 (79).

und ob irgendwelche Umstände gegen seine Wirksamkeit sprechen."[184] Es tritt nach dieser Auffassung bereits durch die Abgabe der Unterschrift eine Verschlechterung der wirtschaftlichen Vermögenslage ein. Denn hierfür reiche die mit der Unterschrift einhergehende Verschlechterung der Beweislage und die damit verbundene Gefahr in oben genanntem Sinne aus.[185] Damit sei das Vermögen nicht allein in der Vorstellung des Betroffenen, sondern auch aus Sicht eines objektiven Dritten gemindert.[186]

Eng verknüpft mit der Beweiswirkung der potentiellen Verfügung ist das hieraus resultierende *Prozessrisiko*, das heißt das Risiko, aufgrund der Unterschrift gerichtlich in Anspruch genommen zu werden.[187] Die Erhöhung des Prozessrisikos wird von großen Teilen der Rechtsprechung und Lehre ebenfalls als grundsätzlich berücksichtigungsfähiger Indikator für den wirtschaftlichen Wert einer vermeintlichen Verbindlichkeit angesehen.[188] Dagegen reiche ein allgemeines Risiko, überhaupt gerichtlich in Anspruch genommen zu werden, nicht aus.[189] Akzessorisch zur Beweisverteilung erhöht sich *theoretisch* auch die Gefahr, dass der Täter den vermeintlichen Anspruch erfolgreich gerichtlich geltend machen kann. Dies sei insbesondere dann der Fall, wenn durch die Verfügung eine derartige Beweissituation geschaffen werde, die es dem Täuschenden ermögliche, den Anspruch im Urkundenprozess erfolgreich geltend machen zu können.[190] Damit erhöht sich jedenfalls ein theoretisches, das heißt ein von der tatsächlichen Absicht des Täters, den Anspruch gerichtlich geltend zu machen, unabhängiges Prozessrisiko immer dann, wenn der Akt der Verfügung dem Täuschenden ein Beweismittel einräumt, das es ihm ermög-

---

184 *Cramer*, Vermögensschaden, S. 156.
185 *Cramer*, Vermögensschaden, S. 161.
186 OLG Hamm, Urteil v. 18.12.1964 – 2 Ss 422/64, NJW 1965, 702 (703); a. A. *Schmidt*, Begriff des Vermögensschadens, S. 76.
187 OLG Hamm, Urteil v. 18.12.1964 – 2 Ss 422/64, NJW 1965, 702 (703).
188 Der BGH erkennt auch jüngst wieder das Prozessrisiko als grundsätzlich berücksichtigungsfähige Größe an, mahnt in Anbetracht der Rechtsprechung des BVerfG aber dazu, dass ein etwaiger Vermögensschaden „nach wirtschaftlich nachvollziehbaren Maßstäben" zu beziffern sei, BGH, Beschluss v. 20.09.2016 – 2 StR 497/15, NStZ 2017, 30 m. Anm. *Becker*; zuvor schon: BGH, Urteil v. 17.02.1999 – 5 StR 494–98, BGHSt 44, 376 (386); BGH, Urteil v. 09.07.1987 – 4 StR 216/87, BGHSt 34, 394 (395 f.); OLG Hamm, Urteil v. 18.12.1964 – 2 Ss 422/64, NJW 1965, 702; *Begemeier/Wölfel*, JuS 2015, 307 (309 f.) im Zusammenhang mit dem Betrugsschaden bei gutgl. Erwerb.
189 BGH, Urteil v. 20.07.1966 – 2 StR 188/66, BGHSt 21, 112 (114); *Otto*, Jura 1991, 494 (496).
190 BGH, Urteil v. 09.07.1987 – 4 StR 216/87, BGHSt 34, 394 (396).

licht, sein Opfer erfolgreich im Sinne einer verfügungsbedingten Beweislastumverteilung in einem Prozess in Anspruch zu nehmen.[191] Bereits hierin wird eine wirtschaftliche Vermögensminderung zum Zeitpunkt der Unterschrift gesehen.[192]

Die Situation bei der Abofalle liegt indes anders als bei dem geschilderten Fall der erschlichenen Unterschrift.[193] Denn sofern der Täuschende mit einer etwaigen Klage wahrheitsgemäß vorbringen sollte, der Internetnutzer habe auf einen bei Abofallen typischerweise verwendeten – nicht gesetzeskonformen – Button[194] geklickt, so ist der Vortrag aufgrund von § 312j III, IV BGB nicht geeignet, einen Anspruch zu begründen. Vielmehr ist die Klage in diesem Fall bereits unschlüssig, selbst wenn alle entsprechenden Nachweise vorgelegt würden, und muss als unbegründet abgewiesen werden. Sollte der Abofallenbetreiber dagegen wahrheitswidrig behaupten, der Verbraucher habe auf einen gesetzeskonformen Button geklickt, so wird er auch dies darlegen müssen, § 312k II BGB.[195] *Dementgegen* ist die Vorlage eines Bestellscheins mit Unterschrift des Getäuschten in Zusammenhang mit entsprechendem Sachvortrag durchaus geeignet, einen Anspruch auf Zahlung schlüssig darzulegen. Dies verkennt *Völschow* in seiner Dissertation „Die Strafbarkeit der sog. ‚Kostenfallen‘ im Internet", der von einer „schwierigen Beweislage" und einem „Prozessrisiko" des Opfers offenbar auch nach Einführung der „Button-Lösung" ausgeht.[196] Dass überhaupt kein Vertrag geschlossen wurde, sieht der Richter der Vertragsurkunde nicht an, der Internetseite ohne einen den gesetzlichen Anforderungen genügenden Button jedoch schon. Um den Anspruch erfolgreich gerichtlich geltend zu machen, müsste der Täuschende darlegen können, dass sein Opfer auf einen den gesetzlichen Anforderungen entsprechenden Button geklickt hat. Kann er dies nicht, fehlt es wegen

---

191 BGH, Urteil v. 09.07.1987 – 4 StR 216/87, BGHSt 34, 394 (396).

192 Dagegen betreffen etwaige Prozesskosten den Vermögensschaden nicht, OLG Düsseldorf, Beschluss v. 17.03.1993 – 2 Ss 72/93–17/93 III, NJW 1993, 2694 (2695).

193 So nun auch ausdrücklich MüKoStGB/*Hefendehl*, § 263, Rn. 813 in der 3. Aufl. 2019.

194 Gemeint ist ein Button, der der Vorgabe des § 312j III BGB nicht entspricht und etwa lediglich mit „weiter", „anmelden" oder „Route planen" beschriftet ist.

195 BT-Drs. 17/7745, S. 12; Hoeren/Sieber/Holznagel/*Föhlisch*, MMR-HdB, Teil 13.4 Rn. 212; MüKoBGB/*Wendehorst*, § 312j, Rn. 39.

196 *Völschow*, Kostenfallen, S. 209 f.

§ 312j III, IV BGB bereits an dem Rechtsschein eines Vertragsschlusses.[197] Im Sinne einer Beweiswirkung ist die Vorlage eines Dokuments, das belegt, dass sich der Internetnutzer auf einer entsprechenden Seite angemeldet hat und dass sich dort ein Kostenhinweis befindet, nutzlos. Die Unterschrift ist daher nur mit einem den gesetzlichen Vorgaben entsprechenden Button vergleichbar, an dem es in dem im *Kapitel B. II.* dieser Untersuchung zugrunde gelegtem Sachverhalt gerade fehlt.[198] Es besteht dann theoretisch noch nicht einmal die Notwendigkeit, den Vortrag des Täuschenden zu bestreiten. Ein wirtschaftlicher Wert, der sich aus der Notwendigkeit, ein Beweismittel entkräften zu müssen, ergeben könnte, besteht daher auf dieser Grundlage nicht.

Etwas Anderes galt jedoch noch vor Einführung der Button Lösung.[199] Zwar wurde dort nach zutreffender Auffassung bei einem versteckten Kostenhinweis ein Vertragsschluss ebenfalls verneint.[200] Es gab jedoch Gerichte, die dies anders beurteilten und einen Vertragsschluss bejahten, obgleich der Getäuschte augenscheinlich keinen Vertrag abschließen wollte.[201] Unabhängig davon aber, ob man vor Einführung der „Button-Lösung" einen Vertrag als geschlossen angesehen hat, galten jedenfalls andere Anforderungen an die Beweislastumverteilung als heute. Denn wie bei den angeführten Fällen der Unterschriftenerschleichung auch, sah man der Internetseite mangels Vorgaben für einen entsprechend beschrifteten Button

---

197 Hoeren/Sieber/Holznagel/*Föhlisch*, MMR-HdB, Teil 13.4 Rn. 212; MüKoBGB/ *Wendehorst*, § 312j, Rn. 39; Palandt/*Grüneberg*, BGB, § 312j, Rn. 10; a. A. *Völschow*, Kostenfallen, S. 209 f.

198 Zutreffend MüKoStGB/*Hefendehl*, § 263, Rn. 813. Sofern *Völschow* in der Beweislastumverteilung eine Parallele der Abofalle zu der Unterschriftenerschleichung erkennt, trifft dies richtigerweise ausschließlich auf Sachverhalte vor Einführung der „Button-Lösung" zu. Eine entsprechende Differenzierung fehlt jedoch in der Untersuchung *Völschows*, Kostenfallen, S. 208.

199 Zur Einführung der „Button-Lösung" ab dem 01.08.2012 siehe A. I.

200 BGH, Urteil v. 26.07.2012 – VII ZR 262/11, NJW-RR 2012, 1261; LG Berlin, Urteil v. 21.10.2011 – 50 S 143/10, NJW-RR 2012, 424; LG Mannheim, Urteil v. 14.01.2010 – 10 S 53/09, MMR 2010, 241; LG Göttingen Urteil v. 17.08.2009 – 8 KLs 1/09, BeckRS 2011, 10690; AG Berlin-Charlottenburg, Urteil v. 05.03.2010 – 206 C 541/09, BeckRS 2012, 3884; AG Karlsruhe, Urteil v. 12.08.2009 – 9 C 93/09, NJW-RR 2010, 68; *Buchmann/Majer/Hertfelder/Vögelein*, NJW 2009, 3189 (3190); *Ellbogen/Saerbeck*, CR 2009, 131 (134); *Kredig/Uffmann*, ZRP 2011, 36 (37); *Kliegel*, JR 2013, 389 (391); *Völschow*, Kostenfallen, S. 35, 40, im Einzelnen S. 25–35.

201 So offenbar OLG Frankfurt a. M., Beschluss v. 17.12.2010 – 1 Ws 29/09, NJW 2011, 398 (403); AG Witten Urteil v. 07.09.2010 – 2 C 585/10, BeckRS 2010, 23577. Zum Streitstand siehe auch *Krell*, ZIS 2019, 62 (63) m. w. N.

nicht ohne Weiteres an, dass ein Vertrag nicht geschlossen werden sollte. Sich auf einen Prozess einzulassen hätte aus Sicht des Täters zwar lediglich geringe Erfolgschancen, wäre aber auch nicht als von vornherein vollkommen aussichtslos einzuordnen gewesen. Spiegelbildlich hierzu war jedenfalls von einem – wenn auch geringen – Risiko des Opfers auszugehen, in einem Prozess, in dem es den Behauptungen nicht entgegentritt, zu unterliegen.[202] Denn dass eine etwaige Klage, wie nach heutiger Rechtslage, schon mangels schlüssigem Vorbringen hätte abgewiesen werden müssen, war damals nicht per se anzunehmen.

Legt man dagegen die heutige Ausgangslage zugrunde und setzt den soeben herausgearbeiteten Maßstab an, wird man eine wirtschaftliche Vermögensminderung bei der Abofalle zum Zeitpunkt des Eingehens der vermeintlichen Verbindlichkeit, gemessen an der (fehlenden) Beweislastumverteilung, verneinen müssen.[203] Dem vermeintlichen Vertragsschluss kommt jedenfalls kein objektiver Beweiswert zu.[204]

Denkbar ist zwar auch, dass der Seitenbetreiber den Sachverhalt im Nachhinein so manipuliert, dass es den Anschein erweckt, der Verbraucher habe tatsächlich auf einen den gesetzlichen Anforderungen entsprechenden Button geklickt. So etwa, wenn im Anschluss an die vermeintliche Anmeldung behauptet wird, der Verbraucher habe den Dienst über eine andere – im Wesentlichen identische – aber den gesetzlichen Anforderungen entsprechende Internetseite in Anspruch genommen. Dies entspricht dann Sachverhaltsgestaltungen, in denen das Opfer täuschungsbedingt ein Formular unterschreibt, das anschließend noch vom Täuschen-

---

202 Die Risikobewertung in diesem Kapitel bezieht noch nicht etwaige zivilrechtliche Schutzmechanismen mit ein, mit denen sich nach erfolgtem Vertragsschluss eine Zahlung ggfls. abwenden lässt. Dies betrifft naturgemäß Sachverhalte, in denen ein Vertrag tatsächlich zustande kommt. Um diese geht es im zweiten Teil der Untersuchung (B. III.). Dass gegebenenfalls bestehende Auswirkungen zivilrechtlicher Lossagungsmöglichkeiten im Falle eines geschlossenen Vertrages gleichermaßen auch Geltung beanspruchen, wenn es nur zu einer Beweislastumverteilung gekommen ist, liegt indes nahe und soll deswegen an dieser Stelle nicht verschwiegen werden.

203 MüKoStGB/*Hefendehl*, § 263, Rn. 813; Palandt/*Grüneberg*, BGB, § 312j, Rn. 10; a. A. *Völschow*, Kostenfallen, S. 210, der insoweit konsequent – auf Grundlage der unzutreffenden Annahme einer Beweislastumverteilung durch Anmeldung – eine Vermögensminderung bejaht.

204 Hoeren/Sieber/Holznagel/*Föhlisch*, MMR-HdB, Teil 13.4 Rn. 212; MüKoBGB/ *Wendehorst*, § 312j, Rn. 39. Trotz im Einzelnen nicht überzeugender und wenig präziser Begründung, so jedenfalls im Ergebnis zutreffend *Klisa*, Betrug trotz wahrer Erklärung, S. 164.

den selbst ergänzt oder abgeändert wird.[205] So ist dies etwa der Fall, wenn der Täter die Unterschrift unter ein unausgefülltes Formular eines Kreditantrages erschleicht.[206] Es soll dann aber jedenfalls an der Unmittelbarkeit der Verfügung fehlen, weil erst eine weitere Handlung des Täters, das Ausfüllen des Formulars, den Vermögensabfluss herbeiführe.[207] Ebenso wäre auf dieser Grundlage auch die Situation bei der Abofalle zu beurteilen, in der erst nach der Anmeldung eine Manipulation des Sachverhaltes beziehungsweise der Verweis auf eine andere, in Bezug auf die Vorgaben des § 312j III BGB gesetzeskonforme, Internetseite erfolgt. Es fehlt dann schon an der Unmittelbarkeit der Verfügung.

Schließlich soll noch auf eine *Ausnahme* hingewiesen werden, bei der es auch nach Einführung der „Button-Lösung" und trotz nicht zustande gekommenen kostenpflichtigen Vertrages zu einer Beweislastumverteilung zulasten des Getäuschten kommt. In dieser Konstellation spricht der Betreiber einer Internetseite durch ihre Ausgestaltung und die Auswahl des Angebots, beispielsweise mit einer Plattform für Kochrezepte, offenkundig Verbraucher an, versteckt oder verschleiert aber gleichzeitig den Hinweis darauf, dass sich sein Angebot nicht an Verbraucher, sondern ausschließlich an Gewerbetreibende richtet.[208] Ziel eines solchen Vorgehens ist es, unbedarfte Verbraucher anzusprechen und online zu einem Vertragsschluss zu veranlassen, ohne aber verbraucherschützende Vorschriften beachten zu müssen. Nach dem Plan der Täter sollen sich die Opfer, einmal in der Falle gefangen, nämlich gerade nicht mehr durch „Button-Lösung" oder Widerrufsrecht schützen können. Lässt sich der Verbraucher auf das Angebot ein, wird ihm vom Seitenbetreiber vorgehalten, er habe sich treuwidrig über die Ausrichtung des Angebots an Unternehmer hinweggesetzt und sei deswegen nicht schutzwürdig. Es gilt im Einzelfall, auch anhand der Gesamtaufmachung des Internetauftrittes und der faktischen Ausrichtung des Waren- oder Dienstleistungsangebots, zu ermitteln, ob ein Verbraucher, der die Internetseite aufsucht, davon ausgehen muss, dass er als

---

205 Vgl. Matt/Renzikowski/*Saliger*, StGB, § 263 Rn. 113, 121; *Wang*, Vermögensverfügung als Tatbestandsmerkmal, S. 232 f.
206 OLG Hamm, Urteil v. 08.03.1979 – 2 Ss 2738/78.
207 OLG Hamm, Urteil v. 08.03.1979 – 2 Ss 2738/78; siehe auch *Miehe*, Unbewusste Verfügungen, S. 91 ff.
208 OLG Hamm, Urteil v. 16.11.2016 – 12 U 52/16, GRUR-RR 2017, 198; Hoeren/Sieber/Holznagel/*Föhlisch*, MMR-HdB, Teil 13.4 Rn. 28.

Verbraucher das Angebot nicht in Anspruch nehmen darf.[209] Der Hinweis darauf, dass sich der Dienst an Profis richtet, lässt jedenfalls nicht ohne weiteren ausdrücklichen Hinweis den Umkehrschluss zu, dass andere Verkehrskreise das Angebot deswegen überhaupt nicht beanspruchen dürfen.[210] Dies gilt umso mehr, wenn sich der Verbraucher wegen der konkret angebotenen Dienste, wie etwa Kochrezepten, gerade angesprochen fühlen muss.[211]

Zwar ist in diesen Fällen – unterstellt, bei den Parteien handelt es sich tatsächlich um Unternehmer und Verbraucher – ein Vertrag wegen des unzureichend beschrifteten Buttons bereits nicht zustande gekommen, § 312j IV BGB.[212] Weil der Getäuschte – jedenfalls bei einem Hinweis auf der Internetseite auf das Erfordernis der Unternehmereigenschaft – aber beweisen muss, dass er als Verbraucher gehandelt hat, liegt in diesem Fall ausnahmsweise trotz fehlenden Buttons eine solche Zahlungsgefahr vor, die sich durch die Beweislastumverteilung im Rahmen der Vermögensverfügung auch objektiv erfassen lässt.[213]

cc) Faktische Zugriffsmöglichkeit / Entzug der faktischen
   Verfügungsgewalt

Hat sich das Opfer durch die potentielle Verfügung nicht rechtswirksam verpflichtet, so hat sich als weiterer Indikator *für* beziehungsweise *gegen* eine wirtschaftliche Minderung des Vermögens das Maß der faktischen Zugriffsmöglichkeit durch den Täuschenden auf das Vermögen des Opfers herausgebildet.[214] Relevanz entfaltet dieses Abgrenzungskriterium bei-

---

209 OLG Hamm, Urteil v. 16.11.2016 – 12 U 52/16, GRUR-RR 2017, 198 (199 f.); teilweise kritisch Hoeren/Sieber/Holznagel/*Föhlisch*, MMR-HdB, Teil 13.4 Rn. 28; *ders.*, Widerrufsrecht, S. 72 ff.
210 OLG Hamm, Urteil v. 16.11.2016 – 12 U 52/16, GRUR-RR 2017, 198 (200).
211 Die Hinweis- und Aufklärungspflicht richtet sich auch nach den angebotenen Waren und/oder Dienstleistungen, Hoeren/Sieber/Holznagel/*Föhlisch*, MMR-HdB, Teil 13.4 Rn. 28.
212 Jauernig/*Stadler*, BGB, § 312j, Rn. 3.
213 So ist wohl auch BGH, Urteil v. 30.09.2009 – VIII ZR 7/09, NJW 2009, 3780 (3781) zu deuten; siehe auch Hoeren/Sieber/Holznagel/*Föhlisch*, MMR-HdB, Teil 13.4 Rn. 26 f.
214 Zum Ganzen *Pawlik*, Das unerlaubte Verhalten, S. 256; *Stuckenberg*, ZStW 118 (2006), 878 (903 f.). In diese Richtung jüngst auch in einer „Sale and steal back"-Konstellation, BGH, Urteil v. 15.04.2015 – 1 StR 337/14, NStZ 2015, 514, Anm. *Begemeier/Wölfel*, NStZ 2016, 129. Da der Fokus dort jedoch auf der Absicht der

spielsweise beim „Phishing"[215] oder – spiegelbildlich – bei der Aufrechterhaltung sogenannter schwarzer Kassen, wobei dem ursprünglichen Vermögensinhaber sein Vermögen zwar weiterhin rechtlich zugeordnet bleibt, ihm aber die tatsächliche Verfügungsgewalt entzogen wird.[216]

Als besonders anschauliche und typische Konstellation, in der sich Gerichte mit der Frage nach einer eine Vermögensminderung begründenden Zugriffsmöglichkeit auseinanderzusetzen haben, ist die Konstellation zu nennen, in der der Täter im Besitz einer Geldkarte und dazugehöriger PIN seines Opfers ist.[217] Der Bundesgerichtshof geht hierbei davon aus, dass eine vermögensmindernde Position bereits dann gegeben ist, wenn der Täter im Besitz der Geldkarte seines Opfers ist und gleichzeitig Kenntnis von der Geheimnummer hat.[218] Maßgeblich sei die „jederzeitige Zugriffsmöglichkeit auf den Auszahlungsanspruch", die nur dann gegeben sei, wenn der Täter neben der PIN auch im Besitz der dazugehörigen Karte sei.[219]

Eine mit der jederzeitigen Möglichkeit des Abhebens von Geld an einem Bankautomaten vergleichbare Zugriffsmöglichkeit auf das Geld seines Opfers hat der Betreiber einer Abofalle nicht. Der Verweis auf den Kostenhinweis auf seiner Internetseite und den Umstand, dass der Getäuschte dort tatsächlich seine Daten eingetragen und gegebenenfalls die

---

Täter und weniger auf der – wenn auch vorhandenen – faktischen Zugriffsmöglichkeit liegt, wird dieser Fall vorliegend i.R.d. Auswirkungen der Absichten des Täuschenden abgehandelt (B. II. 1. b)).

215 Beim sog. Phishing werden Nutzer im Internet durch Täuschung zur Preisgabe von Passwörtern, PIN- und TAN-Nummern oder Kreditkartendaten gebracht; zum Ganzen *Goeckenjan*, wistra 2008, 128–136; MüKoStGB/*Hefendehl*, § 263 Rn. 772 m. w. N.; *Ladiges*, wistra 2016, 180 ff.; LK/*Tiedemann*, § 263 Rn. 110; *Stuckenberg*, ZStW 118 (2006), 878–912. Zur Betrugsstrafbarkeit durch das Bestellen von Waren mittels ausgespähter Kreditkarten- oder Girokontodaten, dem sog. Carding, *Ullenboom*, NZWiSt 2018, 26.

216 BVerfG, Beschluss v. 23.06.2010 – 2 BvR 2559/08, BVerfGE 126, 170; *Hauck*, ZIS 2011, 919 (922); *Hellmann*, FS Kühl, S. 691 (704). Siehe zum Ganzen *Ensenbach*, Prognoseschaden, 322–338; *Hoven*, Fischer/Hoven/Huber/Raum/Rönnau/Saliger/Trüg, Dogmatik und Praxis des strafrechtlichen Vermögensschadens, S. 201–216; *Strelczyk*, Schwarze Kassen.

217 Zum Ganzen auch Arzt/Weber/Heinrich/Hilgendorf/*Heinrich*, BT, § 20 Rn. 85; *Fischer*, StGB, § 263 Rn. 78, 91, 116; *Küper/Zopfs*, BT, Rn. 668.

218 BGH, Urteil v. 17.08 2004 – 5 StR 197/04, NStZ-RR 2004, 333 (335); a. A. *Ladiges*, wistra 2016, 180 (182).

219 BGH, Urteil v. 17.08 2004 – 5 StR 197/04, NStZ-RR 2004, 333 (335). Dagegen soll in dem Unterschreiben eines Überweisungsträgers, insbes. wegen der jederzeitigen Widerrufbarkeit, noch keine vermögensmindernde Verfügung bestehen, BGH, Beschluss v. 11.12.2013 – 3 StR 302/13, NStZ 2014, 578 (579). Einzelheiten werden hier unterschiedlich beurteilt.

Allgemeinen Geschäftsbedingungen bestätigt hat, erleichtert dem Täter das Erreichen seines Ziels – im Zuge der damit dann noch einhergehenden erheblichen Drohmaschinerie – zwar erheblich. Gleichwohl wird es erforderlich sein, dass der Getäuschte den vermeintlich geschuldeten Beitrag überweist. Von einem sprichwörtlichen „Zugreifen" kann daher keine Rede sein. Vor diesem Hintergrund muss – am Maßstab einer faktischen Zugriffsmöglichkeit wie sie oben dargestellt wurde – eine wirtschaftliche Einbuße im Vermögen des Opfers zum Zeitpunkt des Klickens auf den Button verneint werden.

dd) Manipulation des Vertragsgegenstandes

Die Manipulation des Vertragsgegenstandes als Grundlage einer Vermögensminderung wird typischerweise im Zusammenhang mit dem sogenannten *Sportwettenbetrug* thematisiert.[220] Bei Sportwetten mit verbindlichen Quoten ist der Sportwettenanbieter der Wettgegner und legt vor dem jeweiligen Spiel eine Quote fest, „die das Verhältnis von Einsatz und möglichem Gewinn widerspiegelt."[221] Die Wettquoten sind vom Wettanbieter anhand des zu erwartenden Spielausgangs und der erwarteten Verteilung der Wetteinsätze so kalkuliert, dass sich für ihn das Geschäft insgesamt und unabhängig vom konkreten Spielausgang wirtschaftlich rechnet.[222] In den hier interessierenden Fallgestaltungen hatten die Angeklagten durch Zahlungen an Fußballspieler und Schiedsrichter Einfluss auf den Ausgang konkreter Spiele genommen.[223] Gleichzeitig wetteten sie nach dem dargestellten System auf einen entsprechenden Spielausgang, der sich aus Sicht der Wettanbieter als unvorhersehbar darstellte, weil diese von einem nicht manipulierten Spiel ausgingen.[224] Der Bundesgerichtshof geht – nun auch

---

220 BGH, Urteil v. 20.12.2012 – 4 StR 55/12, BGHSt 58, 102, Anm. *Jäger*, JA 2013, 868; BGH, Urteil v. 15.12.2006 – 5 StR 181/06, BGHSt 51, 165; zum Ganzen *Becker*, Fischer/Hoven/Huber/Raum/Rönnau/Saliger/Trüg, Dogmatik und Praxis des strafrechtlichen Vermögensschadens, S. 273–284; NK-StGB/*Kindhäuser*, § 263 Rn. 319b. Am 19.04.2017 sind mit §§ 265c–265e StGB zudem drei neue Straftatbestände in Kraft getreten, die sich ausdrücklich auf den Sportwettenbetrug beziehen (BGBl Teil 1 Nr. 20 v. 11.04.2017, S. 815 f.). Siehe hierzu *Krack*, wistra 2017, 289–297.
221 BGH, Urteil v. 20.12.2012 – 4 StR 55/12, BGHSt 58, 102 (103f.); *Saliger*, FS Samson, S. 455 (457 ff.).
222 BGH, Urteil v. 20.12.2012 – 4 StR 55/12, BGHSt 58, 102 (104).
223 BGH, Urteil v. 20.12.2012 – 4 StR 55/12, BGHSt 58, 102 (103).
224 BGH, Urteil v. 20.12.2012 – 4 StR 55/12, BGHSt 58, 102 (104 f.).

unter ausdrücklicher Berücksichtigung der vom Bundesverfassungsgericht aufgestellten Grundsätze[225] – davon aus, dass bereits zum Zeitpunkt des Abschlusses des Wettvertrages ein Vermögensschaden vorliegen *kann*.[226] Bei Risikogeschäften könne auch ein drohender, ungewisser Vermögensabfluss einen gegenwärtigen Schaden darstellen.[227] Der wirtschaftliche Wert des Vermögens sei bereits dann gesunken, wenn „die täuschungs- und irrtumsbedingte Verlustgefahr [...] über die vertraglich zu Grunde gelegte hinausgeht."[228] Bereits durch die nicht offengelegte Manipulation des Vertragsgegenstandes seien die wechselseitigen Ansprüche derart ins Ungleichgewicht geraten, dass die nun mit einem „erhöhten Realisierungsrisiko behaftete [...] Verpflichtung zur Auszahlung des vereinbarten Wettgewinns nicht mehr durch den Anspruch auf den Wetteinsatz aufgewogen wird."[229] Schließlich habe sich die Wahrscheinlichkeit, dass es zu dem vom Täuschenden beabsichtigten Spielausgang komme, drastisch erhöht.

Übertragen auf die Konstellation der Abofalle kann es selbstredend nicht um die Wertverschiebung zweier tatsächlich bestehender Forderungen gehen. Gleichwohl wird man von einer Vereinbarung des Seitenbetreibers mit dem Nutzer ausgehen können, die nach objektiven Gesichtspunkten den kostenlosen Zugriff des Nutzers auf eine bestimmte Datenbank oder einen Dienst, wie etwa das Planen einer Route, zum Gegenstand hat. Der Gegenstand dieser Vereinbarung wird durch den versteckten Hinweis auf angeblich entstehende Kosten manipuliert. Wenn man bei ansonsten gleichbleibendem Sachverhalt einmal den versteckten Hinweis hinwegdenkt, wird man durchaus annehmen können, dass die tatsächliche Gefahr einer Zahlung in diesem Fall als geringer qualifiziert werden muss als in

---

225 Zeitlich noch vor BVerfGE 126, 170 und BVerfGE 130, 1 insoweit BGH, Urteil v. 15.12.2006 – 5 StR 181/06, BGHSt 51, 165.

226 BGH, Urteil v. 20.12.2012 – 4 StR 55/12, BGHSt 58, 102 (111); i. E. so bereits BGH, Urteil v. 15.12.2006 – 5 StR 181/06, BGHSt 51, 165 (169). Verfehlt wäre indes der Schluss, dass deswegen auch stets ein Vermögensschaden vorliegen *muss*. Es gelten die vom BVerfG aufgestellten Mindestanforderungen an die Schadensbestimmung (BVerfGE 126, 170 und BVerfGE 130, 1). Hierauf weist der BGH unter Bezugnahme auf die Rechtsprechung des BVerfG explizit hin, BGHSt 58, 102 (114). Zur Schadensbestimmung bei der manipulierten Sportwette siehe auch *Hellmann*, FS Kühl, S. 691 (704).

227 BGH, Urteil v. 20.12.2012 – 4 StR 55/12, BGHSt 58, 102 (111). Auf den Vermögensnachteil bei Risikogeschäften eingehend *Hellmann*, ZIS 2007, 433, insbes. 439 ff.

228 BGH, Urteil v. 20.12.2012 – 4 StR 55/12, BGHSt 58, 102 (111).

229 BGH, Urteil v. 20.12.2012 – 4 StR 55/12, BGHSt 58, 102 (113).

dem Fall einer durch versteckten Kostenhinweis manipulierten Ausgangssituation.

Gleichwohl wird man diesen die Zahlungsgefahr erhöhenden Aspekt *nicht objektiv darstellen* können. Auch hängt die Gefahr der Zahlung nicht allein von diesem Punkt, sondern von einem Zusammenspiel auch weiterer Aspekte ab. Anders als im Fall der manipulierten Sportwette lässt sich ein entsprechend erhöhtes Risiko einer Inanspruchnahme des Getäuschten damit nicht sicher fassen. Die Manipulation des Sachverhaltes durch den versteckten Kostenhinweis bleibt damit lediglich ein Indiz, das im Rahmen einer Gesamtbetrachtung durchaus für die Erhöhung einer Zahlungsgefahr streitet. Unabhängig vom Bestehen einer Zahlungsgefahr und deren Ausmaß lässt sich diese ohne Rückgriff auf weitere Aspekte im Rahmen der Vermögensverfügung jedenfalls nicht nach außen darstellen und muss deswegen im Ergebnis unberücksichtigt bleiben.

ee) Adressatenkreis

In der Vergangenheit ist immer wieder die Frage aufgekommen, ob der Umstand, dass vom Täter gezielt ein bestimmter Personenkreis angesprochen wird, in die wirtschaftliche Bewertung des Vermögens des Opfers zum Zeitpunkt der potentiellen Verfügung mit einfließen darf.[230] Im Fokus steht der angesprochene Personenkreis im Zusammenhang mit der Vermögensminderung vor allem deswegen, weil der Umstand, ob nach einer täuschungsbedingt eingegangenen Verpflichtung auch tatsächlich gezahlt wird, maßgeblich von den Personen abhängt, die zahlen sollen: den Adressaten der Täuschung.[231] Aus Sicht der Täter kann es daher Sinn machen, ihre Täuschungen gezielt auf eine solche Personengruppe auszurichten, von der sie eine erhöhte Zahlungsbereitschaft beziehungsweise eine verminderte Gegenwehr erwarten.[232] So geht beispielsweise *Luipold* in ihrer Dissertation explizit auf „schichtspezifische Hürden bei der Rechtswahrnehmung" ein.[233] Betroffen seien nicht nur untere Bevölkerungs-

---

230 Siehe nur BGH, Urteil v. 22.10.1986 – 3 StR 226/86, BGHSt 34, 199; BGH, Beschluss v. 16.07.1970 – 4 StR 505/69, BGHSt 23, 300 (304); *Harbort*, Objektive Zurechnung, S. 58; *Luipold*, Schadensmerkmal, S. 113 f.

231 Vgl. *Bohnenberger*, Vertragserschleichung, S. 79.

232 So typischerweise etwa auch bei Verkaufsveranstaltungen auf Kaffeefahrten, *Göbel*, Unseriöse Geschäftstätigkeit, S. 78.

233 *Luipold*, Schadensmerkmal, S. 113 f. Zum „Problem der Dummheit" im Rahmen des Betruges bereits *Schüler-Springorum*, FS Honig, S. 201 (204) und *Nau-*

schichten, sondern auch marktwirtschaftlich besonders ungeübte Aussiedler, ältere Menschen oder Arbeiter.[234]

Persönliche Eigenschaften des Getäuschten, wie die mangelnde geschäftliche Gewandtheit oder Unerfahrenheit des Verbrauchers[235], der Grad seines Ärgers über die Übertölpelung, seine Neigung zur Bequemlichkeit oder sein Wille, sich keine unlauteren Methoden gefallen zu lassen, die Bedeutung des Kaufpreises für seine Vermögensverhältnisse und so weiter,[236] werden von der Rechtsprechung vornehmlich[237] in folgendem Zusammenhang erörtert:

Ein Zeitschriftenvertreter hat sein Opfer durch Täuschung dazu gebracht, ein Abonnement einer – für den jeweiligen Verbraucher vollkommen nutzlosen – Zeitschrift abzuschließen, um sich so die Provision für den Vertragsabschluss zu sichern.[238] Der Zeitschriftenverleger weiß indes von den Praktiken seines Vertreters nichts und ist bereit, den Vertrag anstandslos zu stornieren. In einer weiteren – als „Wunderhaarmittel-Fall" bekannt gewordenen – Entscheidung des Bundesgerichtshofes[239] hatte der Täuschende verschiedene, vollkommen wirkungslose Schönheitspräparate[240] als Wundermittel angepriesen und mit einer „Geld-zurück-Garantie" beworben und verkauft. Tatsächlich rechnete er von Beginn an damit, dass maximal 10 % der Kunden von ihrem vertraglichen Rücktrittsrecht Ge-

---

cke, FS Peters, S. 109 (117). Zu den Auswirkungen des Opferverhaltens auf die Strafbarkeit eingehend bereits *Hillenkamp*, Opferverhalten.

234 *Luipold*, Schadensmerkmal, S. 113 f. Keinesfalls soll damit behauptet werden, dass Opfer von Abofallen überwiegend der Unterschicht angehören. Vielmehr belegt die Untersuchung *Luipolds*, dass es generell – je nach Verbraucherkreis – Unterschiede gibt, inwieweit eine Gegenwehr von Verbraucherseite zu erwarten steht. Siehe auch *Bohnenberger*, Vertragserschleichung, S. 79.

235 Zu den Auswirkungen der Unerfahrenheit von Opfern des Betruges durch Online-Auktionen siehe *Dingler*, Online-Auktionen, S. 18. Zur Risikoverteilung im Internet, *Völschow*, Kostenfallen, S. 92 ff.

236 Die genannten Umstände entstammen BGH, Beschluss v. 16.07.1970 – 4 StR 505/69, BGHSt 23, 300 (304).

237 Im Rahmen des Betruges werden persönliche Eigenschaften auch bei der Täuschung problematisiert. Siehe etwa BGH, Urteil v. 04.12.2003 – 5 StR 308/03, NStZ-RR 2004, 110; BGH, Urteil v. 05.12.2002 – 3 StR 161/02, NStZ 2003, 313; BGH, Urteil v. 26.04.2001 – 4 StR 439/00, BGHSt 47, 1, Anm. *Rose*, wistra 2002, 13; BGH, Urteil v. 22.10.1986 – 3 StR 226/86, BGHSt 34, 199; zum Ganzen auch *Bosch*, FS Samson, S. 241 ff.; *Majer/Buchmann*, NJW 2014, 3342.

238 BGH, Beschluss v. 16.07.1970 – 4 StR 505/69, BGHSt 23, 300 (301).

239 BGH, Urteil v. 22.10.1986 – 3 StR 226/86, BGHSt 34, 199.

240 So etwa ein „Hollywood Lifting Bad" und verschiedene „Schlankpillen" wie auch einen Haarverdicker und Nichtraucherpillen.

brauch machen würden. Sofern tatsächlich Kunden vom Vertrag zurück-traten, erstattete er anstandslos den Kaufpreis.

Bei der Frage, inwieweit Stornierungsbereitschaft und vertraglich ver-einbartes Rücktrittsrecht einen Vermögensschaden ausschließen könnten, setzte sich der Bundesgerichtshof dann genauer mit den Eigenschaften des angesprochenen Verkehrskreises auseinander.[241] Dem liegt der Gedanke zu Grunde, dass sich der Wert eines solchen Rechts stets daran bemisst, ob zu erwarten steht, dass tatsächlich auch davon Gebrauch gemacht wird. Dies wiederum hängt von der Person ab, der das Recht zusteht.

Letztlich geht der Bundesgerichtshof davon aus, dass die Vermögens-minderung durch den Kaufpreisanspruch gegen den Getäuschten nicht vollständig durch das bestehende Rücktrittsrecht ausgeglichen wird. Durch das Bewerben der Produkte in der „Regenbogenpresse" würden be-wusst geschäftsunerfahrene Personen angesprochen. Diesen sei die Aus-übung eines Rücktrittsrechts faktisch wesentlich erschwert.[242] Diese zu-sammentreffenden Umstände der Lebenswirklichkeit und die Scheu des angesprochenen Personenkreises vor Auseinandersetzungen einerseits im Zusammenspiel mit den relativ geringen Forderungen und dem unverhält-nismäßigen Erfolg einer Rechtsverfolgung andererseits seien gezielt zur Grundlage des betrügerischen Geschäfts gemacht worden. Trotz der „Geld-zurück-Garantie" sei das „Geschäftsmodell" damit von vornherein darauf angelegt gewesen, dass an dem ungünstigen Vertrag festgehalten werde. Aus diesem Grund sei das Versprechen, bei Nichtgefallen anstandslos das Geld zurückzuzahlen, nicht geeignet, eine wirtschaftliche Schädigung des Vermögens auszuschließen. Ähnlich argumentiert der Bundesgerichtshof in erstgenanntem Fall:[243] Ob und wie hartnäckig die Opfer nach Vertrags-schluss ihre Rechte geltend machten, hänge von den oben genannten Ei-genschaften des Adressatenkreises ab und stelle für den Vertreter reinen Zufall dar. Deswegen sei trotz Stornierungsbereitschaft „nach lebensnahen wirtschaftlichen Gesichtspunkten" bereits eine Vermögensgefährdung ein-getreten.

Damit steht fest, dass, jedenfalls auf Grundlage dieser Ansicht[244], der Umstand, dass ganz gezielt ein bestimmter Adressatenkreis angesprochen

---

241 BGH, Urteil v. 22.10.1986 – 3 StR 226/86, BGHSt 34, 199 (203).
242 BGH, Urteil v. 22.10.1986 – 3 StR 226/86, BGHSt 34, 199 (203); im Wesentli-chen zust. *Müller-Christmann*, JuS 1988, 108 (109).
243 BGH, Beschluss v. 16.07.1970 – 4 StR 505/69, BGHSt 23, 300 (303 f.).
244 In der Literatur wird das Einbeziehen des Adressatenkreises in Erwägungen rund um das Vermögen teilweise kritisiert. So etwa *Bottke*, JR 1987, 428 (430) in

wird, bei der Bewertung der Vermögensminderung durchaus zu berücksichtigen sein kann, weil hiervon die Chance einer Zahlung beziehungsweise das Risiko der Abwehr eines täuschungsbedingt erlangten Zahlungsanspruches nicht unerheblich beeinflusst werden kann.

Der Personenkreis, der durch Abofallen angesprochen wird, dürfte regelmäßig aus Menschen bestehen, die im Umgang mit dem Internet unerfahren sind und denen schlicht nicht bekannt ist, dass entsprechende Dienste bei seriösen Anbietern kostenfrei abrufbar sind.[245] Besonders älteren Menschen sind die Gefahren der Eingabe persönlicher Daten im Internet oft nicht bewusst. Das belegt eine Studie des *Bundesministeriums der Justiz und für Verbraucherschutz* aus dem Jahr 2014 zur „Evaluierung des Gesetzes zum besseren Schutz der Verbraucherinnen und Verbraucher vor Kostenfallen im elektronischen Geschäftsverkehr – Button-Lösung".[246] Gerade im Hinblick darauf, welche Formulierungen im Internet erlaubt sind und einen Vertragsschluss herbeiführen können, weisen Rentner „einen schlechteren Kenntnisstand auf".[247] Gleiches gilt für andere Personen beziehungsweise Personengruppen, die das Internet nicht regelmäßig nutzen.[248] Eben solche Personen sind aber auch eher empfänglich für die nachfolgenden Drohgebärden der Täter, weil sie die Sach- und Rechtslage nicht einschätzen können beziehungsweise sogar glauben, sie selbst hätten einen Fehler gemacht. Schließlich sei auf die Zahlung ja hingewiesen worden und sie selbst hätten nicht genau genug gelesen. Ein kritisches Hinterfragen der Rechtmäßigkeit der Zahlungsaufforderung wird gegebenenfalls auch aus Scham eher unterbleiben als bei in Internetdingen erfahrenen

---

Bezug auf BGH, Urteil v. 22.10.1986 – 3 StR 226/86, BGHSt 34, 199; *Luipold*, Schadensmerkmal, S. 118 f.

245 Zu einer Kategorisierung der Opfer von Abofallen *Ernst*, VuR 2012, 205; ähnlich *Brammsen/Apel*, WRP 2011, 1254 (1256) und *Völschow*, Kostenfallen, S. 92 ff., der bei Vertragsschlüssen im Internet wegen der „Flüchtigkeit des Mediums" grds. ein gesteigertes Risiko sieht, dass Verbraucher notwendige Informationen nicht erhalten. Zur „Bestimmung des Abofallen-Durchschnittsverbrauchers" *Cornelius*, NStZ 2015, 310 (316).

246 Abzurufen auf der Homepage des Bundesministeriums der Justiz und für Verbraucherschutz unter www.bmjv.de/SharedDocs/Publikationen /DE/Evaluierung_Verbraucherschutz_Kostenfallen.html (abgerufen am 05.03.2019).

247 BMJV, Abschlussbericht d. Evaluierung d. Button-Lösung 2014, S. 102, abzurufen unter www.bmjv.de/SharedDocs/Publikationen/DE /Evaluierung_Verbraucherschutz_Kostenfallen.html (abgerufen am 05.03.2019).

248 BMJV, Abschlussbericht d. Evaluierung d. Button-Lösung 2014, S. 102, abzurufen unter www.bmjv.de/SharedDocs/Publikationen/DE /Evaluierung_Verbraucherschutz_Kostenfallen.html (abgerufen am 05.03.2019).

Verbrauchern. Gerade bei den unerfahrenen Opfern ist nicht auszuschließen, dass auch solche, die die „Abzocke" im Nachhinein erkennen, sich derart genieren, weil ihnen ihre eigene Sorglosigkeit peinlich ist, so dass in stiller Heimlichkeit lieber schnell gezahlt wird. Hierauf setzen die Betreiber entsprechender Internetseiten.

Im Hinblick auf Abofallen kann auf dieser Grundlage geschlossen werden, dass es – wie in den oben in Bezug genommenen, vom Bundesgerichtshof entschiedenen Fällen auch – der Absicht der Täter entspricht, besonders diese unerfahrenen und gutgläubigen Personen in ihre Fallen zu locken. Jedenfalls aber ist es geradezu zwangsläufige Folge des Erstellens von Abofallen, dass solche Personen, die rechtzeitig misstrauisch werden oder von Beginn an die wahre Absicht der Täter durchschauen, gerade nicht in die Falle tappen, während ein ganz bestimmtes Publikum gutgläubig den Betrügern auf den Leim geht.[249]

Gleichwohl lässt sich der rechtliche Umgang mit den eingangs dargestellten Fallgestaltungen[250] nicht vollständig auf die Konstellation der Abofalle übertragen. Denn in oben genannten Fällen wurde ein Vertrag bereits geschlossen. Das heißt, eine Vermögensminderung war zunächst einmal durch das Eingehen der Verbindlichkeit und gegebenenfalls auch durch die bereits vorgenommene Kaufpreiszahlung dem Grunde nach gegeben. Insofern ging es darum, inwieweit die Eigenschaften des betroffenen Adressatenkreises Einfluss auf den Wert eines bestehenden Rücktrittsrechts oder einer Stornierungsbereitschaft nehmen konnten. Das betrifft den Umstand, inwieweit die Eigenschaften des Adressatenkreises – über den Weg der Stornierungsbereitschaft und des Rücktrittsrechts – mittelbar Einfluss auf die Zahlungsgefahr nehmen, sofern wegen eines wirksam geschlossenen Vertrages dem Grunde nach erst einmal von einer Vermögensminderung ausgegangen werden kann.

Damit kann zwar durchaus angenommen werden, dass der durch Abofallen angesprochene Personenkreis generell eher zur Zahlung bereit ist als ein hinsichtlich der Internetnutzung erfahrener Verbraucher. Jedoch

---

249 In diese Richtung auch *Erb*, FS Müller-Graff, S. 199 (203 f.), der unter Bezugnahme auf den sog. Wunderhaarmittel-Fall/Haarverdicker Fall darauf hinweist, dass das Vorgehen der Verkäufer „von vornherein *ausschließlich* auf solche Käufer, die dem Leitbild des verständigen Verbrauchers *gerade nicht* entsprechen [...]", ausgerichtet ist. Im Grundsatz ähnlich *Göbel*, Unseriöse Geschäftätigkeit, S. 117. Fragwürdig insoweit MüKoStGB/*Hefendehl*, § 263 Rn. 813, der diese Umstände offenbar unberücksichtigt lässt.
250 Z. B. der sog. Wunderhaarmittel-Fall, BGH, Urteil v. 22.10.1986 – 3 StR 226/86, BGHSt 34, 199.

steht die Konstellation der Abofalle in einem wesentlichen Punkt hinter umgekehrtem Vorzeichen gegenüber den geschilderten Vergleichsfällen. Denn es ist in der hier untersuchten Fallgruppe wegen des fehlenden oder fehlerhaften Buttons im Sinne von §§ 312j III, IV BGB keine Zahlungspflicht entstanden. Damit geht es um die Frage, inwieweit der Adressatenkreis ein Indikator dafür sein kann, dass schon durch die vermeintliche Anmeldung eine wirtschaftliche Vermögensminderung und damit eine Verfügung im Sinne von § 263 StGB gerade aufgrund der Eigenschaften des angesprochenen Personenkreises begründet wird. Gerade aber weil es vorliegend – und im Unterschied zu den vom Bundesgerichtshof abgehandelten Fällen – um die unmittelbare *Begründung* einer – und nicht um die Einflussnahme auf eine bereits bestehende – wirtschaftlichen Vermögensminderung geht, bedürfte es irgendwelcher *nach außen abbildbarer Anknüpfungspunkte*, die es erlauben, eine etwaige Zahlungsgefahr im Rahmen der Vermögensverfügung „sichtbar" darzustellen.

Obgleich die von der Rechtsprechung angeführte Sichtweise durchaus dafür streitet, im Rahmen der Würdigung der Gesamtumstände auch bei der Abofalle die Besonderheiten des angesprochenen Adressatenkreises als eventuell vermögensmindernd zu berücksichtigen, ist dieses Kriterium daher gleichwohl nicht geeignet, als klar definiertes Richtmaß über das Vorliegen einer Vermögensverfügung zu entscheiden. Denn das Risiko einer Zahlung gerade aufgrund der Besonderheiten des Adressatenkreises lässt sich – unabhängig davon, ob man sein Ausmaß als vermögensmindernd qualifizieren möchte – vorliegend *nicht nach außen darstellen*. Damit handelt es sich bei dem Faktor der Eigenschaften des Adressatenkreises um ein Indiz, dem zwar eine vermögensmindernde Relevanz durchaus unterstellt werden darf, das aber jedenfalls als alleiniger Umstand schon wegen seiner nicht näher greifbaren Konturen ungeeignet ist, eine wirtschaftliche Vermögensminderung nach außen so darzustellen, dass diese auch im Rahmen der Vermögensverfügung im Ansatz überhaupt berücksichtigt werden könnte.

ff) Abgrenzungsmodell *Hefendehls*

Einzelne Fragmente des Abgrenzungsmodells *Hefendehls* sind in den bisher dargestellten Abgrenzungsvariationen bereits angeklungen. Vor dem Hintergrund seiner jahrelangen Forschung auf dem Gebiet des Betruges und insbesondere des Vermögensschadens und dem damit geleisteten erheblichen Beitrag für die Entwicklung des Tatbestandsmerkmals des Vermögensschadens, ist sein Abgrenzungsmodell hier noch einmal zusammengefasst darzustellen.[251] Dabei beschränkt sich die Darstellung auf die hier in Rede stehende Fallgestaltung, bei der allein die Einordnung einer lediglich vermeintlichen Verbindlichkeit als Vermögensverfügung im Rahmen des Eingehungsbetruges in Frage steht.

Nach *Hefendehl* liegt der Schlüssel für die Beantwortung der Frage, ob die Gefährdung eines Vermögenswertes als tatbestandlicher Vermögensschaden zu qualifizieren ist, im Vermögensbegriff.[252] Die schädigende Vermögensgefährdung sei eine wirtschaftliche Tatsache, die die normativ begründete Herrschaft über das Vermögen verringere.[253] Der Vermögensbegriff enthalte stets auch „die Hypothese der Durchsetzbarkeit zur eigenen wirtschaftlichen Verwertung."[254] Verschlechtere sich die Hypothese der Verfügbarkeit über einen Vermögenswert qualitativ, sei eine schädigende Vermögensgefährdung gegeben.[255] Der konkreten Bedrohung von Vermögenswerten dürfe jedoch keine „Vermeidemacht" des Bedrohten gegenüberstehen.[256] Seien weitere Handlungen des Täuschenden im Herrschaftsbereich des Getäuschten abwehrbar, habe sich die Durchsetzbarkeitshypothese nicht qualitativ verschlechtert.[257] Letztlich umschreibe die Vermögensgefährdung „ein bestimmungs- oder erfahrungsgemäß auf Veränderung gerichtetes Kontinuum, das in zeitlicher Hinsicht bereits die Grenze des für den Vermögensschaden Relevanten überschritten hat."[258]

Zur Einordnung seien Fallgruppen zu bilden, die sich allein an der Gefahr beziehungsweise dem Gefahrursprung und der betrugsrelevanten Begegnungsmöglichkeit ausrichteten. Es sei zu eruieren, ob die drohende Ge-

---

251 So bereits 1994 mit seiner Dissertation „Vermögensgefährdung und Exspektanzen"; Bspr. *Erb*, GA 1996, 142.
252 *Hefendehl*, Fischer/Hoven/Huber/Raum/Rönnau/Saliger/Trüg, Dogmatik und Praxis des strafrechtlichen Vermögensschadens, S. 77 (79).
253 *Hefendehl*, Fischer/Hoven/Huber/Raum/Rönnau/Saliger/Trüg, Dogmatik und Praxis des strafrechtlichen Vermögensschadens, S. 77 (82).
254 MüKoStGB/*Hefendehl*, § 263 Rn. 724.
255 *Hefendehl*, Fischer/Hoven/Huber/Raum/Rönnau/Saliger/Trüg, Dogmatik und Praxis des strafrechtlichen Vermögensschadens, S. 77 (83).
256 MüKoStGB/*Hefendehl*, § 263, Rn. 642, 724, 778.
257 MüKoStGB/*Hefendehl*, § 263 Rn. 724.
258 MüKoStGB/*Hefendehl*, § 263 Rn. 727: „Letzteres vor allem deshalb, weil der Gefährdete nicht in der Lage ist, die Schadensrelevanz des ursächlichen Ereignisses abzuschirmen und damit zu neutralisieren bzw. zu eliminieren."

fahr aus dem Umfeld des Täters, des Opfers oder eines Dritten stamme.[259] Innerhalb dessen müsse stets geprüft werden, ob der Getäuschte der schadensrelevanten Gefahr entgegentreten könne oder nicht. Letztlich sei entscheidend, dass es sich bei dem Vermögen um einen Herrschafts- und Dispositionsbegriff handele.[260] Ungeachtet dessen, ob es sich „phänomenologisch" um einen Schaden oder eine Gefährdung handele, sei eine Schadensrelevanz jedenfalls immer dann zu bejahen, wenn oben genannte Herrschaft über das Vermögen verringert sei.

Die hier in Rede stehende Frage nach einer Vermögensverfügung zum Zeitpunkt des nur vermeintlichen Abschlusses eines Abonnementenvertrages ist der Fallgruppe der drohenden Gefahr aus dem Umfeld des Täters zuzuordnen.[261] Die Abgrenzung eines wirtschaftlich relevanten Vermögensabflusses, der eine Verfügung im Sinne des § 263 StGB darstellt, von einem solchen Verhalten, welches diese Voraussetzungen nicht erfüllt, nimmt *Hefendehl* aufgrund folgender Differenzierung vor:

Abzugrenzen sei die „bloße Verhaltensoption" von einer „Gefahr aus dem Umfeld des Täters im Sinne einer spiegelbildlichen Exspektanz".[262] Nur in letzterem Fall sei eine Vermögensverfügung gegeben. Für das Opfer müsse sich das in Rede stehende Verhalten nicht nur als schädigende Vermögensgefährdung darstellen.[263] Vielmehr muss der Täuschende nach *Hefendehl* spiegelbildlich hierzu eine in der Außenwelt manifestierte „vermögenswerte Exspektanz" und nicht bloß eine Verhaltensoption erlangen.[264] Allein der Umstand, dass das Vermögen aus Sicht des Betroffenen oder eines objektiven Dritten gemindert sei, reiche nicht aus, solange nicht dem Täuschenden gleichzeitig eine Exspektanz in oben benanntem Sinne

---

259 Zur drohenden Gefahr aus dem Umfeld des Getäuschten MüKoStGB/*Hefendehl*, § 263 Rn. 750 ff.; zu der drohenden Gefahr aus dem Umfeld des Täters MüKoStGB/*Hefendehl*, § 263 Rn. 761 ff.

260 *Hefendehl*, Fischer/Hoven/Huber/Raum/Rönnau/Saliger/Trüg, Dogamtik und Praxis des strafrechtlichen Vermögensschadens, S. 77, (88).

261 Zu dieser Fallgruppe MüKoStGB/*Hefendehl*, § 263 Rn. 761 ff.

262 MüKoStGB/*Hefendehl*, § 263 Rn. 761 f.

263 Ähnlich insoweit auch *Walter*, FS Herzberg, S. 763 (767), der hervorhebt, dass das Abstellen auf eine Vermögensminderung i.R.d. Vermögensverfügung zu ungenau sei, weil es einer „Vermögensverschiebung zwischen (mindestens) zwei Vermögensträgern" bedürfe. Zur Vermögensverschiebung beim Betrug eingehend *Kindhäuser*, FS Dahs, S. 65–80, der zu Recht darauf hinweist, dass der Eintritt des Vorteils „nur als überschießende Innentendenz im subjektiven Tatbestand" vorausgesetzt wird, ders. FS Lüderssen, S. 635 (637). Siehe auch *Wang*, Vermögensverfügung als Tatbestandsmerkmal, S. 150 f.

264 MüKoStGB/*Hefendehl*, § 263 Rn. 761 f.

zukomme. Von der Exspektanz zu unterscheiden sei ein sozial indifferenter Zustand, der eine bloße Verhaltensoption schaffe. Dies sei beispielsweise dann der Fall, wenn der Getäuschte eine Unterschrift auf einem Dokument leiste, das später noch vom Täuschenden manipuliert werden müsse.[265] Unterschreibe das Opfer dagegen täuschungsbedingt einen bereits fertig ausgefüllten Bestellschein, sei – auch ohne Vertragsschluss – wegen der „erdrückenden Beweiswirkung", der Notwendigkeit sich vom Vertrag loszusagen (§ 416 ZPO) und der Möglichkeit des Täters, „seinen Anspruch" nötigenfalls im Urkundenprozess durchsetzen zu können, eine Exspektanz gegeben.[266] Damit liege in diesem Fall ein wirtschaftlicher Abfluss des Vermögens bereits zum Zeitpunkt des Eingehens der tatsächlich nicht entstandenen Verbindlichkeit vor.

Für die Abofalle bei fehlendem oder fehlerhaftem Button ergibt sich auf dieser Grundlage dasselbe Ergebnis wie bereits im Rahmen der Ausführungen zu Beweislastumverteilung, Rechtsschein und Prozessrisiko dargestellt:[267] Eine Beweiswirkung zugunsten des Täuschenden, wie im Falle einer Unterschrift unter einen ausgefüllten Bestellschein, entfaltet das Anmelden zu einem Abo – fehlerhafter oder fehlender Button vorausgesetzt – gerade nicht.[268] Damit fehlt es an einer Exspektanz, wie sie *Hefendehl* fordert.[269] Das täuschungsbedingte Anmelden stellt nach den Maßstäben *Hefendehls* vielmehr eine bloße Verhaltensoption dar. In welchem Maße das Vermögen des Getäuschten gleichwohl gefährdet sein könnte, bedarf nach dieser Ansicht keiner weiteren Erörterung, weil es jedenfalls an der zweiten, gleichermaßen zwingend erforderlichen Voraussetzung, der spiegelbildlichen Exspektanz, fehlt. Auf den Umstand, dass *Hefendehl* in der Konstellation der Abofalle zudem an dem Vorliegen einer Zahlungsgefahr we-

---

265 MüKoStGB/*Hefendehl*, § 263 Rn. 763 ff.
266 MüKoStGB/*Hefendehl*, § 263 Rn. 778.
267 Dazu B. II. 1. a) bb). Zu bemerken ist indes, dass die Beweiswirkungen der Anmeldung oben lediglich im Sinne eines Indikators für oder gegen einen wirtschaftlichen Abfluss des Vermögens untersucht wurden. Dagegen ist die Beweiswirkung nach *Hefendehl* nicht bloßer Indikator, sondern im Sinne einer zwingend erforderlichen Exspektanz unbedingte Voraussetzung eines über die Vermögensverfügung vermittelten Vermögensabflusses.
268 Siehe dazu bereits B. II. 1. a) bb); Hoeren/Sieber/Holznagel/*Föhlisch*, MMR-HdB, Teil 13.4 Rn. 212; MüKoBGB/*Wendehorst*, § 312j, Rn. 39.
269 So in der 3. Aufl. 2019 nun auch ausdrücklich in Bezug auf Abofallen im Internet und unter Einbeziehung der „Button-Lösung", MüKoStGB/*Hefendehl*, § 263 Rn. 813.

gen des Bestehens einer „Vermeidemacht" zweifelt[270], kommt es deswegen nach der von ihm vertretenen Auffassung jedenfalls im Ergebnis nicht an.

gg) Kriminalpolitische Abgrenzung

Vereinzelte Stimmen in der Literatur wollen sich im Rahmen einer wirtschaftlichen Vermögensbewertung unter bestimmten Umständen an kriminalpolitischen Überlegungen orientieren und lassen deswegen gegebenenfalls gegenläufige, an den Wertungen des Zivilrechts ausgerichtete, Ergebnisse außer Acht.[271]

Hintergrund solcher, vor allem im Zusammenhang mit der Betrugsstrafbarkeit und der Schwarzarbeit angestellten Überlegungen ist der Gedanke, den Täter nicht strafrechtlich deswegen privilegieren zu wollen, weil die täuschungsbedingt erlangte Forderung in Wahrheit zivilrechtlich nicht wirksam entstanden ist, wenn sie wie eine solche tatsächlich durchsetzbar bleibt.[272] Überträgt man diesen Gedanken auf die hier zugrundeliegende Konstellation der Abofalle, ergibt sich folgendes Bild:

So ist vor Einführung der „Button-Lösung" zwar nach zutreffender Ansicht ein Vertrag zwischen dem Seitenbetreiber und dem Getäuschten nicht zustande gekommen.[273] Ganz vereinzelt wurde ein Vertragsschluss jedoch bejaht, und es war jedenfalls, mangels klar definierter Regelung mit einem entsprechend beschrifteten Button, auch nicht gesagt, dass der Getäuschte sich nicht gänzlich ohne Schwierigkeiten vom Vertrag lossagen

---

270 So nun offenbar in der 3. Aufl. 2019 des MüKoStGB (§ 263 Rn. 813). Zu der Frage, ob es tatsächlich an einer Zahlungsgefahr fehlt, sogleich eingehend unter B. II. 2. a) bb).

271 So insbesondere *Krey/Hellmann/Heinrich*, BT 2 Rn. 614 f.; siehe auch *Bohnenberger*, Vertragserschleichung, S. 82.

272 In diese Richtung *Krey/Hellmann/Heinrich*, BT 2 Rn. 615; kritisch MüKoStGB/ *Hefendehl*, § 263 Rn. 511.

273 BGH, Urteil v. 26.07.2012 – VII ZR 262/11, NJW-RR 2012, 1261; LG Berlin, Urteil v. 21.10.2011 – 50 S 143/10, NJW-RR 2012, 424; LG Mannheim, Urteil v. 14.01.2010 – 10 S 53/09, MMR 2010, 241; LG Göttingen Urteil v. 17.08.2009 – 8 KLs 1/09, BeckRS 2011, 10690; AG Berlin-Charlottenburg, Urteil v. 05.03.2010 – 206 C 541/09, BeckRS 2012, 3884; AG Karlsruhe, Urteil v. 12.08.2009 – 9 C 93/09, NJW-RR 2010, 68; *Buchmann/Majer/Hertfelder/Vögelein*, NJW 2009, 3189 (3190); *Ellbogen/Saerbeck*, CR 2009, 131 (134); *Kredig/Uffmann*, ZRP 2011, 36 (37); *Kliegel*, JR 2013, 389 (391); *Völschow*, Kostenfallen, S. 35, 40, im Einzelnen S. 25–35.

konnte.[274] Eine Vermögensminderung und ein Eingehungsbetrug hätte – bei Vorliegen der sonstigen Tatbestandsmerkmale – auf dieser Grundlage durchaus bejaht werden können.

Der Unrechtsgehalt, den die Seitenbetreiber mit ihrem Verhalten verwirklichen, hat sich durch Einführung einer einzelnen zivilrechtlichen Norm, dem heutigen § 312j BGB, aber nicht grundlegend verändert. Dass das Gesetz nun einen entsprechend beschrifteten Button fordert, mag – entsprechende Aufklärung vorausgesetzt – die Sicherheit in Teilen der Verbraucherschaft gegebenenfalls erhöhen. Die Regelung ändert jedoch nichts an der Verwerflichkeit des Verhaltens der Täter. Denn der Unrechtsgehalt wurzelt damals wie heute nicht darin, dass Abofallenopfer täuschungsbedingt zivilrechtlich wirksame Verträge eingehen würden und einer ernsthaften Gefahr, auch gerichtlich in Anspruch genommen zu werden, ausgesetzt wären.[275] Ganz unabhängig davon, wie sich die Situation zivilrechtlich darstellt, geht es den Seitenbetreibern darum, falsche Vorstellungen über eine Zahlungspflicht bei den Opfern hervorzurufen. Damals wie heute zahlen diese nicht, weil sie objektiv wirksam zur Zahlung verpflichtet wären, sondern weil sie glauben zahlen zu müssen oder Konsequenzen einer Nichtzahlung fürchten.[276] Damit bleibt die Einführung der „Button-Lösung" für den von den Tätern verwirklichten Unrechtsgehalt ohne Einfluss. Die Regelung stellt sich aus deren Sicht vielmehr als Zufall dar.

Wenn man diese Überlegungen für sich genommen, das heißt ohne die Berücksichtigung weiterer Aspekte, einmal auf die Konstellation der Abofalle anwendet, müsste man eine Vermögensminderung durch die nur vermeintliche Anmeldung zu einem entsprechenden Abonnement bejahen. Denn die Ablehnung einer Vermögensminderung in dieser Konstellation würde den Täter, trotz gleichermaßen verwirklichtem Unrecht, wegen einer zivilrechtlichen Regelung privilegieren.

b) Subjektive Merkmale Täuschender

Rechtsprechung und Literatur hatten sich in der Vergangenheit verschiedentlich mit der Frage auseinanderzusetzen, inwieweit die Absicht des

---

274 Siehe hierzu bereits B. II. 1. a) bb).

275 *Ernst*, VuR 2012, 205 (206); *Majer/Hertfelder/Vögelein*, NJW 2009, 3189; *Meyer-van Raay/Deitermann*, VuR 2009, 335 (336); *Völschow*, Kostenfallen, S. 39.

276 Vgl. LG Hamburg, Urteil v. 21.03.2012 – 608 KLs 8/11; zutreffend insoweit auch *Ernst*, VuR 2012, 205 (206); *Greupner*, Schutz des Einfältigen, S. 57.

Täuschenden zum Zeitpunkt des Vertragsschlusses Einfluss auf eine etwaige Minderung des Opfervermögens nehmen kann.[277]

Der Bundesgerichtshof sieht 1970, anders als noch kurz zuvor das Oberlandesgericht Hamm[278], die unbedingte *Bereitschaft*, einen täuschungsbedingt abgeschlossenen Vertrag noch vor einer tatsächlichen Leistung zu stornieren, nicht als ausreichenden Faktor an, um den Wert der eingegangenen Verbindlichkeit maßgeblich zu reduzieren.[279] Entscheidend sei, dass diese Bereitschaft für den Getäuschten zum Zeitpunkt des Vertragsschlusses nicht erkennbar sei und die tatsächliche Ausübung der Stornierung von weiteren Unwägbarkeiten abhänge, die sich für den Täuschenden lediglich als Zufall darstellten.

Demgegenüber ist allgemein anerkannt, dass die *Absicht*, eine Forderung nicht begleichen zu wollen, den Wert der Forderung mindern kann.[280] So wird ein Vermögensschaden zum Zeitpunkt des Vertragsschlusses bejaht, wenn jemand einen Vertrag eingeht, ohne seiner hieraus entstehenden Zahlungspflicht nachkommen zu wollen.[281] Das Synallagma zweier objektiv gleichwertiger Forderungen wird durch die bloße Absicht des Täuschenden ins Ungleichgewicht gebracht.[282] Dass diese Absicht zum Zeitpunkt des Vertragsschlusses erkennbar nach außen tritt, damit eine Vermögensminderung vorliegt, wird nicht verlangt.[283] An dieser Auffassung hält der Bundesgerichtshof auch nach den Entscheidungen des Bundesver-

---

277 Siehe etwa BGH, Urteil v. 15.04.2015 – 1 StR 337/14, NStZ 2015, 514; BGH, Beschluss v. 16.07.1970 – 4 StR 505/69, BGHSt 23, 300 (303 f.); eingehend *Bley*, Warenkreditbetrug; siehe außerdem *Wahl*, Schadensbestimmung, S. 112; äußerst kritisch *Riemann*, Vermögensgefährdung, S. 66.

278 OLG Hamm, Urteil v. 18.12.1964 – 2 Ss 422/64, NJW 1965, 702 (703).

279 BGH, Beschluss v. 16.07.1970 – 4 StR 505/69, BGHSt 23, 300 (303 f.); zust. OLG Düsseldorf, Beschluss v. 30.08.1983 – 5 Ss 190/83–266/83 I; zum Ganzen auch MüKoStGB/*Hefendehl*, § 263 Rn. 613 f., der dem BGH i. E. folgt.

280 Zum Ganzen *Baumanns*, JR 2005, 227 (230 ff.); *Bley*, Warenkreditbetrug, S. 212, 221 ff.; *Cramer*, Vermögensschaden, S. 178, jeweils m. w. N.; kritisch *Otto*, Die Struktur, S. 276; *Riemann*, Vermögensgefährdung, S. 66 f.

281 *Rengier*, JuS 2000, 644 (645). Eingehend hierzu *Bley*, Warenkreditbetrug, insbes. S. 212, 221 ff., der sich in seine Dissertation schwerpunktmäßig mit dem Betrug durch die Bestellung von Waren ohne Zahlungsabsicht auseinandersetzt. Zur Bestimmung der Werthaftigkeit einer Forderung, die mit einer fehlenden Erfüllungsbereitschaft behaftet ist, *Küper/Zopfs*, BT, Rn. 649 m. w. N.

282 Siehe auch *Bley*, Warenkreditbetrug, S. 221 ff.; zur Schadensbestimmung in diesem Fall siehe *Albrecht*, NStZ 2014, 17–22.

283 *Bley*, Warenkreditbetrug, S. 213; *Wahl*, Schadensbestimmung, S. 132; *Winkler*, Vermögensbegriff, S. 96.

fassungsgerichts[284] zur Bestimmtheit des Schadens fest, wobei er eine solche „intersubjektive" Wertbestimmung des Vertragsgegenstandes auf Basis der Vorstellungen der Parteien ausdrücklich mit den Vorgaben des Bundesverfassungsgerichtes im Einklang sieht.[285] Dagegen sei eine objektive Wertbestimmung des Vertragsgegenstandes nicht nur kriminalpolitisch fragwürdig, sondern liefere vor allem zumeist nur scheingenaue Ergebnisse.[286] In seiner Anmerkung zu dieser Entscheidung betont *Kubiciel*, dass bereits aus der grundsätzlichen Annahme, dass das Vermögen zivilrechtlich betrachtet ein subjektives Recht beziehungsweise ein Individualrechtsgut darstelle, auch für die Vermögensbewertung im Rahmen des Eingehungsbetruges gefolgert werden müsse, dass eine Bewertung des Vermögens auf der Grundlage der Vorstellungen der (potentiellen) Vertragspartner zu erfolgen habe.[287]

Erwähnenswert ist insoweit ferner eine Entscheidung des Bundesgerichtshofes aus dem Jahr 2015.[288] Beabsichtigt der Täuschende bei Vertragsschluss, sich ein täuschungsbedingt „verkauftes" Fahrzeug mit Hilfe der Polizei – und freilich unter falschen Angaben – wieder zurückzuholen, sei bereits diese *tatsächliche* Gefahr unter wirtschaftlichen Gesichtspunkten als vermögensmindernd zu bewerten.[289] Gegebenenfalls zugunsten des Geschädigten streitende Eigentumsverhältnisse seien hingegen irrelevant, so-

284 BVerfG, Beschluss v. 07.12.2011 – 2 BvR 2500/09, BVerfGE 130, 1; BVerfG, Beschluss v. 23.06.2010 – 2 BvR 2559/08, BVerfGE 126, 170.
285 BGH, Urteil v. 20.03.2013 – 5 StR 344/12, BGHSt 58, 205 (209 f.); im Ergebnis zust., im Einzelnen jedoch kritisch *Hefendehl* in Fischer/Hoven/Huber/Raum/Rönnau/Saliger/Trüg, Dogmatik und Praxis des strafrechtlichen Vermögensschadens, S. 77 (85 ff.). Zum „Gespenst der intersubjektiven Wertsetzung" *Dannecker*, NStZ 2016, 318.
286 BGH, Urteil v. 20.03.2013 – 5 StR 344/12, BGHSt 58, 205 (210).
287 *Kubiciel*, JZ 2014, 99 (101); im Ergebnis ebenso *Baumanns*, JR 2005, 227 (232), die hervorhebt, dass es gerade wegen der wirtschaftlichen Sichtweise auf den Wert der Forderungen im Wirtschaftsverkehr ankomme, der sich zwangsläufig aus subjektiven Positionen wie etwa einer mangelnden Zahlungsbereitschaft ergebe. Ebenso wenig wie etwa bei einem Gebrauchtwagenkauf eine Wertminderung durch einen Mangel erst entstehe, wenn dieser nach außen erkennbar sei, könne auch im Fall von Absichten eine Wertminderung nicht erst dann entstehen, wenn diese erkennbar nach außen treten. Ähnlich *Bley*, Warenkreditbetrug, S. 21.
288 BGH, Urteil v. 15.04.2015 – 1 StR 337/14, NStZ 2015, 514.
289 BGH, Urteil v. 15.04.2015 – 1 StR 337/14, NStZ 2015, 514 (515).

fern diese, wie im gegenständlichen Fall, aufgrund *faktisch* wirtschaftlicher Umstände ohnehin wertlos seien.[290]

Deutlich restriktiver wird die Frage nach einer zum Zeitpunkt des Vertragsschlusses bereits angelegten Vermögensminderung des Getäuschten gehandhabt, wenn Gegenstand dieser Absichten die *spätere Übervorteilung* des Opfers ist.[291] Statt wie in der soeben dargestellten Konstellation, in der die Absicht des Täuschenden die bestehende Forderung des Getäuschten mindert, stehen nunmehr Fallgestaltungen in Rede, in denen die Absicht des Täuschenden den Wert seines Anspruchs aktiv erhöhen soll. Statt einer Verschiebung des Gleichgewichts beider Ansprüche durch die Minderung der Forderung des Gegners geht es um die Verschiebung des Gleichgewichts beider Ansprüche durch aktive Wertsteigerung des Anspruchs des Täuschenden.[292] Das verdeutlichen folgende Entscheidungen:

Der Bundesgerichtshof geht in einer Entscheidung aus dem Jahr 1983 davon aus, dass die Absicht des Täuschenden, den Kunden nach Vertragsschluss durch falsche Berechnungen übervorteilen zu wollen, keinen Minderwert von dessen Vermögen darstellt, solange der Vertragsinhalt für den Getäuschten spricht, schriftlich fixiert und eindeutig ist.[293] In einer jüngeren Entscheidung hat der Bundesgerichtshof zwar der *Manipulationsabsicht* im Hinblick auf die Vermögensminderung eine zentrale Bedeutung beigemessen.[294] In dem dieser Entscheidung zugrundeliegenden Sachverhalt hatten die Angeklagten zahlreiche Lebensversicherungen in der Absicht abgeschlossen, später den Todesfall des Versicherungsnehmers zu fingieren, um eine Auszahlung der Versicherungssumme herbeizuführen. Fraglich war, ob sich ein Ungleichgewicht der gegenüberstehenden vertraglichen Verpflichtungen bereits aus dieser Absicht herleiten ließ.[295] Das Bundesverfassungsgericht, das in diesem bereits dargestellten Fall die Vereinbarkeit einer solchen Annahme mit dem Bestimmtheitsgrundsatz zu beurteilen hatte, hat einen Vermögensschaden zum Zeitpunkt des Vertrags-

---

290 BGH, Urteil v. 15.04.2015 – 1 StR 337/14, NStZ 2015, 514 (515); a. A. *Pannenborg*, NZWiSt 2015, 427 (433).
291 So etwa BGH, Urteil v. 14.08.2009 – 3 StR 552/08, BGHSt 54, 69 (121 f.) und BGH, Urteil v. 21.12.1983 – 2 StR 566/83, BGHSt 32, 211 (213), auf die sogleich eingegangen wird.
292 Man könnte auch von einer Nichtzahlungsabsicht einerseits und einer Übervorteilungsabsicht andererseits sprechen.
293 BGH, Urteil v. 21.12.1983 – 2 StR 566/83, BGHSt 32, 211 (213).
294 BGH, Urteil v. 14.08.2009 – 3 StR 552/08, BGHSt 54, 69 (121 f.); siehe hierzu auch *Hellmann*, FS Kühl, S. 691 (S. 704 f.).
295 *Saliger*, FS Samson, S. 455 (475 f.).

schlusses für den konkreten Fall jedoch abgelehnt.[296] Bestünden Unsicherheiten bei der Schadenshöhe, so müsse jedenfalls ein Mindestschaden tragfähig geschätzt werden.[297] Dieser Mindestschaden hänge maßgeblich von der Verlustwahrscheinlichkeit ab, das heißt von der Wahrscheinlichkeit zum Zeitpunkt des Vertragsschlusses, dass der Tatplan erfolgreich ausgeführt werde. Die Angabe in den Urteilsgründen, dass die Inanspruchnahme der Lebensversicherung aufgrund der geplanten Vortäuschung des Todes des Versicherungsnehmers bereits zum Zeitpunkt des Vertragsschlusses „sicher zu erwarten" war, genüge den Anforderungen an eine solche tragfähige Schätzung nicht.[298] Die bloße Absicht, sich unredlich verhalten zu wollen, reiche ohne die Darlegungen weiterer Umstände für eine tragfähige Schätzung eines Mindestschadens jedenfalls nicht aus.

Was die Konstellation der Abofalle anbelangt, so verbindet sich die vermeintliche Anmeldung des Opfers zu einem entsprechenden Abonnement untrennbar mit der Absicht des Seitenbetreibers, diese Anmeldung für die Geltendmachung des vermeintlichen Anspruchs zu nutzen. Der ausschließliche Sinn der Anmeldung auf einer Internetseite besteht für den Täter darin, sein Opfer auf dieser Grundlage zur Zahlung aufzufordern und nötigenfalls mit einer massiven Drohkulisse einzuschüchtern. Da sich das Vorliegen eines Vermögensschadens beim Eingehungsbetrug ausschließlich zum Zeitpunkt des (vermeintlichen) Vertragsschlusses beurteilt, ist die vorliegende Frage darauf beschränkt, ob nach den dargestellten Maßstäben bereits die Absicht des Täters zu diesem Zeitpunkt, sein Opfer anschließend zur Zahlung aufzufordern und unter Aufbau durch heftige Drohungen einzuschüchtern, als wirtschaftliche Vermögensminderung beziehungsweise als Komponente einer solchen zu bewerten ist.

Zutreffend ist, dass die Absicht einer Inanspruchnahme des Opfers inklusive erheblicher Drohgebärden gewissermaßen über die objektiv tatsächlich existierende Wechselbeziehung, die wegen § 312j III, IV BGB gerade ohne Zahlungspflicht auskommt, hinausgeht. Der Sachverhalt der Abofalle ist insoweit teilweise mit dem zuletzt genannten Beispielfall[299] vergleichbar, in welchem der – hier nur vermeintliche – Vertragspartner sein Gegenüber später zu übervorteilen beabsichtigt. Man wird, wie in

---

296 BVerfG, Beschluss v. 07.12.2011 – 2 BvR 2500/09, BVerfGE 130, 1; siehe auch *Fischer*, StGB, § 263 Rn. 176b u. 176c.

297 BVerfG, Beschluss v. 07.12.2011 – 2 BvR 2500/09, BVerfGE 130, 1 (48 ff.).

298 So jedoch zuvor BGH, Urteil v. 14.08.2009 – 3 StR 552/08, BGHSt 54, 69 (121 f.); in Richtung der Argumentation des BVerfG dagegen bereits BGH, Beschluss v. 02.09.1994 – 2 StR 381/94, BeckRS 1994, 31090708.

299 BVerfG, Beschluss v. 07.12.2011 – 2 BvR 2500/09, BVerfGE 130, 1.

dem vom Bundesverfassungsgericht zu beurteilenden Sachverhalt auch, bei der Abofalle sagen können, dass bestimmte zukünftige Szenarien *sicher zu erwarten* sind. Dass die prognostizierte Gefahr primär *tatsächlicher* und *nicht rechtlicher* Natur ist, begegnet auf der Grundlage einer wirtschaftlichen Vermögensbetrachtung gerade keinen Bedenken.[300] Die Absicht, sich einen Vermögenswert des Opfers durch weitere tatsächliche deliktische Schritte und unabhängig vom Bestehen eines rechtlichen Anspruches anzueignen, kann sich durchaus als gegenwärtige Vermögensminderung darstellen.[301]

In der hiesigen Konstellation der Abofalle soll die Übervorteilungsabsicht jedoch nicht erst im Hinblick auf ihren Einfluss auf einen bestehenden Anspruch oder einen feststehenden Vermögensabfluss, sondern hinsichtlich der *Begründung* einer Vermögensminderung untersucht werden.

Insoweit fehlt es an Anhaltspunkten für eine tragfähige Schätzung eines Mindestschadens, wie es das Bundesverfassungsgericht verlangt. Mehr noch: Dass aufgrund der Übervorteilungsabsicht eine nicht von der Hand zu weisende tatsächliche Zahlungsgefahr besteht, lässt sich unabhängig von ihrem Ausmaß bereits im Rahmen der Vermögensverfügung *nicht anhand nach außen abbildbarer Kriterien darstellen*. Es bleibt bei einem Internum, das sich auch durch Eintragung der Daten des Opfers und durch den versteckten Kostenhinweis lediglich nach außen andeutet. Weiterhin ist gerade *BGHSt 32, 211* die Tendenz zu entnehmen, dass eindeutige vertragliche Vereinbarungen zugunsten des Getäuschten die Bedeutung reiner Absichten des Täuschenden weiterhin reduzieren. Insoweit gilt auf der Grundlage des vorliegend dargestellten Abgrenzungskriteriums in Bezug auf die Abofalle, dass die Anmeldung auf einer entsprechenden Internetseite ohne, beziehungsweise mit fehlerhaftem Button nach Maßgabe des § 312j III BGB gegen einen Vertragsschluss und damit zugunsten des Getäuschten spricht. Zwar wird auf der Internetseite an anderer Stelle ein Kostenhinweis existieren. Auch mag das Opfer, in Unkenntnis der gesetzlichen Regelungen, eben wegen dieses „eindeutigen" Kostenhinweises davon ausgehen, dass es zur Zahlung verpflichtet ist. *Rein objektiv* spricht die Gestaltung der Internetseite wegen der unmissverständlichen Vorgabe von § 312j III, IV BGB aber gleichwohl eindeutig *für* das Opfer. Unter wirtschaftlichen Gesichtspunkten ist auf der dargestellten Grundlage daher von einer Zahlungsgefahr auszugehen, die sich jedoch *objektiv nicht darstel-*

---

300 BGH, Urteil v. 15.04.2015 – 1 StR 337/14, NStZ 2015, 514 (515).
301 BGH, Urteil v. 15.04.2015 – 1 StR 337/14, NStZ 2015, 514 (515).

len lässt und daher, trotz ihres Vorliegens, im Rahmen der Vermögensverfügung nicht berücksichtigt werden kann.

c) Subjektive Merkmale Getäuschter

Das subjektive Befinden des Opfers wird im Zusammenhang mit dem Vermögensschaden beim Betrug an unterschiedlichen Stellen diskutiert.[302] Von großer Bekanntheit dürfte unter dem Topos des *persönlichen oder individuellen Schadenseinschlages* insoweit der sogenannte *Melkmaschinenfall* sein, in dem der Bundesgerichtshof einen Vermögensschaden trotz objektiver Gleichwertigkeit der Leistungen bejaht, sofern sich die Ware nicht entsprechend dem vertraglich vorausgesetzten Zweck verwenden lässt und damit *subjektiv* minderwertig ist.[303] Im Zuge der nachfolgenden Darstellungen sollen indes nur solche subjektiven Momente beleuchtet werden, die das Potential haben, sich zum Zeitpunkt eines eventuellen Vertragsschlusses auf die Durchsetzbarkeit einer täuschungsbedingt erlangten, gegebenenfalls auch nur vermeintlichen Verbindlichkeit auszuwirken. Subjektive Umstände aus dem Umfeld des Getäuschten, die die Zahlungsgefahr beeinflussen, sind seine Kenntnis und das Erkennen bestimmter Umstände sowie sein Glaube an eine Zahlungsverpflichtung.[304] In der Natur der Sache liegt es hierbei, dass das Opfer zum Zeitpunkt der Anmeldung nicht erkennt, dass es später zur Zahlung aufgefordert wird. Es glaubt an einen kostenlosen Dienst. Andernfalls würde es sich schließlich nicht anmelden und hätte sich über eine vermeintliche Zahlungspflicht auch nicht getäuscht. Es kann deswegen bei der Frage nach Erkennbarkeit bestimmter Faktoren und dem Glauben an eine Zahlungspflicht nur um eine Progno-

---

302 Zum Ganzen *Cramer*, Vermögensschaden, S. 103 f.; *Lenckner*, MDR 1961, 654; *Schlösser*, HRRS 2011, 254 (257); *Völschow*, Kostenfallen, S. 211 ff.; instruktiv *Nelles*, Untreue, S. 372 ff.

303 BGH, Beschluss v 16.08.1961 – 4 StR 166/61, BGHSt 16, 321. Zum Ganzen *Ahn*, Schadensberechnung, S. 57–66; *Bley*, Warenkreditbetrug, S. 201; Brettel/Schneider/*Brettel*, Wirtschaftsstrafrecht, § 3 Rn. 51 ff.; *Hecker*, Strafbare Produktwerbung, S. 245; v. Heintschel-Heinegg/*Beukelmann*, StGB, § 263 Rn. 60 ff.; *Hellmann*, FS Kühl, S. 691 (692); *Kindhäuser*, FS Dahs, S. 65 (72 f.); *Küper/Zopfs*, BT, Rn. 651; *Maurach/Schröder/Maiwald*, BT 1 § 41 II, Rn. 113 ff.; *Satzger*, Jura 2009, 518 (522 f.); *Schmoller*, ZStW 103 (1991), 92–135; *Wessels/Hillenkamp/Schuhr*, BT 2 Rn. 550 ff. Weitere Beispiele bei AnwK-StGB/*Gaede*, § 263 Rn. 136. Kritisch *Kindhäuser*, FS Lüderssen, S. 635 (638); *Wostry*, Schadensbezifferung, S. 150 ff.

304 Ebenfalls in diese Richtung *Satzger*, Jura 2009, 518 (526).

seentscheidung gehen. Dabei handelt es sich um die Frage, inwieweit zu erwarten ist, dass sich diese subjektiven Umstände noch vor der möglichen Zahlung des Opfers realisieren, und ob aufgrund dieser subjektiven Umstände zu erwarten ist, dass das Opfer zahlen wird.[305]

aa) Fehlende Kenntnis und Erkennbarkeit

Die Erkennbarkeit durch den Getäuschten als potentiell vermögensminderndes Kriterium hat zwei denkbare Bezugspunkte. *Erstens* die Erkennbarkeit dessen, überhaupt getäuscht worden zu sein, bevor es zur Zahlung kommt und *zweitens* die Erkennbarkeit für das Opfer, über etwaige zivilrechtliche Mittel zu verfügen, mit denen es eine Zahlung verhindern kann.[306]

So erfährt beispielsweise oben bereits aufgeführte Argumentation zur Erfüllung Zug um Zug ihre grundlegende Rechtfertigung dadurch, dass dem Opfer die Mangelhaftigkeit der erhaltenen Ware vor Zahlung erkennbar wird.[307] Aufgrund der *Erkenntnis*, nichts oder eine defekte Sache erhalten zu haben, beherrscht der Getäuschte und nicht der Täuschende die Zahlungsgefahr.[308] Er hat es theoretisch in der Hand, die Zahlung schlicht zu verweigern. Auch ob sonstige formal bestehende Einredemöglichkeiten zu einem materiell werthaften Recht erstarken, hängt von der Erkennbarkeit der Täuschung ab.[309] Denn ist die Ungleichwertigkeit der gelieferten Ware nicht vor Erbringung der Geldleistung erkennbar, kommt dem grundsätzlich bestehenden Zurückbehaltungsrecht aus § 320 BGB, aber auch weiteren gegebenenfalls bestehenden Lossagungsmöglichkeiten, nach *Hefendehl* weder wirtschaftliche noch bilanzrechtliche Bedeutung zu.[310] Auch weitere Autoren, wie beispielsweise *Luipold*, messen der Erkennbarkeit der Täuschung im Rahmen der Frage nach einer Vermögensminderung maßgebliche Bedeutung zu.[311] So fordert *Luipold*, dass für den Zeitpunkt des Vertragsschlusses eine Prognose vorgenommen werden

---

305 Ähnlich *Bohnenberger*, Vertragserschleichung, S. 54 f.
306 Zum Ganzen *Luipold*, Schadensmerkmal, S. 119 ff.
307 Siehe oben unter B. II. 1. a) aa).
308 Vgl. *Luipold*, Schadensmerkmal, S. 121; *Meyer*, MDR 1971, 718 (720); MüKoStGB/*Hefendehl*, § 263 Rn. 620, 622.
309 *Walter*, FS Herzberg, S. 763 (768); MüKoStGB/*Hefendehl*, § 263 Rn. 622, 644.
310 MüKoStGB/*Hefendehl*, § 263 Rn. 644.
311 *Luipold*, Schadensmerkmal, S. 121; *Otto*, Jura 1991, 494 (496); *Walter*, FS Herzberg, S. 763 (768).

müsse, ob das Opfer die Täuschung noch rechtzeitig erkennen könne. Stehe schon bei Vertragsschluss fest, dass eine Erkennbarkeit der Täuschung nicht rechtzeitig erfolgen könne, liege bereits aus diesem Grund eine schadensgleiche Vermögensgefährdung vor.[312] Eine solche Täuschung über Tatsachen habe demnach Einfluss auf die *Beherrschbarkeit* des endgültigen Schadenseintritts und damit auf die Konkretheit der durch den Vertragsschluss eingetretenen Gefährdung. Auch der Bundesgerichtshof erwähnt die Erkennbarkeit im Zusammenhang mit der Vermögensminderung beim Eingehungsbetrug.[313] Sofern jedenfalls unklar sei, ob der Getäuschte die Unbrauchbarkeit der täuschungsbedingt gekauften Ware vor Zahlung des Kaufpreises erkennen könne, dürfe eine wirtschaftliche Minderung des Vermögens nicht unter Verweis auf eine solche nur eventuelle Erkennbarkeit verneint werden.[314] Im Umkehrschluss ist davon auszugehen, dass die Prognose einer sicheren Erkennbarkeit dieses Umstandes vor Zahlung Indiz gegen die Minderung des Vermögens zum Zeitpunkt des Vertragsschlusses sein kann.

Die Beherrschbarkeit der Zahlungsgefahr liegt auch der Argumentation um Stornierungsbereitschaft, Rücktrittsrecht und weitere zivilrechtliche Abwehrmechanismen zugrunde.[315] Das soll, um dem nachfolgenden Hauptkapitel (*B. III.*) dieser Arbeit nichts vorweg zu nehmen, an dieser Stelle nur insoweit erwähnt werden, als nach überwiegender Auffassung zivilrechtliche Lossagungsmöglichkeiten eine etwaige Vermögensminderung in Form einer Zahlungsgefahr grundsätzlich nur dann auszuschließen vermögen, wenn das Opfer sie auch *kennt* und damit tatsächlich geltend machen kann.[316]

Damit wird ersichtlich, dass subjektiven Merkmalen des Getäuschten deswegen eine Bedeutung zukommen kann, weil sie unter bestimmten Umständen dazu führen, dass das Opfer trotz täuschungsbedingtem Einge-

---

312 *Luipold* bezieht sich an diesem Punkt jedoch auf einen tatsächlich geschlossenen Vertrag, was an der Bedeutung der Erkennbarkeit nichts ändert, aber unmittelbare Rückschlüsse auf den hier in Rede stehenden Fall verbietet, da es ja – wegen des fehlenden bzw. fehlerhaften Buttons – an einem Vertragsschluss gerade fehlt.

313 BGH, Beschluss v. 16.07.1970 – 4 StR 505/69, BGHSt 23, 300 (303).

314 BGH, Beschluss v. 16.07.1970 – 4 StR 505/69, BGHSt 23, 300 (303 f.).

315 MüKoStGB/*Hefendehl*, § 263 Rn. 704; zust. *Wahl*, Schadensbestimmung, S. 90, 135 ff.; Schönke/Schröder/*Perron*, StGB, § 263 Rn. 131 m. w. N.

316 BGH, Beschluss v. 16.07.1970 – 4 StR 505/69, BGHSt 23, 300 (303); *Ahn*, Schadensberechnung, S. 167f; *Luipold*, Schadensmerkmal, S. 112; MüKoStGB/*Hefendehl*, § 263 Rn. 622; *Tenckhoff*, FS Lackner, S. 677 (683); LK/*Tiedemann*, § 263 Rn. 172.

hen einer Verpflichtung die effektive Herausgabe von Vermögenswerten noch verhindern kann. Der Wert einer Forderung, aber auch möglicher Gegenmaßnahmen, hängt nach den eingangs geschilderten Grundsätzen eines wirtschaftlichen Vermögensbegriffes maßgeblich von den Chancen ihrer *tatsächlichen* Durchsetzbarkeit ab.[317] Daher wird die Frage, ob zum Zeitpunkt eines Vertragsschlusses eine Vermögensminderung vorliegt, an dem Maß der zu diesem Zeitpunkt bestehenden Zahlungsgefahr festgemacht. Diese Zahlungsgefahr wiederum bemisst sich entsprechend soeben aufgeführter Kriterien zumindest auch danach, ob es in der Hand des Opfers liegt, einen effektiven Abfluss aus seinem Vermögen noch zu verhindern. Ob es eine körperliche Herausgabe von Vermögenswerten verhindern kann, hängt indes maßgeblich nicht von rechtlichen, sondern von subjektiven Faktoren ab, die sich aus dem Erkennen und Erfassen der tatsächlichen und rechtlichen Gegebenheiten vor dem Zeitpunkt einer möglichen Zahlung ergeben.[318]

Über den Umstand, ob das Opfer in der konkreten Konstellation der Abofalle entsprechende Kenntnisse erlangen kann, die letztlich zur Vermeidung einer Zahlung führen, lässt sich trefflich streiten.[319] Die Konstellation der Abofalle zeichnet sich dadurch aus, dass sich ahnungslose Internetnutzer auf dubiosen Internetseiten anmelden, gerade weil sie davon ausgehen, dass die Anmeldung und Nutzung der „Dienste" kostenlos sei. Wenn auch nicht bewusst, dürfte die Anmeldung jedenfalls stillschweigend von der Erwartung getragen sein, später nicht wegen eines angeblich eingegangenen Vertrages massiv unter Druck gesetzt zu werden.[320] Allein aus der Eingabe persönlicher Daten folgt noch keine Erkennbarkeit der vermeintlichen Kostenpflicht.[321] Jedenfalls aber wird der Glaube an ein kostenloses Angebot schnell zerstört. Denn nach Anmeldung auf einer entsprechenden Internetseite lässt die Zahlungsaufforderung des Abofallenbetreibers nicht lange auf sich warten.[322] Dass das Opfer nicht zwangsläufig zeitgleich mit der Anmeldung von der angeblichen Zahlungspflicht erfährt, spricht hierbei nicht per se gegen eine Vermögensminderung schon

---

317 B. I. 3.; *Beseler*, Eingehungsbetrug, S. 66; *Cramer*, Vermögensschaden, S. 130, 157 f.; *Krey/Hellmann/Heinrich*, BT 2 Rn. 609.
318 Siehe nur BGH, Beschluss v. 16.07.1970 – 4 StR 505/69, BGHSt 23, 300 (303 f.); BGH, Urteil v. 14.08.2009 – 3 StR 552/08, BGHSt 54, 69 (124).
319 Für eine reduzierte Schutzbedürftigkeit von Opfern von Kostenfallen auf eBay, etwa *Völschow*, Kostenfallen, S. 203 ff.
320 *Völschow*, Kostenfallen, S. 202.
321 In diese Richtung *Völschow*, Kostenfallen, S. 148.
322 *Völschow*, Kostenfallen, S. 11.

zu diesem Zeitpunkt.[323] Denn auch bei einem durch die Anmeldung rechtswirksam geschlossenem Vertrag, weiß der Getäuschte von seiner Verpflichtung vor der Zahlungsaufforderung nichts.[324] Dass Kenntnis der vermeintlichen oder tatsächlichen Zahlungspflicht und damit der Anlass einer Zahlung erst ab dem Eingang der meist automatisiert versendeten Zahlungsaufforderung entstehen, liegt in der Natur der Sache. Wichtiger ist der Umstand, dass das Opfer noch vor Zahlung – nämlich durch die Aufforderung hierzu – von seinem Irrtum erfährt. Damit ist nicht zwangsläufig auch die Erkenntnis verbunden, getäuscht worden zu sein. Ebenso gut denkbar ist, dass sich der Getäuschte rückblickend selbst für zu nachlässig hält. Erst recht kann nicht mit Sicherheit beurteilt werden, ob ihm ohne Weiteres ersichtlich wird, dass er aufgrund der Regelung des § 312j II–IV BGB nichts weiter tun muss, als Zahlungsaufforderungen und Drohungen zu ignorieren. Es kann daher weder pauschal von einer Beherrschbarkeit einer etwaigen Zahlungsgefahr ausgegangen werden, noch ist auszuschließen, dass das Opfer die fehlende rechtliche Relevanz seiner Anmeldung noch vor Zahlung erkennt. Das mag letztlich nicht nur von individuellen Fähigkeiten, sondern auch davon abhängen, ob man dem Opfer zumutet, ein Mindestmaß an Erkundigungen, etwa über im Internet frei verfügbare Inhalte von Verbraucherzentralen, vorzunehmen.[325]

Obgleich damit der Erkennbarkeit der Täuschung und der rechtlichen Umstände im Einzelfall durchaus erhebliches Gewicht bei der Bewertung einer tatsächlichen Zahlungsgefahr zukommen mag, liefert dieses Kriterium für die konkrete Konstellation der Abofalle kein zuverlässiges Richtmaß zur eindeutigen Einordnung einer Vermögensminderung im Rahmen der Vermögensverfügung. Entgegen der hier zugrunde gelegten Konstellation der Abofalle ist in den soeben aufgeführten Beispielfällen ein Vertrag zivilrechtlich wirksam zustande gekommen. Es geht dort demnach um die Frage, inwieweit sich eine täuschungsbedingt eingegangene Verpflichtung durch das subjektive Moment der Kenntnis beherrschen lässt. Demgegenüber existiert bei der Abofalle, in der hier zugrunde gelegten Konstellation, mangels gesetzeskonformen Buttons eine zivilrechtliche

---

323 So jedoch *Eisele*, NStZ 2010, 193 (198) unter Verweis auf *Ellbogen/Saerbeck*, CR 2009, 131 (134). Zu Recht kritisch *Völschow*, Kostenfallen, S. 207.

324 Voraussetzung ist freilich, dass die Kostenpflicht verschleiert wird, wie dies z. B. vor Einführung der „Button-Lösung" der Fall war.

325 Zur „Risikoverteilung im Internet" *Völschow*, Kostenfallen, S. 92–95. Zutreffend insbes. S. 95: „Es unterliegt folglich nicht dem Risikobereich des Internetnutzers, sowohl unklare als auch fehlerhafte Informationen selbstständig zusammenzutragen." Einschränkend bzgl. „Ebay", S. 203 ff.

Pflicht des Getäuschten nicht.[326] Um die Beherrschbarkeit einer ebensolchen kann es daher schon dem Grunde nach nicht gehen. Erst nachdem eine Zahlungsgefahr nach tatsächlichen Gesichtspunkten zuverlässig festgestellt worden wäre, könnte eine etwaige Kenntnis bestimmter Umstände einer potentiellen Vermögensminderung entgegengehalten werden.

Dem Grunde nach ergibt sich damit das gleiche Problem wie schon bei den Aspekten „Manipulation des Vertragsgegenstandes"[327] und „Adressatenkreis"[328]. Die Kenntnis ist ein Kriterium, das unter bestimmten Umständen eine Vermögensminderung abschirmen kann, weil es eine Zahlungsgefahr beherrschbar macht. Wenngleich hieraus gefolgert werden muss, dass die Kenntnis und Erkennbarkeit grundsätzlich Einfluss auf die tatsächliche Zahlungsgefahr und damit auf eine gegenwärtige wirtschaftliche Vermögensminderung haben können, beantwortet sich hieraus nicht, wie mit der vorliegenden Konstellation der Abofalle umzugehen ist.

So wird man auf Grundlage des dargestellten Abgrenzungskriteriums davon ausgehen müssen, dass eine gegebenenfalls fehlende Erkennbarkeit der nicht gegebenen Zahlungspflicht für eine Zahlungsgefahr spricht und damit als Indiz für eine wirtschaftliche Vermögensminderung grundsätzlich Berücksichtigung finden darf.

Es fehlt jedoch von vorneherein an einem einheitlichen Maßstab, der im Rahmen der Vermögensverfügung eine *Darstellung einer etwaigen Vermögensminderung nach außen* erlauben würde. Ein solches Richtmaß, das eine aus sich heraus eindeutige Abgrenzung zulässt, bietet das Kriterium der fehlenden Kenntnis indes nicht. Das gilt trotz der grundsätzlichen Berücksichtigungsfähigkeit der Kenntnis im Rahmen einer wirtschaftlichen Vermögensbewertung.

bb) Glaube an Zahlungspflicht

Anhaltspunkte, die den Glauben an einen Anspruch im Rahmen des wirtschaftlichen Vermögenswertes thematisieren, sind in Rechtsprechung und Literatur nur vereinzelt zu finden. Die Suche führt hierbei immer wieder zurück auf eine Entscheidung des Bayerischen Obersten Landesgerichts

---

326 Siehe auch *Völschow*, Kostenfallen, S. 40.
327 B. II. 1. a) dd).
328 B. II. 1. a) ee).

aus dem Jahr 1971.[329] In dem dort zugrundeliegenden Fall hatte die Angeklagte unter fremdem Namen bei verschiedenen Anbietern Waren bestellt. Dabei ließ sie die Waren teils an die vermeintlichen Auftraggeber selbst, teils an dritte Personen ausliefern, um diese zu ärgern. Das Bayerische Oberste Landesgericht hat einen eigennützigen Eingehungsbetrug zu Lasten der jeweiligen Lieferanten bejaht. Während das Gericht den Vertragsschluss, trotz seiner Bedeutung für den Betrug, nicht weiter erörtert, wird in der Literatur darauf hingewiesen, dass aus den Kaufverträgen keine Verpflichtungen entstanden seien, solange diese nicht nach § 177 I BGB von den Namensträgern genehmigt würden.[330] Entscheidender ist jedoch, dass sich aus diesem Umstand nach nicht unbedeutender Ansicht keine Bedenken hinsichtlich des Vorliegens einer Vermögensminderung ergeben.[331] Bei einem im Kern wirtschaftlichen Vermögensbegriff mache es für das Vermögen des Getäuschten keinen Unterschied, ob er sich wirksam verpflichtet habe oder aber ein Vertrag nicht zustande gekommen sei.[332] Denn die Gefahr leisten zu müssen entstehe nicht wegen eines objektiv geschlossenen Vertrages, sondern aufgrund der *subjektiven Vorstellung des Getäuschten*, zur Leistung verpflichtet zu sein.[333] Beim Eingehungsbetrug seien daher nicht zwei, gegebenenfalls ohnehin nicht bestehende, Verpflichtungen gegenüberzustellen, sondern es sei vielmehr die tatsächliche Gefahr zu berücksichtigen, eine Leistung zu erbringen, der kein entsprechendes Äquivalent gegenüberstehe.[334] Folglich versetze die Bestellung die jeweiligen Lieferanten in den Glauben, tatsächlich zur Leistung verpflichtet zu sein. Die Gefahr, entsprechende Waren auszuliefern, gegebenenfalls sogar vorher noch anzufertigen, bestehe damit auch ohne vertragliche Verpflichtung. Schon diese Situation soll wirtschaftlich beachtlich sein, sodass be-

---

329 BayOLG, Urteil v. 17.09.1971 – RReg 7 St 143/71, JuS 1972, 185 = JR 1972, 344 = JZ 1972, 345. Aktueller und mit ähnlichem Sachverhalt Schleswig-Holsteinisches OLG, Beschluss v. 28.06.2006 – 2 Ss 70/06 (66/06); vorgehend (mit detaillierter Schilderung des Sachverhalts) LG Kiel, Urteil v. 03.03.2006 – V Ns 18/06, NStZ 2008, 219. Siehe hierzu auch *Krack*, FS Puppe, S. 1205.

330 *Herzberg*, JuS 1972, 185 (186).

331 *Maurach*, JR 1972, 345; *Herzberg*, JuS 1972, 185; *Schröder*, JZ 1972, 26; a. A. *Puppe*, MDR 1973, 12; zust. *Klein*, Verhältnis, S. 120; *Riemann*, Vermögensgefährdung, S. 90; eine knappe Übersicht der Meinungen findet sich bei *Klein*, a. a. O., S. 46 ff.

332 *Herzberg*, JuS 1972, 185 (187).

333 *Herzberg*, JuS 1972, 185 (187).

334 *Schröder*, JZ 1972, 26.

reits zu diesem Zeitpunkt von einer wirtschaftlichen Vermögensminderung auszugehen sei.[335]

Diese Auffassung ist in Teilen der Literatur auf heftige Kritik gestoßen. Allen voran kritisiert *Puppe*, dass der Vermögensverfügung als Tatbestandsmerkmal nur dann eine Berechtigung zukomme, wenn sie sich durch vollendete äußere Tatsachen manifestiere.[336] Das Merkmal der Vermögensverfügung erfordere, dass durch die Verfügung eine Vermögensgefahr begründet werde, die nicht schon aufgrund der Täuschung und des Irrtums gegeben sei. Zwar seien geringe Anforderung an das Verhalten des Getäuschten zu stellen, welches letztlich als Verfügung im Sinne von § 263 StGB zu qualifizieren sei. Auch brauche die Verfügung keine Rechtshandlung zu sein. Erforderlich sei aber wenigstens ein Erfolg dadurch, dass die Verfügung unmittelbar einen Schaden herbeiführe. Wenn dieser schon nicht in einem rechtlich relevanten Verhalten des Getäuschten liege, bedürfe es aber zumindest eines objektiven Aktes, der über den bloßen Glauben an die Vorspiegelung hinausgehe. Nicht ausreichend sei insoweit, dass sich die Gefahr, eine nachteilige Vermögensverfügung zu treffen, erhöhe, sofern diese Gefahr allein auf Irrtümern basiere. Dies sei bei täuschungsbedingt geschlossenen aber unwirksamen Verträgen jedoch gerade gegeben. Die Gefahr eines Vermögensverlustes bestehe allein in dem Umstand, dass der Getäuschte an die falsche Vorspiegelung des Täuschenden glaube. Die objektive Wirtschaftslage sei hierdurch jedoch nicht verschlechtert, weswegen eine konkrete Gefahr im Sinne eines Vermögensschadens nicht angenommen werden könne.

Die Eingabe der eigenen Daten auf der Internetseite eines Abofallenbetreibers erfolgt aus Sicht des Opfers primär, um den Zugriff auf den entsprechenden Dienst (z. B. Routenplaner) zu erhalten. Wegen des versteckten Hinweises auf die vermeintliche Anmeldung zu einem Abo und die damit verbundenen Kosten dient die Anmeldung und deren Dokumentation durch den Täter als entscheidender Beleg, um dem Opfer einen Vertragsschluss und eine damit entstandene Zahlungspflicht vorzuspiegeln. Damit ist die Anmeldung, deren Verfügungsqualität es hier zu bewerten gilt, Grundlage für den Glauben des Opfers an eine entsprechende Zahlungspflicht. Das Eintragen persönlicher Daten, das Anklicken eines But-

---

335 *Herzberg*, JuS 1972, 185 (187).
336 *Puppe*, MDR 1973, 12; zust. *Ahn*, Schadensberechnung, S. 130; *Klein*, Verhältnis, S. 120; *Riemann*, Vermögensgefährdung, S. 90; a. A. *Wahl*, Schadensbestimmung, S. 132.

tons[337] und eine Zahlungsaufforderung unter Verweis auf einen tatsächlich existierenden Kostenhinweis erscheinen durchaus nicht ungeeignet, bei den – häufig wohl nur bedingt rechtskundigen – Betroffenen den Anschein zu erwecken, es bestünde tatsächlich eine Pflicht zur Zahlung.[338] Dagegen wäre ohne eine solche „Anmeldung" jedermann ohne Weiteres sofort ersichtlich, dass er keine Verpflichtung eingegangen ist. Damit dürfte sich die bereits angesprochene Manipulation durch den versteckten Kostenhinweis[339] vielfach auf das Vorstellungsbild der Opfer auswirken, was dann seinerseits die Gefahr einer Zahlung durchaus zu erhöhen vermag. Fraglich ist damit, wie sich die Anmeldung als Fundament für den späteren Glauben an eine Zahlungspflicht auf die Frage nach der wirtschaftlichen Minderung des Vermögens zum Zeitpunkt der Anmeldung auswirkt. So dürfte der Glaube an eine entsprechende Zahlungspflicht für die Wahrscheinlichkeit einer späteren Zahlung ausschlaggebend sein, sofern nämlich die Rechtslage nicht oder nicht richtig erfasst wird.[340]

Glaubt das Opfer, es müsse zahlen, dann zahlt es unabhängig davon, ob die – ihm ohnehin nicht bekannte – Rechtslage etwas anderes sagt.[341] Die Wahrscheinlichkeit mag nicht so groß sein wie in dem Fall, den das Bayerische Oberste Landesgericht zu entscheiden hatte. Musste doch der getäuschte Lieferant dort davon ausgehen, dass tatsächlich Waren bestellt worden seien, ohne dass es Anlass für Zweifel gab. Dies mag bei der Abofalle vereinzelt anders sein, sofern sich der irritierte Verbraucher nach Erhalt der Zahlungsaufforderung rechtskundig macht. Dieser Umstand ist jedoch nicht zu überschätzen. Denn der gegebenenfalls an der Zahlungspflicht zweifelnde Verbraucher wird durch entsprechende Drohgebärden erheblich unter Druck gesetzt:

Schreiben tatsächlich existierender Inkassobüros und Rechtsanwaltskanzleien haben auf den juristischen Laien eine nicht zu unterschätzende

---

337 Gemeint ist freilich ein Button, der den Anforderungen des § 312j III BGB *nicht* entspricht.

338 Siehe BMJV, Abschlussbericht d. Evaluierung d. Button-Lösung 2014, S. 87 ff., abzurufen unter www.bmjv.de/SharedDocs/Publikationen/DE /Evaluierung_Verbraucherschutz Kostenfallen html (abgerufen am 05.03.2019).

339 B. II. 1. a) dd).

340 Siehe dazu schon oben unter B. II. 1. c) aa); ausdrücklich so auch LG Hamburg, Urteil v. 21.03.2012 – 608 KLs 8/11; jedenfalls im Grundsatz so auch MüKoStGB/*Hefendehl*, § 263 Rn. 813, der eine „Vermögensgefährdung" jedoch im Ergebnis wegen des Bestehens einer „Vermeidemacht" des Getäuschten verneint.

341 Ähnlich *Bohnenberger*, Vertragserschleichung, S. 55.

Wirkung.[342] Neben der Angst vor Konsequenzen wird beispielsweise durch Schreiben von Rechtsanwälten für den Laien durchaus suggeriert, die geltend gemachte Forderung habe rechtlich Bestand.[343] Auch dürften wohl bereits viele Betroffene der Auffassung sein, sie selbst wären bei der Anmeldung auf der Internetseite nachlässig gewesen und hätten einen Fehler begangen, weswegen sie zur Zahlung verpflichtet seien. Jedenfalls in diesen Fällen ist die Anmeldung als Nachweis für den vermeintlichen Abschluss eines kostenpflichtigen Abonnements maßgeblich und bildet ein nach außen manifestiertes Fundament für den Glauben des Opfers an eine Zahlungspflicht.[344]

Wenn man die Konstellation der Abofalle auf der Grundlage der vom Bayerischen Obersten Landesgericht und Teilen der Literatur vertretenen Auffassung[345] beurteilt, könnte man durchaus vertreten, dass der Glaube an die Zahlungspflicht, der sein Fundament in der Anmeldung findet, die Zahlungswahrscheinlichkeit deutlich erhöht und damit eine wirtschaftliche Vemögensminderung gegeben ist.

Im Ergebnis wird man eine etwaige wirtschaftliche Vermögensminderung, wie auch schon bei den vorangegangenen Abgrenzungskriterien, allein auf der Grundlage eines zu erwartenden Glaubens des Opfers an eine Zahlungspflicht aber nicht nach einem festen und *nach außen nachvollziehbaren Maßstab* darstellen können.[346] So genügt nicht nur der pauschale Verweis in den Urteilsgründen, dass der Glaube an eine Zahlungspflicht bereits zum Zeitpunkt des Vertragsschlusses „sicher zu erwarten" sei, nicht den vom Bundesverfassungsgericht aufgestellten Anforderungen an eine tragfähige Schätzung des Schadens.[347] Vielmehr lässt sich eine durchaus bestehende wirtschaftliche Vermögensminderung, ganz unabhängig von ihrem Ausmaß, bereits im Rahmen der Vermögensverfügung nicht nach äußerlich nachvollziehbaren Kriterien einordnen. Ein klar definiertes Richtmaß, das den Glauben – trotz seiner dem Grunde nach durchaus bestehenden Bedeutung – im Rahmen der Vermögensbewertung objektiv greifbar machen würde, liefert die dargestellte Ansicht demnach nicht.

---

342 Dass sich zunächst zahlungsunwillige Opfer durch die Mahnung eines Rechtsanwaltes in einer Vielzahl der Fälle durchaus zur Zahlung bewegen lassen, zeigt der Sachverhalt, der der Entscheidung des LG Hamburg v. 21.03.2012 – 608 KLs 8/11 zugrunde liegt; siehe auch *Ernst*, VuR 2012, 205 (206).

343 In diese Richtung bereits *Bohnenberger*, Vertragserschleichung, S. 55.

344 LG Hamburg, Urteil v. 21.03.2012 – 608 KLs 8/11.

345 Insbesondere *Schröder*, JZ 1972, 26 und *Herzberg*, JuS 1972, 185 (187).

346 A. A. *Völschow*, Kostenfallen, S. 214.

347 BVerfG, Beschluss v. 07.12.2011 – 2 BvR 2500/09, BVerfGE 130, 1 (48 ff.).

cc) Weitere subjektive Eigenschaften und persönliche Einstellung

Mit weiteren subjektiven Merkmalen des Getäuschten sind solche gemeint, wie sie schon oben in Bezug auf den gesamten durch die Täuschung angesprochenen Adressatenkreis thematisiert wurden.[348] Es handelt sich dabei etwa um die mangelnde geschäftliche Gewandtheit oder
Unerfahrenheit des Verbrauchers, den Grad seines Ärgers über die Übertölpelung, seine Neigung zur Bequemlichkeit oder sein Wille, sich keine
unlauteren Methoden gefallen zu lassen, die Bedeutung des Kaufpreises
für seine Vermögensverhältnisse und so weiter.[349] Die grundsätzliche Problematik und ihre Übertragung auf den Anwendungsfall der Abofalle ist
hier die gleiche wie in der bereits dargestellten Konstellation, in der jene
Eigenschaften einem Großteil des Adressatenkreises zugesprochen werden.
Aus dem Umstand, dass es hier um Eigenschaften einzelner Opfer geht, ergeben sich keine tiefgreifenden Unterschiede.

Richtigerweise bemisst sich die Gefahr der Zahlung grundsätzlich, aber
eben auch im Fall der Abofalle, maßgeblich nach oben genannten subjektiven Kriterien.[350] Wenn das Ausmaß der Zahlungsgefahr nach einem wirtschaftlichen Vermögensbegriff darüber Auskunft geben soll, ob eine gegenwärtige Vermögensminderung vorliegt, so spricht dies für die grundsätzliche Berücksichtigungsfähigkeit obenstehender subjektiver Faktoren.
Es ist insoweit nochmals hervorzuheben, dass dasjenige Opfer, das Angst
vor Ärger hat, sich nicht traut sich zur Wehr zu setzen oder aus Bequemlichkeit zahlt, ganz unabhängig vom rechtlichen Bestand der Forderung
leistet.[351] Es macht für Opfer, die ohnehin stets bezahlen, bevor die Täter
sie überhaupt verklagen könnten, keinerlei Unterschied, ob die Forderung
rechtlich Bestand hat.[352] Insbesondere stellt die Tatsache, dass, rein objektiv betrachtet, das Opfer sich überhaupt nicht zur Wehr setzen müsste und
theoretisch nichts weiter zu tun bräuchte als abzuwarten, vor diesem Hintergrund nicht ernstlich eine Möglichkeit dar, mit der sich eine Zahlung
abwenden ließe. Über die Rechtsfolgen eines nicht gesetzeskonformen
Buttons herrscht in der Verbraucherschaft – sofern die „Button-Lösung"

---

348 B. II. 1. a) ee).
349 BGH, Beschluss v. 16.07.1970 – 4 StR 505/69, BGHSt 23, 300 (304).
350 *Cramer*, Vermögensschaden, S. 103.
351 *Bohnenberger*, Vertragserschleichung, S. 55; *Majer/Hertfelder/Vögelein*, NJW 2009,
     3189; *Meyer-van Raay/Deitermann*, VuR 2009, 335 (336); *Völschow*, Kostenfallen,
     S. 39.
352 In diese Richtung auch *Ernst*, VuR 2012, 205 (206).

überhaupt bekannt ist – *erhebliche Unkenntnis*.[353] Dessen ungeachtet sind die genannten Umstände aber – aus den im Zusammenhang mit dem Adressatenkreis genannten Gründen – nicht geeignet, in der Konstellation der Abofalle eine Vermögensminderung dergestalt abzubilden, dass sie als Vermögensverfügung im Sinne von § 263 I StGB erfasst werden könnten.[354] Auch hier fehlt es an einem einheitlichen Richtmaß, das eine durch subjektive Gefahrenmomente gegebenenfalls verursachte gegenwärtige Vermögensminderung objektiv nachvollziehbar darstellen könnte.

2. Stellungnahme

Wendet man die vorstehenden Maßstäbe auf den zugrunde gelegten Sachverhalt der Abofalle an, ohne sie in Frage zu stellen, muss man – den kriminalpolitischen Ansatz einmal außer Acht gelassen – zu dem Ergebnis gelangen, dass eine Vermögensverfügung durch die nur vermeintliche Anmeldung zu einem Abonnement nicht gegeben sein kann.[355] Freilich ist eine Vermögensverfügung ausnahmsweise in jener Konstellation gegeben, in der sich Täter zum Schein an Unternehmer richten und es den getäuschten Verbrauchern obliegt, sich unter Darlegung der tatsächlichen Umstände, vom vermeintlichen Vertrag loszusagen.[356]

Das grundsätzliche Ergebnis aber, bei dem es für die Fallgestaltung der Abofalle an einer Vermögensverfügung fehlt, erscheint zunächst unspektakulär. Offen bleibt jedoch die Frage, *woran* genau das Vorliegen einer Vermögensverfügung im konkreten Fall scheitert. Bei genauerer Betrachtung der vorstehenden Fallgruppenanalyse wird insoweit deutlich, dass nicht nur die Tauglichkeit bestimmter Kriterien in Bezug auf die Abofalle kritisch hinterfragt werden muss. Vielmehr verdeutlicht der Sachverhalt der Abofalle, stellvertretend für vergleichbare Fallgestaltungen, grundlegende Probleme, die aus den Anforderungen an eine wirtschaftliche Vermögensbestimmung einerseits und aus einer fehlenden rechtlichen Erfassbarkeit *tatsächlicher* Gefahren andererseits resultieren. Hierbei kommt der eingangs gestellten Frage nach der Auswirkung der „Button-Lösung" auf die

---

353 BMJV, Abschlussbericht d. Evaluierung d. Button-Lösung 2014, S. 102, abzurufen unter www.bmjv.de/SharedDocs/Publikationen/DE /Evaluierung_Verbraucherschutz_Kostenfallen.html (abgerufen am 05.03.2019).
354 B. II. 1. a) ee).
355 A. A. *Hatz*, JA 2012, 186 (188); *Völschow*, Kostenfallen, S. 208.
356 B. II. 1. a) bb).

Vollendungsstrafbarkeit wegen Eingehungsbetruges keine unbedeutende Rolle zu.

Zur besseren Einordnung der sich herauskristallisierenden Probleme sollen zwei grundlegende Standpunkte nochmals vergegenwärtigt werden:

Erstens hängt eine gegenwärtige wirtschaftliche Vermögensminderung nicht vom rechtlichen Bestand einer Forderung, sondern von der *tatsächlichen* Zahlungsgefahr zum Zeitpunkt der potentiellen Verfügung ab.[357] Diese bemisst sich nach der Möglichkeit der *faktischen* Durchsetzbarkeit der vermeintlichen Forderung.[358] Hierbei sind *grundsätzlich* „alle tatsächlichen Umstände" zu berücksichtigen.[359]

Zweitens ist zwischen dieser Frage nach einer gegenwärtigen Vermögensminderung einerseits und der Frage, ob die Vermögensminderung im Wege der Vermögensverfügung des Getäuschten vermittelt wurde andererseits, grundlegend zu differenzieren. Dabei soll nachfolgend insbesondere geklärt werden, bei welchem dieser beiden möglichen Anknüpfungspunkte sich die „Button-Lösung" tatsächlich auswirkt.

Um den Kern der Problematik zu erfassen, werden die im Abschnitt *B. II. 1.* dargestellten Abgrenzungskriterien zunächst in zwei Obergruppen unterteilt und die Konsequenz ihrer Anwendung auf den Sachverhalt der Abofalle gegenübergestellt (1. Obergruppe: *B. II. 2. a) aa)* und 2. Obergruppe: *B. II. 2. a) bb)*). Das Ergebnis beziehungsweise der Kern der Problematik entwickelt sich aus dieser Gegenüberstellung und findet sich sodann im Abschnitt *B. II. 2. b)*. Es folgen Lösungsansätze der Literatur (*B. II. 2. c)*), bevor schließlich ein eigener Lösungsvorschlag (*B. II. 3. a) und b)*) und der Versuch einer insoweit präzisierten Definition der Vermögensverfügung erfolgt (*B. II. 3.c)*).

a) Gegenläufigkeit der Abgrenzungskriterien

Die dargestellten Abgrenzungskriterien[360] lassen sich in zwei gegenläufige Obergruppen unterteilen, die den Ausgangspunkt der Problematik verdeutlichen.

---

357 B. I. 3; B. II; *Cramer*, Vermögensschaden, S. 158.
358 B. I. 3; B. II; AnwK-StGB/*Gaede*, § 263 Rn. 70; *Beseler*, Eingehungsbetrug, S. 66; *Cramer*, Vermögensschaden, S. 157; *Krey/Hellmann/Heinrich*, BT 2 Rn. 609; *Kubiciel*, JZ 2014, 99 (100) m. w. N.; *Schröder*, JZ 1972, 26.
359 B. I. 2.; *Cramer*, Vermögensschaden, S. 130.
360 B. II. 1.

aa) Abstellen auf ojektive Nachvollziehbarkeit

Die unter diesem übergeordneten Kriterium dargestellte Problematik bezieht sich auf die Abgrenzung nach Beweisverteilung, Rechtsschein, Prozessrisiko und auf das Abgrenzungsmodell *Hefendehls*.[361] Im Gegensatz zu sämtlichen anderen dargestellten Ansätzen zeichnen sich diese Abgrenzungsversuche dadurch aus, dass sie von einer Vermögensverfügung nur dann ausgehen, wenn sich diese anhand nach außen gekehrter feststehender Maßstäbe, namentlich einer Beweislastumverteilung, begründen lässt.[362] Die Verfügung ist damit objektiv *nachvollziehbar*, so etwa beim Erschleichen einer Unterschrift[363], wenn der Rechtsschein eines Anspruchs erweckt wird. Eine solch eindeutige Abgrenzung bietet enorme Vorteile, kann sie doch unter bestimmten Umständen eine Vermögensminderung auch ohne Eingehen einer Verpflichtung nach außen sichtbar darstellen und erlaubt damit eine eindeutige Eingrenzung zu berücksichtigender tatsächlicher Gefahren über die Vermögensverfügung.[364]

Der Sachverhalt der Abofalle zeigt indes, dass dieser Abgrenzungsmechanismus aus einem anderen Blickwinkel durchaus kritisch betrachtet werden muss. Denn trotz des Vorzugs der Nachvollziehbarkeit der Verfügung etwa durch eine Beweislastumverteilung, stellt sich eine derartige Abgrenzung nach dem zugrunde gelegten wirtschaftlichen Maßstab nur dann als geeignetes Abgrenzungsinstrument dar, wenn das hierdurch objektiv verkörperte Ergebnis im Sinne eines vorhandenen oder fehlenden Rechtsscheins auch der *tatsächlich* bestehenden Zahlungsgefahr entspricht. Dass mit Rechtsschein und Prozessrisiko stets auch eine tatsächliche Zahlungsgefahr einhergeht und dass umgekehrt, das heißt bei fehlender Beweislastumverteilung, eine tatsächliche Zahlungsgefahr nicht besteht, wird bisweilen unterstellt.[365] Wäre dies zutreffend, so wäre vorliegend dank „Button-Lösung" mit dem fehlenden Rechtsschein gleichzeitig auch die Zahlungsgefahr entfallen. Ob dem aber tatsächlich so ist, darf jedenfalls angezweifelt werden und wird nachfolgend noch zu erörtern sein.[366]

Ungeachtet der tatsächlichen Gefahrenlage kann eine Vermögensverfügung im Sinne von § 263 I StGB zum Zeitpunkt der „Anmeldung" nach

---

361 B. II. 1. a) bb) und ff).
362 B. II. 1. a) bb).
363 B. II. 1. a) bb).
364 So bei der Unterschriftenerschleichung (siehe B. II. 1. a) bb)).
365 Differenzierend insoweit aber BGH, Urteil v. 15.04.2015 – 1 StR 337/14, NStZ 2015, 514 (515).
366 B. II. 2. a) bb).

Einführung der „Button-Lösung" jedenfalls nicht aus einer Beweislastumverteilung hergeleitet werden, wenn die Schaltfläche, auf die das Opfer klickt, nicht den Vorgaben des § 312j III BGB entspricht.[367]

bb) Abstellen auf tatsächliche Gefahrenlage

Spiegelbildlich zu der soeben dargestellten übergeordneten Position[368] stellt sich das Problem bei den Abgrenzungsversuchen anhand der Manipulation des Vertragsgegenstandes[369], des Adressatenkreises[370], der Absicht des Täuschenden[371] und den subjektiven Merkmalen des Getäuschten[372] dar. Diesen Abgrenzungsversuchen ist gemein, dass sie in den zwei wesentlichen Punkten, nämlich der Berücksichtigung tatsächlicher Gefahrenmomente und der objektiv nachvollziehbaren Darstellung dieser, im Gegensatz zu der zuvor dargestellten übergeordneten Position stehen.[373]

Das liegt zunächst daran, dass bei dem Versuch der Beantwortung der Frage nach der Zahlungsgefahr Umstände *tatsächlicher* Natur berücksichtigt werden. Im Gegensatz zu dem zuvor dargestellten Kriterium, das auf einen objektiven, aber dem Opfer gegebenenfalls unbekannten oder nichtssagenden Rechtsschein abstellt, geht es hier um solche tatsächlichen Aspekte, die unabhängig von Rechtsschein und Beweislastumverteilung Einfluss auf die Zahlung des Opfers nehmen können. Die vorstehende Präsentation der Fallgruppen[374] hat indes zu Tage gefördert, dass solche, gegebenenfalls auch subjektiven, Eigenschaften in die strafrechtliche Bewertung des Vermögens *durchaus mit einfließen dürfen.*[375] Denn oftmals hängt die Gefahr, ob das Opfer, das täuschungsbedingt einen Vertrag geschlossen hat, letztlich auch zahlt, davon ab, ob es etwa vor Zahlung die Täuschung erkennen kann, an das Bestehen der eigenen Leistungspflicht glaubt, um etwaige zivilrechtliche Schutzmechanismen weiß und letztlich auch, ob es, aus welchen subjektiven Gründen auch immer, tatsächlich und unter Be-

---

367 B. II. 1. a) bb); Eine Aunahme besteht nur dann, wenn sich das Angebot zum Schein an Unternehmer richtet (siehe B. II. 1. a) bb)).
368 B. II. 2. a) aa).
369 B. II. 1. a) dd).
370 B. II. 1. a) ee).
371 B. II. 1. b).
372 B. II. 1. c).
373 B. II. 2. a) aa).
374 B. II. 1.
375 B. II. 1. b) und c).

rücksichtigung etwaiger Drohungen, dem Täter entgegenzutreten mag. Diese tatsächlichen Gefahrenmomente sind in den dargestellten Vergleichsfällen daher im Hinblick auf die Bewertung einer tatsächlichen Zahlungsgefahr und damit einer gegenwärtigen Vermögensminderung herangezogen worden.[376]

Fest steht auf der Grundlage der durchgeführten Fallgruppenanalyse, dass etwa Manipulation der Vereinbarung und Glaube an eine Zahlungspflicht auch bei der Abofalle Auswirkung auf die Gefahr haben, dass das Opfer tatsächlich zahlt. Wie die Zahlungsgefahr nach Einführung der „Button-Lösung" nach diesen Maßstäben zu bewerten ist, wird im Folgenden dargestellt:

Die meisten Opfer von Abofallen zahlen damals wie heute, weil sie *persönlich* von einer Zahlungspflicht ausgehen oder sich vor möglichen Konsequenzen bei Verweigerung einer Zahlung fürchten.[377] Der fehlende Vertragsschluss und der fehlende objektive Rechtsschein zugunsten des Täuschenden durch § 312j BGB wird diejenigen Verbraucher nicht von der Zahlung abhalten können, denen die Regelung entweder unbekannt ist oder die trotz Kenntnis verunsichert sind.[378] Selbstverständlich ist nicht auszuschließen, dass sich Verbraucher informieren und auf die Vorschrift des § 312j BGB, beispielsweise durch entsprechende Hinweise von Verbraucherzentralen, stoßen und eine Zahlung dann verweigern. Aus der reinen Möglichkeit, dass sich Verbraucher über die Rechtsfolgen des vermeintlichen Vertragsschlusses selbst informieren können, darauf zu schliessen, dass es regelmäßig zu keiner Zahlung kommen wird, erscheint jdoch zu weitgehend.[379] Denn es ist keinesfalls zu unterschätzen, dass das Fehlen einer Zahlungspflicht für den Laien nicht derart leicht zu erkennen

---

376 B. II. 1. a) cc)–ee); B. II. 1. b) u. c).
377 BT-Drs. 17/7745, S. 1, 6; *Ernst*, VuR 2012, 205 (206).
378 In diese Richtung auch *Kredig/Uffmann*, ZRP 2011, 36 (39 f.), die insoweit sogar von einer „faktischen Wirkungslosigkeit" der aktuellen zivilrechtlichen Schutzmechanismen zum Schutz vor Kostenfallen ausgehen: „Das Problem der Kostenfallen im Internet besteht nämlich nicht in fehlenden Schutzmechanismen, sondern darin, dass sich die Betreiber nicht an die gesetzlichen Vorgaben halten und uninformierte Verbraucher dazu neigen, angesichts der oftmals auch eher geringen Beträge dem Druck der Mahnschreiben nachzugeben und die unberechtigten Forderungen zu bezahlen." Lediglich im Ergebnis zutreffend *Völschow*, Kostenfallen, S. 210.
379 In diese Richtung jedoch neuerdings MüKoStGB/*Hefendehl*, § 263 Rn. 813 in der 3. Aufl. 2019; demtentgegen BT-Drs. 17/7745, S. 1, 6, in dem es heißt, dass „trotz umfangreicher Schutzmechanismen des geltenden Rechts" eine Zahlung „nicht selten […] lediglich aufgrund des massiven und einschüchternden Drucks

ist wie es für einen Juristen scheint. Daran ändert auch die Einführung der „Button-Lösung" nichts, solange es an einer umfassenden Aufklärung der Verbraucher über die Anforderungen an einen gesetzeskonformen Button und die Rechtsfolgen des Fehlens eines solchen Buttons mangelt.[380] In der bereits erwähnten Untersuchung des *Bundesministeriums der Justiz und für Verbraucherschutz*[381] heißt es:

> „So hält gut ein Drittel der Befragten zulässige Button-Bezeichnungen für unzulässig und ein weiteres Drittel unzulässige Bezeichnungen für zulässig. Gerade ältere Personen und Personen, die das Internet nicht regelmäßig nutzen, verfügen über einen vergleichsweise schlechten Kenntnisstand. Vor diesem Hintergrund scheint es dringend notwendig, Verbraucherinformations- und aufklärungsaktivitäten auszubauen."

Auch werden beispielsweise der Abofalle in ihrem Grundmuster vollkommen identisch gelagerte *Parkplatzfallen* von der Rechtsprechung bisweilen in bedenklicher Weise gebilligt.[382] Dass identisch gestrickte „Abzockmaschen" einmal verboten, ein anderes Mal aber erlaubt sein sollen, stellt sich

---

von Rechtsanwälten und Inkassounternehmen" erfolgt. Treffend auch *Völschow*, Kostenfallen, S. 93 f., der darauf hinweist, dass es im Übrigen nicht Aufgabe des Opfers ist, sich fehlende Informationen selbstständig zusammenzusuchen.

380 BMJV, Abschlussbericht d. Evaluierung d. Button-Lösung 2014, S. 102, 111, abzurufen unter www.bmjv.de/SharedDocs/Publikationen/DE /Evaluierung_Verbraucherschutz_Kostenfallen.html (abgerufen am 05.03.2019); ähnlich bereits *Kredig/Uffmann*, ZRP 2011, 36 (39). Zweifelhaft *Völschow*, Kostenfallen, S. 39, der eine Erhöhung des faktischen Schutzes vor Kostenfallen durch die Einführung der „Button-Lösung" prognostiziert. Dies würde voraussetzen, dass sich Betreiber von Abofallen an die gesetzlichen Vorgaben hinsichtlich der Beschriftung des „Buttons" halten, was tatsächlich aber nicht zutrifft.

381 BMJV, Abschlussbericht d. Evaluierung d. Button-Lösung 2014, S. 111, abzurufen unter www.bmjv.de/SharedDocs/Publikationen/DE /Evaluierung_Verbraucherschutz_Kostenfallen.html (abgerufen am 05.03.2019).

382 Zivilrechtlich äußerst fragwürdig insoweit etwa LG Kaiserslautern, Urteil v. 27.10.2015 – 1 S 53/15, NJW-RR 2016, 603; AG Schwabach Endurteil v. 29.05.2009 – 1 C 1279/08, BeckRS 2009, 49467. Bei den sog. *Parkplatzfallen* handelt es sich um eine noch recht junge, aber bereits bundesweit verbreitete, Spielart unter den „Abzockmaschen". Das Muster entspricht dem der Abofalle. Die Parkplatzfallenbetreiber haben es hierbei auf ahnungslose Kunden von Supermärkten abgesehen. Wer auf dem Kundenparkplatz des Supermarktes sein Fahrzeug abstellt, um einzukaufen, erhält bereits nach wenigen Minuten einen „Strafzettel" i.H.v. zumeist 20–30 Euro. Hierbei berufen sich die privaten Parkplatzfallenbetreiber auf eine angebliche Vertragsstrafe. Wie bei der Abofalle auch finden sich auf den Parkplätzen tatsächlich Hinweisschilder mit kleinge-

aus Verbrauchersicht als willkürlich dar. Dies führt bei der Verbraucherschaft wegen der fehlenden Nachvollziehbarkeit zu einer Rechtsunsicherheit.[383] Das Vertrauen in Regelungen wie etwa § 312j III BGB wird ge-
schmälert, weil der Verbraucher beispielsweise aufgrund der bisweilen als
rechtmäßig erachteten Parkplatzfallen annehmen muss, es gebe stets – für
den Laien nicht nachvollziehbare – Ausnahmen von einem zivilrechtlichen „Abzockschutz". Es wird überdies der Eindruck vermittelt, dass „Ab-
zockfallen" unter bestimmten Umständen sehr wohl rechtlich statthaft
sein können und dass aus diesem Grund eine Zahlung sicherheitshalber
erfolgen sollte, bevor durch eine Zahlungsverweigerung – so die Befürch-
tung der Opfer – weitere Kosten verursacht würden.

Nicht gefolgt werden kann insoweit der Auffassung *Hefendehls*, der in
der Konstellation der Abofalle von einer die „Vermögensgefährdung" aus-
schließenden „Vermeidemacht" ausgeht.[384] Wie eingangs bereits dargestellt, wird das Verhältnis zwischen Verunsicherung der Verbraucher, dem
bewusst gewählten Adressatenkreis von Abofallen[385] und der massiven Bedrohung der Opfer einerseits sowie häufig verhältnismäßig geringer „Abo-
Beiträge" andererseits von den Abofallenbetreibern ganz gezielt so „ausba-
lanciert", dass Opfer den Aufwand einer Gegenwehr aus Verhältnismäßig-
keitsgesichtspunkten gerade scheuen.[386] Wenig überzeugend erscheint insoweit der Verweis auf das Beratungsangebot von Verbraucherzentralen
und Rechtsanwälten[387], weil jedenfalls eine persönliche Beratung in beiden Fällen kostenpflichtig ist und in Anbetracht der von Abofallenbetreibern verlangten Beträge vielen Verbrauchern unverhätlnismäßig hoch er-

---

druckten langen Fließtexten. Auch ist inmitten dieser „AGB" ein Hinweis auf
eine angebliche Vertragsstrafe versteckt. Diese soll fällig werden, wenn eine
Parkscheibe von den ahnungslosen Supermarktkunden nicht – sei es auch für
nur wenige Minuten – ausgelegt wird. Wie auch die Abofalle, nutzt das Modell
gerade den Umstand aus, dass das Parken auf einem Supermarktparkplatz der
Verbraucherschaft seit Jahrzehnten als bedingungslos kostenlos bekannt ist. Die
Supermarktkunden sollen den versteckten Hinweis gerade nicht sehen. Sonst
würde das System in sich zusammenbrechen. Verweigern die Opfer die Zahlung, sehen sie sich der gleichen Drohmaschinerie wie bei den Abofallen ausgesetzt, dubiose Inkassounternehmen und Mahnanwälte inklusive.

383 I. E. ähnlich *Arzt*, FS Tiedemann, S. 595 (599 f.), der darauf hinweist, dass das
      Sicherheitsgefühl der Opfer auch dadurch zersetzt wird, dass Betrüger im Inter-
      net offenbar unbehelligt und „unter den Augen der Polizei" agieren können.

384 MüKoStGB/*Hefendehl*, § 263 Rn. 813 Fn. 2479.

385 B. II. 1. a) ee).

386 A. I.; vgl. auch *Kredig/Uffmann*, ZRP 2011, 36 (40).

387 In diese Richtung nunmehr MüKoStGB/*Hefendehl*, § 263 Rn. 813.

scheinen dürfte.[388] Dass Opfer von Abofallen ungeachtet der Rechtslage durchaus zahlen, belegen zudem die durch einzelne Abofallenbetreiber verursachten Schäden, die regelmäßig in Millionenhöhe liegen und jeweils auf mehreren zehntausend Einzelüberweisungen beruhen.[389] Nach der hier vertretenen Auffassung eliminiert eine „Vermeidemacht" die Zahlungsgefahr im Übrigen nur dann, wenn zu erwarten ist, dass auch ein unterdurchschnittlich informierter und gegebenenfalls technisch wenig versierter Getäuschter die Zahlungsgefahr vollkommen problemlos und ohne unzumutbaren Aufwand *tatsächlich* abwehren wird.[390] Diese Voraussetzungen sind vorliegend zweifelsfrei nicht erfüllt.

Aber auch eine *fehlende* Beweislastumverteilung durch die vermeintliche Anmeldung zu Abonnements im Internet kann nicht als Kriterium gegen das Vorliegen einer Zahlungsgefahr angeführt werden, wenn die Opfer bereits wegen des Glaubens an das tatsächliche Bestehen der Forderung zahlen.[391] Denn hier wird sich die Zahlungsgefahr regelmäßig bereits realisieren, bevor die Ebene erreicht wird, auf der ein objektiv fehlender Rechtsschein die Zahlungsgefahr abschirmen könnte. Wer ohnehin bezahlen wird, bevor er überhaupt verklagt werden könnte, weil er glaubt verpflichtet zu sein, zudem noch eingeschüchtert wird oder schnell seine Ruhe haben möchte, ist bereits einer tatsächlichen Zahlungsgefahr ausgesetzt, oh-

---

388 Die Verbraucherzentrale Rheinland-Pfalz verlangt für eine persönliche Beratung zu Interneverträgen 18 Euro, mit Schriftverkehr 30 Euro und für eine schriftliche Beratung 30 Euro. Eine telefonische Beratung kostet 1,50 Euro pro Minute. www.verbraucherzentrale-rlp.de/beratungsangebote/preise (abgerufen am 16.03.2019). Die Gebühren für eine anwaltliche Erstberatung bestimmen sich nach §§ 34 I, 14 I RVG und betragen höchstens 190 Euro.

389 Vgl. nur LG Hamburg, Urteil v. 21.03.2012 – 608 KLs 8/11, das den durch Abofallen verursachten Schaden in dem dort geführten Verfahren auf über 4,5 Millionen Euro beziffert, der sich auf über 60.000 Geschädigte verteilt. Ähnlich auch LG München I, Urteil v. 12.05.2009 – 28 O 398/09, BeckRS 2010, 7536: Auf dem Konto der Inkassoanwältin eines Abofallenbetreibers gingen innerhalb eines halben Jahres 2,2 Millionen Euro aus 25.000 Einzelüberweisungen ein. Ähnlich auch *Meyer-van Raay/Deitermann*, VuR 2009, 335 (336): „Laut einer Dokumentation eines deutschen Privatsenders sollen bei der für etliche Anbieter solcher Kostenfallen tätigen Rechtsanwältin, die es im Internet inzwischen zu einiger Berühmtheit gebracht hat, banktäglich (!) Zahlungen in Höhe von 15.000,- EUR bis 20.000,- EUR eingehen." Eingehend hierzu bereits unter A. I.

390 Hierzu eingehend im zweiten Hauptkapitel der Untersuchung unter B. III.

391 Auch der BGH differenziert in seinem Urteil v. 15.04.2015 – 1 StR 337/14, NStZ 2015, 514 zutreffend zwischen der rechtlichen (prozessualen) Verlustgefahr einerseits und der tatsächlichen Verlustgefahr andererseits und stellt unter wirtschaftlichen Gesichtspunkten zutreffend auf letztgenannte Gefahr ab.

ne dass es auf Erfolgsaussichten in einem ohnehin nicht zu erwartenden Prozess noch ankäme.[392]

Erachtet man nach einer wirtschaftlichen Vermögensbetrachtung die tatsächliche Zahlungsgefahr als maßgebliches Kriterium für eine gegenwärtige Vermögensminderung, muss man eine solche – von der Einführung der „Button-Lösung" unabhängig – bejahen.[393] Unter Verweis auf das Fehlen einer Vermögensminderung kann deswegen das Vorliegen einer Vermögensverfügung gerade nicht verneint werden.[394]

Eine Vermögensverfügung wird man jedoch aus einem anderen Grund nicht bejahen können. Die maßgebliche Problematik zeigt sich bei dem Versuch, die in dem vorliegenden Oberabschnitt dargestellten Kriterien, die auf eine tatsächliche Gefahrensituation abstellen, auf die Situation der Abofalle anzuwenden. Hier offenbart sich deren entscheidende Schwachstelle:

So wurden die dargestellten tatsächlichen Kriterien in den vorgestellten Vergleichsgruppen von Rechtsprechung und Literatur bisweilen häufig gerade auf solche Fälle angewendet, in denen bereits eine Zahlungsgefahr dem Grunde nach, etwa durch das Zustandekommen eines Vertrages, vorlag.[395] Die genannten tatsächlichen Umstände waren in diesen Fällen daraufhin zu untersuchen, inwieweit sie zu einem Ungleichgewicht zwischen

---

392 Auch vor Einführung der „Button-Lösung" ging die Gefahr, tatsächlich gerichtlich in Anspruch genommen zu werden, gegen Null, *Majer/Hertfelder/Vögelein*, NJW 2009, 3189. Tatsächlich kommen dem Zahlungsbegehren eine Vielzahl der Opfer nach, ohne dass eine gerichtliche Inanspruchnahme notwendig wäre, *Meyer-van Raay/Deitermann*, VuR 2009, 335 (336). Zutreffend weist auch *Völschow*, Kostenfallen, S. 39 darauf hin, dass Opfer von Abofallen meist „aufgrund von massivem Druck und aus Unkenntnis über die Rechtslage" zahlen.

393 *Ernst*, VuR 2012, 205 (207): „Was bringt das Gesetz denn nun wirklich? Wird es weniger Abofallen geben? Nein, denn das Gesetz hat mit den Ursachen für ihre Existenz nichts zu tun. Wird es weniger zahlende Verbraucher geben, die dank dieses Gesetzes nun widerstandsfähiger gegen unbegründete oder gar widerrechtliche Drohungen mit Inkasso, Anwalt und Gerichtsvollzieher wurden? Natürlich nicht." Mit abweichender Begründung, im Ergebnis jedoch ähnlich *Völschow*, Kostenfallen, 207, 210; zweifelhaft jedoch *ders.*, Kostenfallen, S. 40, der im Jahr 2014 „einen erhöhten Schutz vor „Kostenfallen" im Internet aufgrund der unmissverständlichen (neuen) Rechtslage" prognostiziert hatte; a. A. Mü-KoStGB/*Hefendehl*, § 263 Rn. 813 f.; *Krell*, ZIS 2019, 62 (64): „Dagegen spricht aber, dass die wirtschaftliche Lage des vermeintlichen Vertragspartners zunächst einmal unverändert bleibt. Die Möglichkeit, dass auf die vermeintliche Schuld geleistet wird, ist nicht mehr als die Gefahr einer Vermögensverfügung."

394 Im Ergebnis so auch *Völschow*, Kostenfallen, S. 207.

395 Siehe B. II. 1. a) dd) u. ee); B. II. 1. b) u. c).

den sich gegenübersetehenden Forderungen führen konnten[396] und so, zum Beispiel eine Zahlungsgefahr derart *abzuschirmen* vermochten, dass eine gegenwärtige Vermögensminderung nicht mehr angenommen werden konnte.[397] Ein recht pauschaler Verweis darauf, dass tatsächliche Gegebenheiten die Gefahr, dass aufgrund einer zivilrechtlich bestehenden Verpflichtung gezahlt würde, abschirmen können oder aber hierauf keinen Einfluss nehmen, wurde hier häufig als ausreichend erachtet.[398]

Der Sachverhalt der Abofalle, wie er als Grundlage der vorliegenden Untersuchung dient, steht indes hinter umgekehrtem Vorzeichen. Hier geht es nicht darum, wie etwa das Erkennen der Täuschung dazu führen kann, dass trotz täuschungsbedingt eingegangener Verbindlichkeit eine Zahlung nicht erfolgt. Vielmehr geht es mangels zivilrechtlich entstandener Verbindlichkeit bei der Abofalle bereits darum, inwieweit die genannten Kriterien, wie etwa der Glaube an das Bestehen einer Verpflichtung, dem Grunde nach eine Zahlungsgefahr schon *hervorrufen*. Obwohl diese Umstände auch in der vorliegend untersuchten Fallgestaltung der Abofalle als wirtschaftlich vermögensmindernd qualifiziert werden konnten, offenbart sich damit gerade bei der *Vermittlung der Vermögensminderung über die Vermögensverfügung* ein entscheidendes Problem. Dieses wird nachfolgend, insbesondere in dem Abschnitt *B. II. 2. b)*, eingehend dargestellt.

Festgehalten werden kann an dieser Stelle bereits, dass mit der vermeintlichen Anmeldung, dem Klicken auf den – wenn auch nicht den gesetzlichen Anforderungen entsprechenden – Button, zwar ein Akt des Getäuschten vorliegt und hiermit auch die zuvor erörterten tatsächlichen Gefahrenmomente einhergehen, diese jedoch nicht objektiv nachvollziehbar nach außen abgebildet werden.

Insoweit kann nicht erst die vom Bundesverfassungsgericht im Hinblick auf den Bestimmtheitsgrundsatz geforderte *tragfähige Schätzung eines Mindestschadens* mangels feststehender Richtwerte nicht erfolgen.[399] Vielmehr ließe sich bereits eine etwaige Zahlungsgefahr, resultierend aus der Absicht des Täuschenden, dem Glauben des Getäuschten oder der Manipulation der unentgeltlichen Vereinbarung, im Rahmen der Vermögensverfügung von vornherein nach außen schlicht nicht nachvollziehbar darstellen.

---

396 Siehe nur B. II. 1. b).
397 Siehe nur B. II. 1. c) aa).
398 Insbes. B. II. 1. a) ee); B. II. 1. c).
399 BVerfG, Beschluss v. 07.12.2011 – 2 BvR 2500/09, BVerfGE 130, 1 (48 f.).

b) Die Abofalle als Ausprägung einer tiefergreifenden Problematik

Das Problem liegt demzufolge nicht in der Frage nach der Vermögensminderung, sondern vielmehr darin, ob eine solche durch die Vermögensverfügung im Sinne von § 263 I StGB vermittelt wird:[400]

So zeigt die Anwendung der Kriterien der gegenläufigen Fallgruppen[401] auf den hier betrachteten Sachverhalt der Abofalle, dass die *fehlende objektive Darstellbarkeit* der Vermögensminderung durch einen Vertragsschluss oder eine Beweislastumverteilung in Wahrheit keine Frage der wirtschaftlichen Vermögensminderung ist. Richtigerweise nehmen Normen vorliegend lediglich Einfluss auf die *objektive Erfassbarkeit* des Vermögens und können durchaus auch als Indiz für eine faktische Zahlungsgefahr herangezogen werden.[402] Ist eine Darstellbarkeit durch Normen mangels Vertragsschluss oder Beweislastumverteilung nicht gegeben, lässt sich hieraus jedoch keineswegs zwingend das Fehlen einer wirtschaftlichen Vermögensminderung folgern.[403] Vielmehr fehlt es in diesem Fall an der Möglichkeit ihrer *normativen Darstellbarkeit*. Damit spricht der nach heutiger Betrachtung fehlende Rechtsschein und die fehlende Beweislastumverteilung durch die Anmeldung[404] gegen die normative Erfassbarkeit einer etwaigen Zahlungsgefahr *als Ergebnis einer Vermögensverfügung*, keineswegs aber zwangsläufig gegen das Vorliegen einer tatsächlichen Zahlungsgefahr und damit einer wirtschaftlichen Vermögensminderung dem Grunde nach.[405]

Der hier untersuchte Sachverhalt der Abofalle bei fehlendem oder fehlerhaftem Button bildet ein Paradebeispiel dafür, welche *ungewollte Wechselwirkung* zivilrechtlichen Schutzvorschriften, wie etwa § 312j BGB, zukommen kann, was nachfolgend dargestellt werden wird. Damit wird gleichermaßen die *eingangs aufgeworfene Frage* nach der Auswirkung der „Button-Lösung" auf die Vollendungsstrafbarkeit wegen Eingehungsbetruges beantwortet:

---

400 Siehe auch *Wang*, Vermögensverfügung als Tatbestandsmerkmal, S. 146; a. A. *Gallas*, FS Schmidt, S. 401 (408).
401 B. II. 2. a).
402 Vgl. *Pawlik*, Das unerlaubte Verhalten, S. 256 f.
403 *Pawlik*, Das unerlaubte Verhalten, S. 256 f.; ähnlich *Völschow*, Kostenfallen, S. 207.
404 B. II. 1. a) bb); Ausgenommen sind solche Angebote, die sich zum Schein an Unternehmer richten (siehe B. II. 1. a) bb)); a. A. *Völschow*, Kostenfallen, S. 210.
405 Vgl. B. II. 2 a) bb).

Was also aus verbraucherschützenden Gründen gut gemeint ist, weil es nicht nur einem ungewollten Vertragsschluss entgegenwirkt, sondern auch die *gerichtliche* Durchsetzung eines nicht bestehenden Anspruchs faktisch verhindert, führt aus strafrechtlicher Sicht dazu, dass die normative Abbildung einer bestehenden tatsächlichen Gefahrenlage im Rahmen der Vermögensverfügung im Sinne von § 263 StGB nicht möglich ist. Denn spiegelbildlich zum Fehlen des Vertragsschlusses, jedenfalls aber der fehlenden Beweislastumverteilung durch § 312j BGB, entfällt die für die Vermögensverfügung in diesem Fall notwendige objektiv abbildbare *normative Verknüpfung* zwischen Vermögensminderung und Verhalten des Getäuschten.[406]

Auch *Völschow* erwähnt in seiner Dissertation „Die Strafbarkeit der sog. ‚Kostenfallen' im Internet" die Frage nach möglichen Wechselwirkungen zwischen zivilrechtlichen Schutzmöglichkeiten einerseits und strafrechtlicher Vermögensverfügung andererseits.[407] Zu Recht weist er darauf hin, dass es widersprüchlich wäre, wenn mit der Erhöhung des Zivilrechtsschutzes stets eine Reduzierung des Strafrechtsschutzes für Opfer von Kostenfallen im Internet einherginge.[408] Dies scheint von dem – ebenfalls zutreffenden – Gedanken geleitet, dass zivilrechtliche Schutzmechanismen ohne zwingenden Zusammenhang und häufig sogar gegenläufig zu der tatsächlichen Gefahrenlage für Opfer von Kostenfallen stehen.[409] Selbstverständlich kann vor diesem Hintergrund nicht unter Verweis auf den fehlenden oder widerrufbaren Vertragsschluss im Rahmen der Vermögensverfügung bereits eine Vermögensminderung verneint werden, ohne die tatsächliche Gefahrenlage zu berücksichtigen, auf die es bei einer wirtschaftlichen Vermögensbetrachtung gerade ankommt. Gleichwohl besteht aber eine Wechselwirkung zwischen „Button-Lösung" und der Strafbarkeit wegen vollendeten Eingehungsbetruges jedenfalls im Ergebnis, weil es aufgrund der „Button-Lösung" an der notwendigen objektiv abbildbaren Verknüpfung durch einen Vertragsschluss oder jedenfalls durch eine Beweislastumverteilung innerhalb der Vermögensverfügung fehlt.

Fest steht damit, dass mit Einführung der „Button-Lösung" – unabhängig von Bestehen und Ausmaß einer tatsächlichen Zahlungsgefahr – auch die letzte Möglichkeit der Begründung einer Vermögensverfügung ent-

---

406 Ausgenommen sind solche Angebote, die sich zum Schein an Unternehmer richten (siehe B. II. 1. a) bb)).
407 *Völschow*, Kostenfallen, S. 207.
408 *Völschow*, Kostenfallen, S. 207.
409 Hierzu bereits B. II. 2. a) bb).

fällt.[410] Fest steht damit aber auch, dass allein die Bejahung einer Zahlungsgefahr zum Zeitpunkt des lediglich vermeintlichen Vertragsschlusses nicht ohne die Hinzuziehung weiterer Kriterien eine Vermögensverfügung begründen kann.[411]

Die Ausgangssituation der Abofalle verdeutlicht damit beispielhaft ein *grundsätzliches Spannungsverhältnis:* Dies beruht auf einem wirtschaftlichen Vermögensbegriff, der einerseits gerade faktische Aspekte als bewertungsrelevante Umstände umfassend berücksichtigen möchte, andererseits aber das Vorliegen einer Vermögensverfügung im Rahmen des Eingehungsbetruges offenbar gerade von normativen Konturen anghängt, die eine Vermögensminderung nach außen abbilden können und diese mit dem Verfügungsverhalten verknüpft.[412]

Je stärker sich die Beurteilung der Gefahrenlage an tatsächlichen Kriterien orientiert, desto mehr drängt die Bedeutung zivilrechtlicher Vorschriften als notwendiges Element einer solchen objektiv erfassbaren normativen Verknüpfung im Rahmen der Vermögensverfügung in den Vordergrund. Mit der Schaffung zivilrechtlicher Schutzvorschriften, die Vertragsschluss und Beweislastumverteilung verhindern, sinkt spiegelbildlich die

---

410 A. A. *Völschow*, Kostenfallen, S. 208.
411 Zu diesem Schluss verleiten jedoch beispielsweise die Ausführungen *Eiseles*, NStZ 2010, 193 (198). Nicht gefolgt werden kann insoweit auch den Ausführungen von *Buchmann/Majer/Hertfelder/Vögelein*, NJW 2009, 3189 (3193 f.), die bei der Abofalle im Internet *allein* aus der mit dem vermeintlichen Eingehen des Vertrages einhergehenden Gefahr das Vorliegen einer Vermögensverfügung folgern. Entgegen der Auffassung der Autoren leitet sich dies nicht aus der Entscheidung des OLG Köln v. 18.09.1973 – Ss 168/73, MDR 1974, 157 ab. Denn das OLG folgert das Vorliegen der Vermögensverfügung keineswegs ausschließlich aus dem Bestehen einer Zahlungsgefahr, sondern jedenfalls auch aus dem durch das Verhalten des Getäuschten vermittelten *Rechtsschein*. Zutreffend ist daher für die Konstellation der Abofalle allein, dass es trotz fehlendem Vertragsschluss bei einer faktischen Zahlungsgefahr bleibt, die als wirtschaftliche Vermögensminderung zu begreifen ist. Ein Automatismus, nach dem sich hieraus per se auch eine Vermögensverfügung ergibt, existiert hingegen gerade nicht.
412 „Gefahrenlage" meint in diesem Zusammenhang stets die Prognose zum Zeitpunkt der potentiellen Verfügung über die Gefahr der Zahlung, *Bohnenberger*, Vertragserschleichung, S. 54; *Begemeier/Wölfel*, JuS 2015, 307. Denn hiernach bemisst sich maßgeblich, ob eine gegenwärtige Vermögensminderung bereits zu diesem Zeitpunkt gegeben ist. Siehe auch *Küper/Zopfs*, BT, Rn. 654 m. w. N. Zum „Prognoseschaden" bei der Untreue eingehend *Ensenbach*, Prognoseschaden. Zur Notwendigkeit, dass sich das wirtschaftliche Vermögen irgendwie nach außen „beschreiben" lassen muss, *Nelles*, Untreue, S. 387.

Möglichkeit, eine Vermögensminderung bei noch nicht vollzogener körperlicher Hingabe im Rahmen der Vermögensverfügung darzustellen.

c) Lösungsansätze der Literatur

Das Problem, das sich hier in dem Gewand der Abofalle präsentiert, wird in der Literatur teilweise in anderem Zusammenhang angedeutet.[413] Auf die dort vertretenen Lösungsversuche soll nachfolgend kurz hingewiesen werden, bevor im Nachgang die Darstellung eines eigenen Lösungsansatzes erfolgt (*B. II. 3.*).

Wendet man die wirtschaftliche Vermögenslehre konsequent an, gelangt man zu dem Ergebnis, dass sich sämtliche tatsächliche Gefahren gegenwärtig vermögensmindernd auswirken können.[414] Einigkeit besteht insoweit darin, als dass einer hierdurch drohenden Ausuferung der Vollendungsstrafbarkeit wegen Eingehungsbetruges irgendwie zu begegnen ist.[415]

Die in der Literatur vertretenen Wege, diesem Problem zu begegnen, sind von dem zutreffenden Gedanken geleitet, dass nicht auf die Entstehung einer jedweden tatsächlichen Gefahrenlage eine Strafbarkeit wegen vollendeten Eingehungsbetruges folgen kann.[416] Gleichwohl erscheinen die angebotenen Lösungsversuche teilweise dogmatisch bedenklich, jedenfalls sofern man von der dieser Untersuchung zugrunde gelegten wirtschaftlichen Vermögensbetrachtung ausgeht:[417]

Sofern *erstens* nämlich der Versuch unternommen wird, die dargestellte Problematik schon dadurch nicht aufkommen zu lassen, indem man mit der Begründung, dass ein Vertag mangels gesetzeskonformen Buttons nicht geschlossen wurde, bereits eine Vermögensminderung ausschließt, trifft dies die Sache nicht.[418] Denn bei einer wirtschaftlichen Vermögenbetrachtung kann der fehlende Vertragsschluss nicht das entscheidende Ar-

---

413 AnwK-StGB/*Gaede*, § 263 Rn. 121 ff.; in Bezug auf Abofallen jedoch nunmehr *Krell*, ZIS 2019, 62 (64).
414 AnwK-StGB/*Gaede*, § 263 Rn. 121 beschreibt die Situation als ein „prinzipielles normatives Dilemma". *Cramer*, Vermögensschaden, S. 130.
415 AnwK-StGB/*Gaede*, § 263 Rn. 121 ff.; *Cramer*, Vermögensschaden, S. 131; *Völschow*, Kostenfallen, S. 210.
416 So etwa *Cramer*, Vermögensschaden, S. 131.
417 B. I. 2. u. 3.
418 In diese Richtung jedoch *Ellbogen/Saerbeck*, CR 2009, 131 (134).

gument gegen eine Vermögensminderung sein.[419] Das gilt erst Recht, wenn die faktische Zahlungsgefahr nicht einmal näher in den Blick genommen wird.

Auch muss der bereits dargestellten Ansicht *Puppes* in Teilen widersprochen werden, die in der vorliegenden Konstellation eine Vermögensminderung wohl mit der Begründung verneinen würde, dass diese allein auf Täuschung und Irrtum basiere.[420] Entgegen dieser Ansicht kann nach der hier zugrunde gelegten wirtschaftlichen Vermögensbetrachtung der Glaube an die eigene Leistungspflicht durchaus eine gegenwärtige Vermögensminderung darstellen.[421] Eine Vermögensminderung geht nicht erst zwangsläufig mit der Verschlechterung der „objektiven Wirtschaftslage" einher, sondern liegt bereits dann vor, wenn sich die Leistungsgefahr für den Getäuschten *aus tatsächlichen Gründen* erhöht.[422] Ob der Vertrag zivilrechtlich wirksam geschlossen wurde, weiß der Getäuschte in dem von *Puppe* analysierten Fall nämlich nicht.[423] So oder so, das heißt von der Wirksamkeit des Vertragsschlusses gänzlich unabhängig, ist er aufgrund der in dem dortigen Fall vom Täuschenden getätigten Warenbestellung und dessen Zusage diese auszuführen, davon überzeugt, leisten zu müssen. Mit dem Eingehen der nur vermeintlichen Verbindlichkeit entsteht damit exakt die gleiche *tatsächliche* Zahlungsgefahr wie im Falle ihrer zivilrechtlichen Wirksamkeit.[424]

Der *zweite* Lösungsversuch der Literatur geht dahin, dass zunächst zutreffend angenommen wird, dass der wirtschaftliche Vermögensbegriff, auf Sachverhalte mit tatsächlichen Gefahrensituationen angewendet, zu dem Ergebnis führt, dass eine Gefahrenlage existiert, die nach wirtschaftlichen Kriterien ohne Weiteres als vermögensmindernd einzuordnen ist.[425]

---

419 *Kubiciel*, JZ 2014 99 (100); *Krey/Hellmann/Heinrich*, BT 2 Rn. 609; *Maurach/Schröder/Maiwald*, BT 1 § 41 II, Rn. 75; insoweit zutreffend auch *Völschow*, Kostenfallen, S. 207; in diese Richtung 1954 bereits *Bruns*, FS Mezger, S. 335 (359).

420 Siehe bereits B. II. 1. c) bb); *Puppe*, MDR 1973, 12 (13); aufgegriffen von *Krack*, FS Puppe, S. 1205–1216. Zum Ganzen *Wahl*, Schadensbestimmung, S. 52. Auch *Riemann* beschäftigt sich mit der Darstellbarkeit subjektiver Gefahrenmomente in der „Außenwelt", Vermögensgefährdung, S. 66.

421 *Herzberg*, JuS 1972, 185 (187).

422 In diese Richtung auch *Wahl*, Schadensbestimmung, S: 132; a. A. *Puppe*, MDR 12 (13); zust. *Krell*, ZIS 2019, 62 (64).

423 Siehe B. II. 1. c) bb); *Puppe*, MDR 1973, 12.

424 Im Ergebnis so auch *Völschow*, Kostenfallen, S. 207, 210. Auch wird die Gefahr wegen der nur vermeintlichen Pflicht nicht weniger „konkret". So jedoch *Ahn*, Schadensberechnung, S. 129.

425 AnwK-StGB/*Gaede*, § 263 Rn. 121; ähnlich *Völschow*, Kostenfallen, S. 206 ff.

Geleitet durch den Gedanken, dass ein solches Ergebnis zu weit erscheint, weil es keine Eingrenzung der Vollendungsstrafbarkeit erlaubt, wird dann teilweise der Versuch unternommen, den wirtschaftlichen Vermögensbegriff nachträglich einzuschränken. Dies geschieht dadurch, dass man eine Vermögensminderung dem Grunde nach nur dann überhaupt bejaht, wenn sich diese – zum Beispiel durch Vertragsschluss oder Beweislastumverteilung – in Normen fassen lässt.[426] Teils wird zwar eine „Vermögensgefährdung" aufgrund einer tatsächlichen Gefahrenlage bejaht, diese soll aber nicht „konkret" und damit nicht gegenwärtig vermögensmindernd sein, wenn sie nicht durch Normen dargestellt werden kann.[427]

Von einer wirtschaftlichen Vermögensbetrachtung auszugehen, diese dann aber – um des gewünschten Ergebnisses willen – wiederum einzuschränken, erscheint nicht konsequent.[428] Die wirtschaftliche Vermögensbewertung in solchen Fällen, in denen die Gefahrenlage faktisch ist, immer dann nicht anzuerkennen, wenn sie sich durch Normen nicht darstellen lässt, ist zudem nichts weiter als eine deutliche Hinwendung zu einem juristischen Vermögensbegriff.[429]

Festzuhalten bleibt, dass die Ansichten das dargestellte *Spannungsverhältnis* nicht konsequent lösen können. Zutreffend ist vielmehr, dass eine möglicherweise sogar erhebliche Zahlungsgefahr durchaus gegeben sein kann, diese sich aber mit Normen nicht abbilden lässt und es deswegen an der Verfügungsqualität einer Vermögensverfügung fehlt.[430] Um diesen tatsächlichen Umständen nämlich Verfügungsqualität im Sinne von § 263 I StGB beimessen zu können, bedarf es gerade einer solchen Abbildbarkeit. Dass ein Zahlungsrisiko allein aufgrund tatsächlicher, aber nicht nach außen manifestierbarer Gründe bestehen soll, nützt für die Beantwortung der Frage nach einer betrugsrelevanten Vermögensverfügung – für sich genommen – wenig.[431] Aufgrund dieser Erkenntnisse besteht Anlass, einen

---

426 In diese Richtung offenbar LK/*Tiedemann*, § 263 Rn. 168 und ausdrücklich *Krell*, ZIS 2019, 62 (64).

427 *Ahn*, Schadensberechnung, S. 129; *Spickhoff*, JZ 2002, 970 (971).

428 So jedoch offenbar *Krell*, ZIS 2019, 62 (64); *Spickhoff*, JZ 2002, 970 (976); demgegenüber, dem hiesigen Gedanken im Grundsatz ähnlich bereits *Cramer*, Vermögensschaden, S. 158; *Schröder*, JZ 1965, 513 (515).

429 Dem Grunde nach ähnlich bereits *Schröder*, JZ 1965, 513 (515). Insoweit konsequent *Pawlik*, Das unerlaubte Verhalten, S. 259, 262, der den von ihm vertretenen Vermögensbegriff zutreffend als juristisch und nicht als wirtschaftlich beschreibt. Treffend auch *Saliger*, HRRS 2012, 363 (364).

430 Im Ergebnis zutreffend gegen eine Vermögensverfügung *Krell*, ZIS 2019, 62 (64) Fn. 28.

431 In diese Richtung auch *Kubiciel*, JZ 2014, 99 (100).

Lösungsversuch aufzuzeigen, der sich nicht mit der Einschränkung der Vermögensminderung als solche, sondern vielmehr mit der Art und Weise ihrer Vermittlung über die Vermögensverfügung befasst (dazu im Folgenden Abschnitt *B. II. 3.*).

3. Ergebnis und Lösungsvorschlag

a) Zusammenfassung des Ergebnisses

Jedenfalls im Ergebnis ist übereinstimmend mit *Puppe* zu fordern, dass dem Charakter der Vermögensverfügung nur dann Rechnung getragen wird, wenn sich diese irgendwie objektiv abbilden lässt.[432] Das kann nach der hier vertretenen Auffassung allerdings geschehen, ohne dass der wirtschaftliche Vermögensbegriff als solcher eingeschränkt werden muss.[433] Dieser bleibt vielmehr unangetastet. Zwischen dem Verhalten des Getäuschten und dem Vorliegen einer Vermögensminderung ist nämlich in bestimmten Konstellationen, wie etwa dem hier zugrunde gelegten Sachverhalt der Abofalle, eine *normative Verknüpfung* beider Voraussetzungen, zum Beispiel durch eine Beweislastumverteilung, zu verlangen.[434] Erst dann ist die notwendige Verfügungsqualität gegeben. In der Konstellation der Abofalle fehlt es an einer solchen normativen Verknüpfung zwischen der eingetretenen Gefahrenlage und der vermeintlichen Anmeldung des Getäuschten zu dem Abonnement.[435] Damit fehlt es nicht erst an „tragfähigen Bewertungsmaßstäben" hinsichtlich der *Höhe* eines etwaigen Ver-

---

432 Zur Ansicht *Puppes*, siehe bereits B. II. 1. c) bb) und MDR 1973, 12. Zur Kritik an ihrer Ansicht B. II. 2. c).
433 B. I. 2 u. 3.
434 Interessant auch *Fischer* in Fischer/Hoven/Huber/Raum/Rönnau/Saliger/Trüg, Dogmatik und Praxis des strafrechtlichen Vermögensschadens, S. 51 (56), der die Normativierung zwar i. R. d. Vermögensminderung diskutiert, jedoch auch auf ihre (rein) verknüpfende Funktion hinweist und deswegen bei der Anwendung eines wirtschaftlichen Vermögensbegriffes nicht in Erklärungsnot kommt: Eine Normativierung des Vermögens „ist vielmehr geeignet, in differenzierter Weise zwischen einer rein tatsächlichen Zuordnung von wirtschaftlichen Werten und den Bewertungen der Rechtsordnung zu vermitteln."
435 A. A. *Völschow*, Kostenfallen, S. 209 f. Hierzu bereits eingehend unter B. II. 1. a) bb), B. II. 2. a) bb) und B. II. 2. b). Ausgenommen sind Konstellation, in denen die Betrüger ihr Angebot zum Schein an Unternehmer richten (siehe B. II. 1. a) bb).

mögensabflusses[436], sondern mangels normativer Verknüpfung der täuschungsbedingten Handlung mit der Zahlungsgefahr bereits an der für § 263 I StGB notwendigen Verfügungsqualität.[437]

Der Einfluss der „Button-Lösung" auf den Eingehungsbetrug belegt damit beispielhaft, dass mit deren Einführung lediglich die normative Verknüpfung zwischen Zahlungsgefahr und potentiellem Verfügungsverhalten des Opfers entfällt, demgegenüber hiermit keineswegs aber auch eine Minderung der tatsächlichen Zahlungsgefahr verbunden ist.[438] Im Ergebnis ist daher festzuhalten, dass beide Umstände, das heißt tatsächliche Gefahr und normative Verknüpfung dieser mit dem potentiellen Verfügungserhalten, vollkommen unabhängig voneinander verlaufen und kumulativ vorliegen müssen, damit eine betrugsrelevante Vermögensverfügung gegeben ist.[439]

Vor diesem Hintergrund wird man an der uneingeschränkten „Brauchbarkeit" der gegenwärtigen Definition der Vermögensverfügung, jedenfalls für Konstellationen wie die vorliegende, zweifeln müssen.[440] Eine Systematisierung und der Versuch einer entsprechend präzisierten Definition der Vermögensverfügung erfolgt im Rahmen der beiden nächsten Abschnitte (*B. II. 3. b) und c)*).

b) Ausblick und Lösungsvorschlag

Die Einführung der „Button-Lösung" belegt das Bestreben des Gesetzgebers, Verbraucher vor Abofallen zu schützen, indem bei fehlendem oder fehlerhaftem Button ein entgeltlicher Vertrag nicht zustande kommt (§ 312j II–IV BGB).

---

436 Arzt/Weber/Heinrich/Hilgendorf/*Heinrich*, BT, § 20 Rn. 97 Fn. 309.
437 B. II. 2. b).
438 B. II. 2. a) bb).
439 Auf das Problem, das entsteht, wenn sich tatsächliche Machtverhältnisse rechtlich nicht abbilden lassen, weist auch *Pawlik* hin. Seine Lösung zielt allerdings – entgegen dem vorliegend vertretenen Ansatz – auf die Einschränkung des wirtschaftlichen Vermögensbegriffes „im betrugsrechtlichen Sinn" als solchem ab, Das unerlaubte Verhalten, S. 256 f., 259–262. Siehe hierzu auch *Nelles*, Untreue, S. 364 ff.
440 Zur allgemeinen Definition der Vermögensverfügung siehe bereits B. I. 1. Zur Frage der „Brauchbarkeit" der herkömmlichen Definition siehe auch *Joecks*, Vermögensverfügung, S. 94 ff.; *Wang*, Vermögensverfügung als Tatbestandsmerkmal, S. 145 ff.; *Walter*, FS Herzberg, S. 763–776.

Die Gefahr bei der Prüfung der Strafbarkeit wegen Eingehungsbetruges liegt vor allem darin, vorschnell aus dem Fehlen eines Vertragsschlusses entweder eine Vermögensverfügung zu folgern[441] oder diese zu verneinen.[442] Ferner liefert die gängige Definition der Vermögensverfügung keinen Anlass, weitere Prüfungsschritte vorzunehmen, sofern ein Verhalten des Getäuschten vorliegt, das sich unmittelbar vermögensmindernd auswirkt.[443] Es droht insoweit übersehen zu werden, dass eine Vermögensverfügung in bestimmten Konstellationen nur dann gegeben ist, wenn eine *normative Verknüpfung* zwischen Vermögensminderung und Verfügungsverhalten besteht.

Wann eine solche *normative Verknüpfung* im Rahmen der Vermögensverfügung zu verlangen ist, soll die Gegenüberstellung folgender Fallgruppen verdeutlichen. Im Anschluss erfolgt der Versuch einer präzisierten Definition der Verfügungsverfügung im Sinne von § 263 I StGB (*B. II. 3. c)*).

aa) Faktische Verknüpfung

Der Täuschende hat durch einen Akt des Getäuschten eine Position erlangt, die ihm den jederzeitigen *körperlichen* Zugriff auf das Vermögen ermöglicht, ohne dass es jedweder weiteren Mitwirkung des Opfers bedarf, und diesem die Herrschaft faktisch entzogen ist.[444] Das ist zum Beispiel der Fall, wenn der Täter im Besitz einer Geldkarte des Opfers und dem da-

---

441 *Buchmann/Majer/Hertfelder/Vögelein*, NJW 2009, 3189 (3193); *Hatz*, JA 2012, 186 (188); ähnlich auch *Völschow*, Kostenfallen, S. 205–208, der unzutreffend von einer Beweislastumverteilung durch die Anmeldung ausgeht und insoweit konsequent eine Vermögensverfügung bejaht.

442 *Ellbogen/Saerbeck*, CR 2009, 131 (134). Die Begründung lautet regelmäßig: eine zivilrechtliche Pflicht existiere nicht. Es bestehe deswegen keine konkrete Zahlungsgefahr; in diese Richtung etwa *Fischer*, StGB, § 263 Rn. 176a; *Rengier*, BT I, § 13 Rn. 14a. Auf die Gefahr einer vorschnellen Übernahme zivilrechtlicher Wertungen bei der Vermögensbestimmung im Rahmen des Betruges weist *Pawlik* insoweit zutreffend hin, Das unerlaubte Verhalten, S. 253 f. Zutreffend auch *Nelles*, Untreue, S. 372.

443 Zur allgemeinen Definition der Vermögensverfügung vgl. nur LK/*Tiedemann*, § 263 Rn. 97; eingehend hierzu bereits B. I. 1.

444 Abgrenzungsfragen können sich hier zur bloßen Gewahrsamslockerung stellen, AnwK-StGB/*Gaede*, § 263 Rn. 86; *Eisele*, BT II, Rn. 560; *Schramm*, BT I, § 7 Rn. 76 ff.

zugehörigen PIN ist.[445] Hier wird zu Recht von einer faktischen Zugriffs-möglichkeit gesprochen.[446] Fest steht, dass der Getäuschte durch sein täu-schungs- und irrtumsbedingtes Verhalten eine Situation geschaffen haben muss, die dem Täter eine ungehinderte faktische, das heißt körperliche, im Sinne eines *Nehmens*, Zugriffsmöglichkeit auf sein Vermögen verschafft.[447] In diesem Fall ist die gegenwärtige vermögensmindernde Gefahrenlage durch die körperliche Zugriffsmöglichkeit *faktisch* mit dem vermögens-mindernden Verhalten des Opfers verknüpft. Man könnte die Situation auch als eine tatsächliche Beherrschbarkeit aus Tätersicht beschreiben.

bb) Rechtliche Verknüpfung

Von der zuvor genannten faktischen Verknüpfung zu unterscheiden sind solche Fälle, in denen der Täter täuschungsbedingt einen Anspruch er-langt. Er hat in diesem Fall keine unmittelbare körperliche Zugriffsmög-lichkeit auf das Vermögen des Opfers, denn das Opfer muss erst aktiv die Zahlung leisten. Das ist zum Beispiel bei den Vertreterfällen gegeben, in denen die Opfer zwar bewusst einen Vertrag zum Beispiel über ein Zeit-schriftenabonnement abschließen, aber über den – für sie in Wahrheit vollkommen nutzlosen – Inhalt der jeweiligen Zeitschrift irren.[448] Auch in diesem Fall, auf den im zweiten Teil der vorliegenden Untersuchung zu-rückzukommen sein wird[449], muss der Anspruch faktisch realisierbar sein.

---

445 B. II. 1. a) cc); *Jäger*, JuS 2010, 761 (762 f.); *Küper/Zopfs*, BT, Rn. 668 m. w. N; LK/*Tiedemann*, § 263 Rn. 110; *Walter*, FS Herzberg, S. 763 (765); a. A. *Ladiges*, wistra 2016, 180 (182), der eine „schadensgleiche Vermögensgefährdung" in die-sem Fall verneint.

446 Besonders zu beachten ist in solchen Konstellationen die Abgrenzung zum Diebstahl. Siehe hierzu etwa *Högel*, Trickdiebstahl und Betrug; *Küper/Zopfs*, BT, Rn. 667 ff.; Lackner/Kühl/*Kühl*, StGB, § 263 Rn. 26; Matt/Renzikowski/*Saliger*, StGB, § 263 Rn. 119, 129 ff.; Schönke/Schröder/*Perron*, StGB, § 263 Rn. 63 ff.; LK/*Tiedemann*, § 263, Rn. 105 ff.; *Wang*, Vermögensverfügung als Tatbestands-merkmal, S. 151 ff; kritisch im Hinblick auf die Abgrenzung beider Delikte nach der h.M. *Pawlik*, Das unerlaubte Verhalten, S. 237–241.

447 *Pawlik* beschreibt dies dergestalt, dass die Täuschung jedenfalls zu einem Ver-halten des Getäuschten führen muss, wodurch ein Zustand hervorgerufen wird, der den Zugriff auf einen Vermögensgegenstand „in qualifizierter Weise er-leichtert", Das unerlaubte Verhalten, S. 259. Zur Abgrenzung *Wang*, Vermö-gensverfügung als Tatbestandsmerkmal, S. 217 ff.; siehe auch *Gallas*, FS Schmidt. S. 401 (422 ff.).

448 BGH, Beschluss v. 16.07.1970 – 4 StR 505/69, BGHSt 23, 300.

449 B. III.

Das rein rechtliche Bestehen der Forderung reicht nicht zwingend aus, um eine Vermögensminderung zum Zeitpunkt des Eingehens der Verbindlichkeit zu begründen, wenn der Getäuschte die Täuschung früh genug erkennen und die Zahlung verhindern kann.[450] Das wird unter bestimmten Voraussetzungen, etwa bei Erfüllung Zug um Zug, angenommen.[451] Das rechtliche Bestehen der Forderung bleibt aber gleichwohl, das heißt auch in Fällen der faktischen Durchsetzbarkeit, von entscheidender Bedeutung.[452] Denn durch das rechtliche Bestehen der Forderung wird die tatsächliche Gefahrenlage mit dem täuschungs- und irrtumsbedingtem Verhalten des Opfers, hier dem Eingehen einer Verbindlichkeit, *verknüpft*. Erst durch diese rechtliche Verknüpfung erlangt eine wirtschaftliche Vermögensminderung die unbedingt notwendige *Verfügungsqualität*. Damit bildet das rechtliche Bestehen der Forderung das Pendant zu der unter *B. II. 3. b) aa)* beschriebenen körperlichen Zugriffsmöglichkeit.[453] Denn kann der Täter aufgrund der potentiellen Verfügung des Opfers nicht körperlich auf das Vermögen des Opfers zugreifen, ist eine Entsprechung zu fordern, wenn man auch unter diesen Umständen eine Vermögensverfügung annehmen möchte.[454] So wie der Täter in der zuvor genannten Konstellation das Vermögen jederzeit ungehindert körperlich an sich nehmen können muss, muss er hier die Möglichkeit haben, durch einen zivilrechtlichen Anspruch rechtlich und damit objektiv nachvollziehbar auf das Vermögen des Opfers zuzugreifen.[455]

cc) Normative Verknüpfung

Bei der letzten Fallgruppe handelt es sich um jene Fallgestaltungen, denen auch der dieser Untersuchung zugrundeliegende Sachverhalt der Abofalle unterfällt. Der Täter erlangt durch die potentielle Verfügung des Getäuschten weder eine körperliche Zugriffsmöglichkeit auf das Vermögen des Opfers noch einen zivilrechtlich wirksamen Anspruch. Denn er kann das

---

450 *Luipold*, Schadensmerkmal, S. 121; *Meyer*, MDR 1971, 718 (720).
451 B. II. 1. a) aa).
452 Lediglich i. E. ebenso *Gallas*, FS Schmidt, S. 401 (408).
453 *Joecks* spricht insoweit von einer das Substrat des Vermögens „repräsentierenden Forderung", Vermögensverfügung, S. 100.
454 Vgl. auch *Miehe*, Unbewusste Verfügungen, S. 93, der sich in anderem Zusammenhang mit der äußeren Abbildung von Vermögensbewegungen bei der Vermögensverfügung befasst.
455 Lediglich i. E. ebenso *Gallas*, FS Schmidt, S. 401 (408).

Geld seiner Opfer weder einfach an sich nehmen wie im zuerstgenannten Fall (*B. II. 3. b) aa)*) noch hat er einen zivilrechtlich tatsächlich entstandenen Zahlungsanspruch wie in der zweiten Fallgruppe (*B. II. 3. b) bb)*). Gleichwohl kann aus tatsächlichen Gründen eine Zahlungsgefahr gegeben sein, die eine gegenwärtige wirtschaftliche Vermögensminderung darstellt.[456] Dass wirtschaftliche Vermögensminderung und deren Verknüpfung mit dem potentiellen Verfügungsverhalten des Getäuschten zwei voneinander unabhängige Faktoren darstellen, haben die vorstehenden Erwägungen deutlich gezeigt.[457] Deswegen wäre es verfehlt, allein aufgrund einer durch ein Verhalten des Getäuschten bedingten wirtschaftlichen Vermögensminderung per se auch von einer Vermögensverfügung auszugehen.[458]

Eine faktische Verknüpfung (*B. II. 3. b) aa)*) oder eine rechtliche Verknüpfung (*B. II. 3. b) bb)*) bedürfen in der vorliegenden Konstellation einer Entsprechung im Rahmen der Vermögensverfügung.

Als Manifestation kommt insoweit die bereits mehrfach angesprochene Beweislastumverteilung in Betracht, die den Rechtsschein eines Anspruchs vermittelt und damit eine Durchsetzung im Urkundenprozess ermöglicht.[459] Diese faktisch bestehende und durch die Beweislastumverteilung nach außen manifestierbare Zahlungsgefahr verknüpft die Vermögensminderung mit der Verfügungshandlung, dem vermeintlichen Eingehen einer Verbindlichkeit. Eine solche *normative Verknüpfung* bildet gewissermaßen das Pendant zu einer faktischen beziehungsweise rechtlichen Verknüpfung. Dieses Ergebnis stellt für den konkreten Fall letztlich eine solche Abgrenzung dar, wie sie in maßgeblichen Teilen der *Hefendehls* entspricht.[460] Richtigerweise ist in diesem Fall nicht nur eine bloße *Verhaltensoption*, wie sie im Fall der Abofalle vorliegt, sondern eine *vermögenswerte Exspektanz*, die sich wie etwa bei Erschleichen einer Unterschrift durch die Beweislastumverteilung in der Außenwelt verkörpert, zu verlangen, um der Vermö-

---

456 B. I. 2. u. 3.; B. II. 2. a) bb).
457 B. II. 2. b).
458 B. II. 2. b).
459 Zur Beweislastumverteilung als Richtmaß für eine Abgrenzung einer Vermögensverfügung bei nicht zustande gekommenem Vertrag, siehe bereits B. II. 1. a) bb) und B. II. 2. a) aa). Freilich ist unabhängig von einer durch die potentielle Verfügung hervorgerufenen Beweislastumverteilung stets zu prüfen, ob auch die Gefahr einer Realisierbarkeit aus tatsächlichen Gründen besteht. Dies mag häufig, aber keinesfalls zwangsläufig durch die Beweislastumverteilung bedingt, gegeben sein (siehe B. II. 2. b)).
460 B. II. 1. a) ff).

gensminderung auch die im Rahmen von § 263 StGB notwendige Verfügungsqualität zu verleihen.[461] Es kann indes nicht deutlich genug darauf hingewiesen werden, dass auch in einer von *Hefendehl* als Verhaltensoption bezeichneten Situation nach der hier vertretenen Auffassung eine massive tatsächliche Zahlungsgefahr liegen kann. Auch können diese tatsächlichen Umstände nach einem wirtschaftlichen Vermögensbegriff grundsätzlich bei der Frage nach einer Vermögensminderung Berücksichtigung finden. Dass solche Umstände *im Ergebnis* gleichwohl, das heißt trotz ihrer grundsätzlichen wirtschaftlichen Relevanz, keine Vermögensverfügung darstellen, liegt indes an der fehlenden normativen Verknüpfung mit dem Verfügungsverhalten, hier in Form einer fehlenden Beweislastumverteilung.[462]

c) Präzisierte Definition der Vermögensverfügung

Die vorstehenden Fallgruppen[463] verdeutlichen, dass die herkömmliche Definition der Vermögensverfügung[464] nicht uneingeschränkt Geltung beanspruchen kann. Denn jedes Handeln, Dulden oder Unterlassen, das sich unmittelbar vermögensmindernd auswirkt, stellt nur dann eine Vermögensverfügung im Sinne von § 263 I StGB dar, wenn die Vermögensminderung auch nach außen abgebildet wird und damit objektiv mit dem täuschungsbedingten Verhalten verknüpft ist. Kommt es täuschungsbedingt zu einer körperlichen Herausgabe des Vermögens[465] oder geht der Getäuschte einen zivilrechtlich wirksamen Vertrag[466] ein, ergeben sich insoweit keine zusätzlichen Erfordernisse. Denn das täuschungsbedingte Verhalten ist in diesen Fällen ohnehin *objektiv erfassbar* und faktisch beziehungsweise rechtlich mit der Vermögensminderung *verknüpft*.

---

461 B. II. 1. a) ff).
462 Ob der Ansicht *Hefendehls* hinsichtlich des Erfordernisses vermögenswerter Expektanzen uneingeschränkt und für jeden Fall gefolgt werden soll, bedarf vorliegend keiner Entscheidung. Für die konkrete Situation, das heißt bei fehlender rechtlicher und tatsächlicher körperlicher Zugriffsmöglichkeit, ist jedenfalls eine solche Entsprechung i. S. e. Expektanz zutreffenderweise zu verlangen. Allerdings fehlt es in der konkreten Konstellation der Abofalle nach *Hefendehl* – anders als nach der hier vertretenen Auffassung – an der „konkreten Vermögensgefährdung", MüKoStGB/*Hefendehl*, § 263 Rn. 813.
463 B. II. 3. b) aa)–cc).
464 B. I. 1.
465 B. II. 3. b) aa).
466 B. II. 3. b) bb).

Eine Vermögensminderung, die unmittelbar aus einem Verhalten des Getäuschten folgt, stellt demgegenüber keine Vermögensverfügung dar, wenn es an der objektiv erfassbaren Verknüpfung in dem zuvor dargestellten Sinne fehlt.[467] Die herkömmliche Definition der Vermögensverfügung bedarf für diese Fälle einer Ergänzung beziehungsweise einer Einschränkung. Denn Vermögensminderungen rein tatsächlicher Natur, die weder durch eine körperliche Herausgabe des Vermögens noch durch einen zivilrechtlich wirksam geschlossenen Vertrag erfolgen, werden nur dann auch durch eine betrugsrelevante Vermögensverfügung vermittelt, wenn sie normativ – beispielsweise durch den Rechtsschein eines Vertrages – mit dem Verfügungsverhalten verknüpft sind.[468] Die herkömmliche Definition der Vermögensverfügung ist dementsprechend wie folgt zu präzisieren:

Eine Vermögensverfügung ist jedes Handeln, Dulden oder Unterlassen, das sich unmittelbar vermögensmindernd auswirkt, wenn die Vermögensminderung faktisch, rechtlich oder normativ mit dem Verhalten des Getäuschten verknüpft ist.[469]

---

467 B. II. 2. b); B. II. 3. b) cc).
468 B. II. 2. b); B. II. 3. b) cc).
469 Wie auch die übrigen Merkmale der Vermögensverfügung (Verhalten, Vermögensminderung, Unmittelbarkeit), müssen freilich auch die ergänzenden Merkmale der faktischen, rechtlichen und normativen Verknüpfung ihrerseits mit Inhalt gefüllt werden. Dies geschieht nach der hier vertretenen Auffassung in dem unter B. II. 3. b) aa)–cc) dargestellten Sinne. „Verhalten des Getäuschten" meint das täuschungsbedingte „Handeln, Dulden oder Unterlassen", deren Oberbegriff es darstellt.

III. Einfluss des Widerrufsrechtes auf den Eingehungsbetrug
im Fernabsatz

Dem vorliegenden Abschnitt liegt die zentrale Frage zugrunde, wie sich
das Bestehen eines Widerrufsrechtes des Verbrauchers im Fernabsatz auf
die Strafbarkeit wegen vollendetem Eingehungsbetrug auswirkt. Die bishe-
rige Untersuchung hat gezeigt, dass für das Strafrecht vermeintlich belang-
lose zivilrechtliche Regelungen wie die „Button-Lösung" weitreichende
Auswirkungen auf die Vollendungsstrafbarkeit wegen Eingehungsbetruges
haben können. Ob ein derartiger Einfluss auf den Eingehungsbetrug auch
dem Widerrufsrecht zuzuschreiben ist, gilt es nachfolgend zu untersuchen.[470]
 In Abgrenzung zu dem der bisherigen Untersuchung zugrunde gelegten
Sachverhalt geht es nunmehr um Fallgestaltungen, in denen ein entgeltlicher Vertrag täuschungsbedingt tatsächlich geschlossen wurde, dem Opfer
jedoch eine gesetzliche Widerrufsmöglichkeit zusteht. Bei einem Vertragsschluss im Fernabsatz setzt dies voraus, dass der Button gesetzeskonform
dargestellt wird, § 312j III, IV BGB. Wegen der unmissverständlichen Anforderungen an die Beschriftung des Buttons („zahlungspflichtig bestellen" oder eine ähnlich eindeutige Formulierung) kann es in diesen Fällen
– anders als im ersten Teil der Untersuchung[471] – jedenfalls um eine Täuschung darüber, *ob überhaupt* eine Kostenpflicht ausgelöst wird, nicht
mehr gehen.[472] Vorstellbar sind indes andere Konstellationen, in denen

---

470 Auf die Bedeutung „gesetzlicher Gegenrechte" gerade für den Eingehungsbetrug weisen zutreffend *Küper/Zopfs*, BT, Rn. 648 hin.
471 B. II.
472 Die *vor* Einführung der „Button-Lösung" geführte – nahezu uferlose – Diskussion um die Täuschung trotz wahrer Angaben im Zusammenhang mit der
 Abofalle im Internet hat sich damit weitestgehend erledigt. Denn sowohl bei
 korrekt wiedergegebem Button als auch bei fehlendem oder fehlerhaftem Button wird nicht über die *Kostenpflicht* getäuscht. Dies gilt, selbst wenn der Gesamteindruck der Internetseite den Eindruck der Unentgeltlichkeit erweckt,
 sich an versteckter Stelle aber ein Hinweis auf eine angebliche Kostenpflicht befindet. Denn Kosten entstehen schlichtweg nicht (§ 312j III, IV BGB). Davon
 geht der Verbraucher aber *zutreffend* aus, sodass es an einer für die Irrtumserre-
 gung notwendigen Fehlvorstellung fehlt. Der durch die Internetseite hervorgerufene Gesamteindruck über die Unentgeltlichkeit des Angebots ist insoweit gerade nicht unwahr, sondern wahr (daher insoweit leider unzutreffend *Joecks/Jä-
 ger*, StGB, § 263 Rn. 55b, 77a; *Hatz*, JA 2012, 186 (188); *Wittig*, Wirtschaftsstrafrecht, § 14 Rn. 25). Der Gesamteindruck der Internetseite kann wegen der unmissverständlichen Vorgaben in § 312j III, IV BGB keine unzutreffende Vorstellung über die Kostenpflicht hervorrufen, weil der beim Verbraucher hervorge-

den Opfern zwar bewusst ist, dass sie einen kostenpflichtigen Vertrag eingehen, diese jedoch hinsichtlich anderer Umstände gezielt getäuscht werden.[473] So können beispielsweise Zusatzkosten verheimlicht werden oder bewusst der Eindruck hervorgerufen werden, es müsse nur eine einmalige Zahlung erbracht werden, wobei tatsächlich ein mehrmonatiges Abonnement abgeschlossen wird. Denkbar ist beispielsweise auch das Verheimlichen eines „Einrichtungspreises" bei ansonsten korrekt erfolgter Aufklärung über eine Kostenpflicht.[474] Umgekehrt sind Konstellationen möglich, in denen zwar die Registrierungskosten für ein Internetportal von nur wenigen Euro ausdrücklich offengelegt werden, der Umstand, dass bei Nutzung aber automatisch ein Nutzungsentgelt von jährlich etwa 100 Euro anfällt, hingegen verschwiegen wird.[475] In diese Richtung gehen auch „Maschen", bei denen sich eine „Schnuppermitgliedschaft" für 14 Tage zu einem Preis von einem Euro bei Nichtkündigung in eine sechsmonatige „Premiummitgliedschaft" zu einem Preis von monatlich 100 Euro umwandelt.[476] Ebenfalls möglich sind die aus anderen Bereichen bekannten klassischen Betrugskonstellationen, in denen gezielt falsche Vorstellungen über den objektiven oder subjektiven Wert der angebotenen Leistung hervorgerufen werden. Zu denken ist beispielsweise an den bereits mehrfach erwähnten „Wunderhaarmittel-Fall", in dem Verbrauchern vollkommen wirkungslose Präparate unter Anpreisung ihrer wundersamen Wirkung of-

---

rufene Gesamteindruck der Unentgeltlichkeit gerade zutreffend ist (zweifelhaft daher auch *Greupner*, Schutz des Einfältigen, S. 214 f.; *Völschow*, Kostenfallen, S. 202 f.). Freilich wird der Verbraucher über andere Umstände, wie beispielsweise eine künftige Inanspruchnahme, getäuscht, sodass *im Ergebnis* auch nach Einführung der „Button-Lösung" eine Täuschung zu bejahen sein wird. Getäuscht wird aber jedenfalls nicht über die Kostenpflicht durch Gestaltung der Internetseite. Insoweit zweifelhaft *Klisa*, Betrug trotz wahrer Erklärung, S. 156, 159. Instruktiv *Cai*, Zukünftige Ereignisse, S. 128. Zur Täuschung auf Grundlage der Rechtslage vor Einführung der „Button-Lösung" eingehend *Heim*, Vereinbarkeit. Allgemein zur Täuschung trotz wahrer Angaben *Völschow*, Kostenfallen, insbes. S. 67–83, 111–125, 151–191. Mit eigenem Lösungsvorschlag für die Täuschung nach Einführung der „Button-Lösung" *ders.*, a. a. O., S. 191–202.

473   Eine Systematisierung unterschiedlicher in Betracht kommender Fallgruppen findet sich bei *Bohnenberger*, Vertragserschleichung, S. 3 f.; zu weiteren Möglichkeiten der Täuschung trotz gesetzeskonformen Buttons siehe *Frevers*, NJW 2016, 2289 (2294).

474   *Eisele*, NStZ 2010, 193 in Bezug auf einen im Internet angebotenen kostenpflichtigen SMS-Versand.

475   *Frevers*, NJW 2016, 2289 (2294).

476   LG Berlin, Urteil v. 30.06.2016 – 52 O 340/15.

feriert wurden.[477] Neben der dauerhaft aktuellen Problematik des Anbietens von Plagiaten[478] ist gerade in jüngerer Vergangenheit der Onlineverkauf nicht vorhandener Ware und das Anbieten *reiner Originalverpackungen* von besonderer praktischer Relevanz.[479] Letztere Angebote sind freilich bewusst dergestalt aufgebaut, dass die Opfer glauben, die Ware und nicht nur die bloße Verpackung zu erwerben und sich dementsprechend verpflichten, entsprechend höhere Preise zu zahlen.[480]

Auch wenn es den Gegenstand der vorliegenden Untersuchung nicht betrifft, soll in diesem Zusammenhang darauf hingewiesen werden, dass es für die Verwirklichung des Betrugstatbestandes selbstverständlich nicht ausreicht, dass ein Vertrag abgeschlossen wird, den das potentielle Opfer in dieser Form nicht abschließen wollte.[481] Erst wenn die vom Getäuschten zu erhaltende Leistung hinter dem Wert der von ihm zu erbringenden Gegenleistung zurückbleibt, liegt auch ein Vermögensschaden vor.[482]

Durch die umfassenden gesetzlichen Neuregelungen im Bereich des Verbraucherwiderrufes gewinnt das gesetzliche Widerrufsrecht nicht nur zivilrechtlich maßgeblich an Bedeutung.[483] Auch ein Blick auf seine Auswirkungen auf den Eingehungsbetrug ist aus diesem Grund besonders interessant. Die Frage nach den Auswirkungen auf den Eingehungsbetrug lässt sich freilich nicht pauschal beantworten und soll vorliegend nur in Bezug auf Vertragsschlüsse im Internet beantwortet werden, bei denen ein Verbraucher von einem Unternehmer getäuscht wird. Auch in diesem Kapitel wird unabhängig von weiteren möglichen Anknüpfungspunkten ausschließlich die Strafbarkeit wegen vollendeten Betruges zum Zeitpunkt des

---

477 BGH, Urteil v. 22.10.1986 – 3 StR 226/86, BGHSt 34, 199.

478 Die Thematik ist gerade im Bereich des Verkaufs von Zubehör für Mobiltelefone, insbesondere über Drittanbieterplattformen wie Amazon oder eBay, von allergrößter praktischer Relevanz. Strafrechtlich sind hier primär §§ 143 ff. MarkenG von Bedeutung. Aber auch eine Strafbarkeit wegen Betruges kommt in Betracht, wobei die Ermittlung des Vermögensschadens regelmäßig mit Schwierigkeiten verbunden ist. Zum Ganzen *Wagner*, wistra 2017, 466–469.

479 *Dingler*, Online-Auktionen, S. 41 ff., 153 ff.; *Völschow*, Kostenfallen, S. 21–24, 199.

480 *Dingler*, Online-Auktionen, S. 41 ff., 153 ff.; MüKoStGB/*Hefendehl*, § 263 Rn. 120 m. w. N.; *Völschow*, Kostenfallen, S. 21–24, 199.

481 *Endriß*, wistra 1990, 335 (337); *Kudlich*, ZWH 2012, 192; *Küper/Zopfs*, BT, Rn. 654; a. A. *Schlüchter*, MDR 1974, 617 (623).

482 *Eisele*, NStZ 2010, 193 (198); *ders.*, BT II, Rn. 532, 582; *Hecker*, Strafbare Produktwerbung, S. 245; *Lenckner*, MDR 1961, 652 (655); siehe auch *Völschow*, Kostenfallen, S. 211.

483 Zur zivilrechtlichen Bedeutung vgl. *Schärtl*, JuS 2014, 577; eingehend *Höhne*, Widerrufsrecht bei Kaufverträgen.

– hier nun tatsächlich erfolgten – Vertragsschlusses betrachtet. Es geht deswegen in der nachfolgenden Untersuchung weder um den Einfluss eines gegebenenfalls später tatsächlich ausgebübten Widerrufsrechtes noch um das Einflusspotential des Widerrufsrechtes nach erfolgter Zahlung.[484]

Wenngleich der Verbraucherwiderruf im Fernabsatz nicht ausschließlich auf den Schutz vor betrügerischen Machenschaften abzielt[485], so bietet er – neben gegebenenfalls bestehenden Anfechtungs- und Rücktrittsrechten – gleichwohl eine weitere Möglichkeit für den getäuschten Verbraucher, sich aus der misslichen Lage einer drohenden Zahlung zu befreien.[486]

Von Rechtsprechung und Literatur seit jeher eingehend diskutiert werden die Auswirkungen von Anfechtungs- und Rücktrittsrechten auf die Vollendungsstrafbarkeit wegen Betruges.[487] Häufig bleibt es jedoch bei

---

484 Dieser Umstand muss bei der Auswertung von Rechtsprechung und Literatur zu den Auswirkungen zivilrechtlicher Schutzmechanismen unbedingt berücksichtigt werden. Denn die Konstellation, in der der Getäuschte bereits gezahlt hat und sich sein Geld nach einem Widerruf ggfls. zurückerstatten lassen kann, ist aus strafrechtlicher Perspektive vollkommen anders zu beurteilen als die hier relevante Konstellation, in der eine drohende Zahlung ggfls. vorab verhindert werden kann, LG Göttingen, Urteil v. 17.08.2009 – 8 KLs 1/09; *Bohnenberger*, Vertragserschleichung, S. 53; *Bottke*, JR 1987, 428 (430); *Hecker*, Strafbare Produktwerbung, S. 239; *Luipold*, Schadensmerkmal, S. 153; in diese Richtung auch *Bley*, Warenkreditbetrug, S. 21; *Dingler*, Online-Auktionen, S. 176; *Gähler*, Gefährdungsschaden, S. 169; *Schmidt*, Begriff des Vermögensschadens, S. 69; vgl. auch BGH, Urteil v. 22.10.1986 – 3 StR 226/86, BGHSt 34, 199; a. A. *Ahn*, Schadensberechnung, S. 154.

485 Nach Erwägungsgrund 37 der RL 2011/83/EU trägt die Widerrufsmöglichkeit dem Umstand Rechnung, dass der Verbraucher im Versandhandel Waren vor Vertragsschluss weder sehen noch prüfen kann, um Eigenschaften und Funktionsweise auszumachen. Darüber hinaus wird in dem Gesetzesentwurf der Bundesregierung v. 31.10.2008 zum Entwurf eines Gesetzes zur Bekämpfung unerlaubter Telefonwerbung und zur Verbesserung des Verbraucherschutzes bei besonderen Vertriebsformen der Widerruf ausdrücklich auch als Instrument zum Schutz vor Kostenfallen erwähnt, BT-Drs. 16/10734, S. 1.

486 *Wilschke*, VuR 2012, 171 (178).

487 Eingehend *Luipold*, Schadensmerkmal; zusammenfassend *Hennings*, Teleologische Reduktion, S. 111–115. Speziell zu den Auswirkungen des Anfechtungsrechtes auf den Betrug im Zusammenhang mit Arbeitsverträgen *Reitemeier*, Täuschungen vor Arbeitsverträgen. Vereinzelt haben sich Rechtsprechung und Literatur in der Vergangenheit auch mit den Auswirkungen von Widerrufsrechten nach den (bereits außer Kraft getretenen) Abzahlungs-, dem Verbraucherkredit- und dem Haustürwiderrufsgesetz auf den Betrug auseinandergesetzt. Eine Übersicht hierzu liefert *Bohnenberger*, Vertragserschleichung, S. 51 ff. und *Luipold*, Schadensmerkmal, S. 149 ff.

einem schlichten Verweis darauf, dass nur eine einfach durchsetzbare Lossagungsmöglichkeit im Rahmen des Betruges Relevanz entfalten könne.[488] Ob sich die hierzu im Strafrecht entwickelten Grundsätze jedoch pauschal auf die vergleichsweise junge Widerrufsmöglichkeit im Fernabsatz übertragen lassen erscheint fraglich.

Denn zum einen sind die Rechtsfolgen des Widerrufs nun eigenständig und nicht mehr durch Verweis auf die Rechtsfolgen des Rücktrittsrechts geregelt.[489] Ferner ist der Verbraucherwiderruf vom Gesetzgeber in Umsetzung europarechtlicher Vorgaben äußerst detailliert ausgestaltet worden.[490] Aufgrund zahlreicher Ausnahmemöglichkeiten[491] und hoher formeller Anforderungen an eine korrekte Belehrung des Verbrauchers sowie scheinbar endlos wachsender Variationen an Onlinediensten erstrahlt das Widerrufsrecht in einem äußerst facettenreichen Licht. Nuancen an Änderungen im Sachverhalt können weitreichende Folgen hinsichtlich des Bestehens des Widerrufsrechts oder jedenfalls des Beginns und der Dauer der Widerrufsfrist nach sich ziehen. Diese gerade aus Verbrauchersicht gegebene Undurchsichtigkeit wird zudem von Internetbetrügern ausgenutzt, indem der Versuch unternommen wird, das Widerrufsrecht tatsächlich auszuschließen, und so agiert wird, dass der Anlass des Widerrufs erst nach Ablauf der maßgeblichen Frist offenbar wird, oder aber einfach wahrheitswidrig behauptet wird, der Widerruf sei ausgeschlossen.[492] Gerade letzterer Umstand ist aus Verbrauchersicht nur schwer nachvollziehbar.[493] Verweigert der Verbraucher die Zahlung und beruft sich auf sein Widerrufsrecht, wird er massiv, gegebenenfalls auch unter Hinzuziehung von Inkassobüros und Mahnanwälten, unter Druck gesetzt.[494]

Die facettenreiche Ausgangslage beim Verbraucherwiderruf einerseits und die im Rahmen eines wirtschaftlichen Vermögensbegriffes bestehende Notwendigkeit der Berücksichtigung nicht nur rein rechtlicher, sondern

---

488 Zumindest in diese Richtung *Jäger*, JuS 2010, 761 (764); *Malek/Popp*, Strafsachen im Internet, Rn. 242; zu Recht kritisch *Reitemeier*, Täuschungen vor Arbeitsverträgen, S. 17 f.
489 *Specht*, VuR 2017, 363.
490 Zu Einzelheiten der Umsetzung der RL 2011/83/EU des Europäischen Parlaments und des Rates v. 25.10.2011 durch den deutschen Gesetzgeber siehe BeckOK-BGB/*Müller-Christmann*, § 355 Rn. 1–4.
491 BeckOK-BGB/*Martens*, § 312g, Rn. 15 ff.; *Schärtl*, JuS 2014, 577 (579 f.).
492 LG Göttingen, Urteil v. 17.08.2009 – 8 KLs 1/09.
493 In diese Richtung auch Spindler/Schuster Elektron. Medien/*Schirmbacher*, BGB, § 312g, Rn. 7.
494 Vgl. bereits A. I.; LG Göttingen, Urteil v. 17.08.2009 – 8 KLs 1/09.

gerade auch tatsächlicher Umstände andererseits machen eine differenzierte Betrachtung auch im Hinblick auf mögliche Auswirkungen auf den Eingehungsbetrug erforderlich. So drängt es sich geradezu auf, dass Wechselwirkungen zwischen tatsächlichem Bestehen des Widerrufsrechtes und rechtlichen Anforderungen an dessen Ausübung, Umgehungsmöglichkeiten durch den Täuschenden, aber auch in der Sphäre des Verbrauchers wurzelnde Faktoren, wie die Hemmschwelle und der Aufwand der Geltendmachung, zu gänzlich anderen Ergebnissen führen können als im Falle eines Anfechtungs- oder Rücktrittsrechtes.

Es würde den Rahmen dieser Arbeit jedoch deutlich sprengen, die Auswirkung des Widerrufsrechtes auf den Eingehungsbetrug in jeder seiner zahlreichen Variationen zu analysieren. Ziel und gleichzeitig wesentlicher Bestandteil nachfolgender Ausführungen ist es daher vielmehr, einen Maßstab zu entwickeln, der auf einem wirtschaftlichen Vermögensbegriff basiert, aktuelle Entwicklungen speziell für den Fall des Eingehungsbetruges berücksichtigt und daher grundlegende Anhaltspunkte für die Bewertung des Einflusses von zivilrechtlichen Lossagungsmöglichkeiten vorgibt.[495] Der so entwickelte Maßstab bildet dann ein unbedingt notwendiges Fundament, um überhaupt erst eine Einordnung der Auswirkungen des Widerrufsrechtes auf den Eingehungsbetrug vornehmen zu können. Erst wenn diese „Vorfragen" sorgfältig geklärt sind, lassen sich im Hinblick auf die Auswirkungen der zahlreichen Varianten des Widerrufsrechtes auf den Eingehungsbetrug konsequente und widerspruchsfreie Lösungsansätze entwickeln. Auf der so erarbeiteten Grundlage wird zu analysieren sein, ob das Widerrufsrecht dem getäuschten Verbraucher im Fernabsatz eine *grundsätzlich* geeignete Lossagungsmöglichkeit an die Hand gibt, die es rechtfertigt, trotz täuschungsbedingt geschlossenem Vertrag eine Vollendungsstrafbarkeit wegen Eingehungsbetruges zu verneinen.[496] Sollte dies zu bejahen sein, werden hieran anschließend mit dem Widerrufsrecht beim Internetbetrug typischerweise einhergehende Begleiterscheinungen und deren Auswirkungen auf den Eingehungsbetrug in den Blick zu nehmen sein.

Die nachfolgenden Ausführungen beginnen mit einer knappen Darstellung zivilrechtlicher Grundlagen zu Anfechtungs-, Rücktritts- und Wider-

---

495 Hierzu sogleich unter B. III. 2. a).
496 Auf den Umstand, dass aus neuen zivilrechtlichen Regelungen, wie etwa dem Widerrufsrecht, das Bedürfnis erwächst, die Wechselwirkungen mit dem Eingehungsbetrug sorgfältig zu klären, weisen zu Recht auch etwa *Brammsen/Apel*, WRP 2011, 1254 (1256) hin.

rufsrechten sowie der Stornierungsbereitschaft (*B. III. 1.*). Diese sind bewusst auf das Minimum reduziert, welches für das Verständnis der darauffolgenden Ausführungen erforderlich ist. Anschließend erfolgt die Darstellung des erwähnten Maßstabes (*B. III. 2. a*)) als Grundlage der sodann folgenden Bewertung der Auswirkungen des Widerrufsrechtes auf den Eingehungsbetrug (*B. III. 3.*).

1. Zivilrechtliche Grundlagen

Wie bereits erwähnt finden sich in Rechtsprechung und Literatur zahlreiche Ausführungen zu den Auswirkungen von Anfechtungs- und Rücktrittsrechten auf den Eingehungsbetrug.[497] Um ermitteln zu können, inwieweit bestehende Grundsätze auf die hier in Rede stehende Konstellation des Verbraucherwiderrufs übertragen werden können, ist es erforderlich, sich zunächst die zivilrechtlichen Unterschiede der einzelnen Schutzmechanismen in ihren Grundzügen zu vergegenwärtigen.

a) Anfechtungsrecht

Das BGB gibt den Vertragspartnern in den §§ 119 ff. BGB verschiedene Anfechtungsmöglichkeiten an die Hand.[498] Ziel des Anfechtungsrechtes ist es, sich von einer durch einen Irrtum bedingten oder durch arglistige Täuschung oder Drohung abgegebenen Willenserklärung lösen zu können.[499] Es bedarf eines Anfechtungsgrundes (§§ 119 ff. BGB) und einer Anfechtungserklärung (§ 143 BGB). Wird die Anfechtung ausgeübt, ist das Rechtsgeschäft als von Anfang an nichtig anzusehen (§ 142 I BGB).[500] Eine Rückabwicklung bereits ausgetauschter Leistungen erfolgt über §§ 812 ff. BGB.[501]

Relevanz hat in vorliegendem Zusammenhang die Irrtumsanfechtung nach § 119 I u. II BGB, vor allem aber die Anfechtung wegen arglistiger

---

497 Eingehend *Luipold*, Schadensmerkmal; siehe auch *Fischer*, StGB, § 263, Rn. 176a; *Hefendehl*, Expektanzen, S. 334 ff.; *Küper/Zopfs*, BT, Rn. 648, 655; Schönke/Schröder/*Perron*, StGB, § 263 Rn. 131 m. w. N.
498 MüKoBGB/*Busche*, § 142 Rn. 3, 6.
499 Palandt/*Ellenberger*, BGB, Einf. v. § 116 Rn. 19 f.
500 MüKoBGB/*Busche*, § 142 Rn. 15.
501 NK-BGB/*Wiese*, § 812 Rn. 7 f.

Täuschung nach § 123 I Alt. 1, II BGB.[502] Sind beide Anfechtungsgründe gegeben, kann der Anfechtende wählen, auf welche Vorschrift er sich beruft.[503] Im Kaufrecht ist nach Gefahrübergang jedoch allein § 123 BGB neben den kaufrechtlichen Gewährleistungsvorschriften anwendbar.[504] Die Gewährleistungsvorschriften der §§ 434 ff. BGB verdrängen im Übrigen die Irrtumsanfechtung, was insbesondere daran liegt, dass die kürzeren Verjährungsfristen des Gewährleistungsrechts nicht unterlaufen werden sollen, § 438 BGB.[505]

§ 119 I BGB setzt voraus, dass der Anfechtende bei Abgabe einer Willenserklärung über deren Inhalt im Irrtum war (sog. Inhaltsirrtum) oder dass er die Erklärung eines solchen Inhalts überhaupt nicht abgeben wollte (sog. Erklärungsirrtum). Nach § 119 II BGB ist zur Anfechtung seiner Willenserklärung berechtigt, wer über verkehrswesentliche Eigenschaften einer Person oder Sache irrt. § 123 I Alt. 1 BGB setzt voraus, dass der Anfechtende durch arglistige Täuschung zur Abgabe der Willenserklärung veranlasst wurde. Bei der Verschleierung etwaiger Kosten liegen regelmäßig die Voraussetzungen des § 123 I Alt. 1 BGB vor.[506]

Möchte sich der Getäuschte unter Inanspruchnahme der §§ 119 ff. BGB vom Vertrag lösen, muss er die Anfechtung nach § 143 I BGB gegenüber dem Vertragspartner erklären.

Anders als etwa bei bestimmten Widerrufsrechten ist der Vertragspartner nicht über das Bestehen der gesetzlichen Anfechtungsmöglichkeiten zu informieren. Zu beachten ist, dass der Anfechtende sowohl im Fall des § 119 BGB als auch im Fall des § 123 BGB das Vorliegen der Anfechtungsvoraussetzungen zu beweisen hat.[507] Damit kommt ihm etwa im Falle der Irrtumsanfechtung die Beweislast hinsichtlich des Vorliegens eines Irr-

---

502 *Bohnenberger*, Vertragserschleichung, S. 30; für eine stärkere Bedeutung von § 119 I BGB in dem hier relevanten strafrechtlichen Rahmen *Lampe*, NJW 1978, 679 (682).

503 MüKoBGB/*Armbrüster*, § 123 Rn. 96 f.

504 NK-BGB/*Dörner*, § 123 Rn. 14; MüKoBGB/*Armbrüster*, § 119 Rn. 29.

505 MüKoBGB/*Armbrüster*, § 119 Rn. 29 ff.

506 Siehe etwa BGH, Urteil v. 20.02.1968 – 5 StR 694/67, BGHSt 22, 88; ausdrücklich bejaht hinsichtlich Kostenfallen vom LG Bonn, Urteil v. 22.08.2012 – 5 S 82/12; zum Ganzen MüKoBGB/*Armbrüster*, § 123 Rn. 29 ff.; *Wilschke*, VuR 2012, 171 (179 f.); *Hampe/Köhlert*, gehen auf der Grundlage einer unterstellten Willenserklärung bei der Unterschriftenerschleichung davon aus, dass sowohl der Anfechtungsgrund des § 119 I BGB als auch der des § 123 I BGB gegeben ist, MMR 2012, 722 (725).

507 BGH, Urteil v. 27.06.2014 – V ZR 55/13, NJW 2014, 3296 (3297); Palandt/*Ellenberger*, BGB, § 119 Rn. 32 u. § 123 Rn. 30 m. w. N.

tums, der Kausalität zwischen Irrtum und Erklärung zu, aber auch dafür, dass er bei verständiger Würdigung die Erklärung mit diesem Inhalt nicht abgegeben hätte.[508]

b) Rücktrittsrecht

Mit dem Rücktritt wird ein Schuldverhältnis durch empfangsbedürftige Willenserklärung rückgängig gemacht.[509] Zu unterscheiden sind vertragliche und gesetzliche Rücktrittsrechte.

aa) Gesetzliches Rücktrittsrecht

Das BGB ermöglicht den Vertragspartnern unter bestimmten Umständen den Rücktritt vom Vertrag. Zu nennen sind insbesondere §§ 313 III, 323, 324 und § 326 V BGB, die an Pflichtverletzungen und Leistungsstörungen anknüpfen. Liegen die Voraussetzungen des Rücktritts vor und wird dieser erklärt (§ 349 BGB), erlöschen die primären Leistungspflichten und der Vertrag wandelt sich ex nunc in ein Rückgewährschuldverhältnis um.[510] Die Rückabwicklung vollzieht sich nach Maßgabe der § 346 f. BGB.[511] Gesetzliche Rücktrittsrechte gelten grundsätzlich für alle gegenseitigen Verträge.[512] Bei Kauf- und Werkverträgen werden die §§ 323 ff. BGB bis zum Gefahrübergang direkt, anschließend über §§ 437 Nr. 2 oder §§ 634 Nr. 3, 635 BGB, sofern die dort angeführten Voraussetzungen vorliegen, angewendet.[513]

Zu unterscheiden sind verschiedene *Rücktrittsgründe*, deren Vorliegen jeweils zum Rücktritt berechtigt. § 323 BGB bildet die zentrale Vorschrift.

---

508 Palandt/*Ellenberger*, BGB, § 119 Rn. 32; zum Ganzen *Oechsler*, NJW 2017, 2865.
509 *Brox/Walker*, SchuldR AT, § 18 Rn. 1.
510 *Brox/Walker*, SchuldR AT, § 18 Rn. 2; NK-BGB/*Schulze*, § 346 Rn. 9.
511 Im Einzelnen *Schärtl*, JuS 2014, 577 (578 ff.).
512 Palandt/*Grüneberg*, BGB, § 323 Rn. 3 u. 5.
513 Jauering/*Stadler*, BGB, Vorbem. zu den §§ 323–326 BGB, Rn. 3 f. Dagegen tritt an Stelle des Rücktrittsrechtes bei vollzogenen Dauerschuldverhältnissen das Kündigungsrecht aus wichtigem Grund. Anders als beim Rücktritt bleiben die bis zum Zeitpunkt der Erklärung erbrachten Leistungen aber unberührt. Siehe hierzu BGH, Urteil v. 11.02.1981 – VIII ZR 312/79, NJW 1981, 1264; *Brox/ Walker*, SchuldR AT, § 18 Rn. 5; Jauering/*Stadler*, BGB Vorbem. zu den §§ 346– 354 Rn. 5. Zu den Auswirkungen eine Kündigungsrechts auf den Eingehungsbetrug *Loch*, Anzeigenschwindel, S. 181–185.

Sie berechtigt zum Rücktritt, wenn – trotz Leistungsmöglichkeit – nicht oder nicht vertragsgemäß geleistet wurde, nachdem eine vom Gläubiger gesetzte Frist erfolglos verstrichen ist.[514] Unter bestimmten Voraussetzungen ist der Rücktritt auch ohne Fristsetzung möglich, §§ 323 II, 440 BGB. Dagegen berechtigt § 326 V BGB zum Rücktritt, wenn der Schuldner nach § 275 I–III BGB nicht zu leisten braucht. Eine insoweit überflüssige Fristsetzung ist stets entbehrlich. Der Rücktritt darf nicht nach § 323 V oder VI BGB ausgeschlossen sein. Nach § 324 BGB ist ein Rücktritt möglich, soweit eine Schutzpflicht nach § 241 II BGB verletzt wurde und dem Gläubiger ein weiteres Festhalten am Vertrag nicht zumutbar ist.

Die *Erklärung* des Rücktritts erfolgt nach § 349 BGB durch einseitige empfangsbedürftige Willenserklärung.[515] Sie ist nicht an eine bestimmte Form gebunden und muss weder ausdrücklich das Wort „Rücktritt" noch eine Nennung des Rücktrittsgrundes beinhalten.[516]

Die *Rückabwicklung* vollzieht sich nach § 346 f. BGB. Es können Pflichten zur Rückgewähr empfangener Leistungen und zur Herausgabe gezogener Nutzungen (§ 346 I BGB), zum Wertersatz (§ 346 II BGB), zum Schadensersatz (§ 346 IV BGB), zum Nutzungsersatz (§ 347 I BGB) oder zum Verwendungsersatz (§ 347 II BGB) entstehen. Anders als nach einer erfolgreichen Anfechtung erfolgt die Rückabwicklung nach einem Rücktritt nicht nach bereicherungsrechtlichen Vorschriften. Durch Ausübung des vertraglichen oder gesetzlichen Rücktrittsrechtes wandelt sich der Vertrag in ein sogenanntes Rückabwicklungsschuldverhältnis um.[517] Die Folgen unterscheiden sich bei vertraglichen- und gesetzlichen Rücktrittsrechten und sind in §§ 346 ff. BGB geregelt.

Derjenige, der vom Vertrag zurücktritt muss *beweisen*, dass die zum Rücktritt berechtigenden Umstände gegeben sind.[518]

Im Falle eines *Verbrauchsgüterkaufes*, das heißt beim Kauf einer beweglichen Sache durch einen Verbraucher von einem Unternehmer (§ 474 I BGB), finden ergänzend die Vorschriften der §§ 474–479 BGB Anwendung, § 474 II BGB. Besonders hervorzuheben ist hier § 477 BGB.[519] Der Käufer muss hiernach lediglich beweisen, dass die gekaufte Sache mangelhaft ist und dass der Mangel innerhalb der ersten sechs Monate nach Ge-

---

514 NK-BGB/*Schulze*, § 323 Rn. 1, 5.
515 Palandt/*Grüneberg*, BGB, § 349 Rn. 1.
516 BGH, Versäumnisurteil v. 10.03.2010 – VIII ZR 182/08, NJW 2010, 2503 (2505); OLG Brandenburg, Urteil v. 22.06.2011 – 4 U 165/10, NJW-RR 2012, 88 (91).
517 BGH, Urteil v. 28. 11. 2007 – VIII ZR 16/07, BGHZ 174, 290 (293).
518 Palandt/*Grüneberg*, BGB, § 346 Rn. 21.
519 Vor dem 01.01.2018 befand sich die Regelung wortgleich in § 476 BGB.

fahrübergang aufgetreten ist.[520] Dazu ist weder erforderlich, dass der Käufer den Grund der Mangelhaftigkeit beweist noch, dass die Mangelhaftigkeit dem Verkäufer zuzurechnen ist.[521] Ausreichend ist der Nachweis der Abweichung der Ware von der gewöhnlichen Beschaffenheit binnen sechs Monaten.[522] Es wird auf dieser Grundlage vermutet, dass der Mangel jedenfalls im Ansatz schon bei Gefahrübergang vorgelegen hat.[523] Es ist dann Sache des Unternehmers nachzuweisen, dass die Sache bei Gefahrübergang mangelfrei war.[524]

Der Rücktritt ist nicht an eine *Frist* gebunden.[525] Ist jedoch der Anspruch, aus dem sich der Rücktritt ergibt, verjährt, ist der Rücktritt unwirksam, sofern sich der Schuldner auf die Einrede des § 218 BGB beruft.[526]

bb) Vertragliches Rücktrittsrecht

Das vertragliche Rücktrittsrecht kann unterschiedlich ausgestaltet sein.[527] Zweck einer solchen vertraglichen Vereinbarung kann es sein, einem Vertragspartner noch Zeit einzuräumen, um sich endgültig für oder gegen den Vertrag zu entscheiden.[528] Denkbar ist aber auch, dass besonderes Vertrauen in die Wirkweise der verkauften Produkte geschaffen werden soll. So etwa bei dem bereits mehrfach erwähnten „Wunderhaarmittel-Fall", bei dem vollkommen wirkungslose Präparate mit einer „Geld-zurück-Garantie" beworben und verkauft wurden.[529] Das vertragliche Rücktrittsrecht kann nicht einseitig auferlegt, jedoch durchaus konkludent von beiden

520 BGH, Urteil v. 23. 11. 2005 – VIII ZR 43/05, NJW 2006, 434 (436).
521 BGH, Urteil v. 12.10.2016 – VIII ZR 103/15, BGHZ 212, 224 (236) unter Berücksichtigung von EuGH, Urteil v. 04.06.2015 – C-497/13, NJW 2015, 2237 (2241).
522 Jauernig/*Berger*, BGB, § 477 Rn. 7 f.
523 BGH, Urteil v. 12.10.2016 – VIII ZR 103/15, BGHZ 212, 224 (241 f.); EuGH, Urteil v. 04.06.2015 – C-497/13, NJW 2015, 2237 (2241).
524 EuGH, Urteil v. 04.06.2015 – C-497/13, NJW 2015, 2237 (2241); Jauernig/*Berger*, BGB, § 477 Rn. 7 f.
525 Palandt/*Grüneberg*, BGB, § 349 Rn. 1.
526 Palandt/*Grüneberg*, BGB § 323 Rn. 33.
527 MüKoBGB/*Gaier*, § 346 Rn. 4 ff.
528 Einzelheiten und Beispiele bei Palandt/*Grüneberg*, BGB, § 346 Rn. 2.
529 BGH, Urteil v. 22.10.1986 – 3 StR 226/86, BGHSt 34, 199; im Einzelnen hierzu bereits unter B. II. 1. a) ee).

Parteien vereinbart werden.[530] Ist für die Ausübung des vertraglichen Rücktrittsrechts eine Frist nicht vereinbart, so kann dem Berechtigten von dem anderen Teil für die Ausübung eine angemessene Frist bestimmt werden, § 350 BGB. „Das Rücktrittsrecht erlischt, wenn nicht der Rücktritt vor dem Ablauf der Frist erklärt wird", § 350 BGB. Auch hier vollzieht sich die Rückabwicklung nach §§ 346 f. BGB.[531] Regelmäßig ist das vertraglich vereinbarte Rücktrittsrecht an keine weiteren Voraussetzungen als dessen Ausübung geknüpft.[532] Für den Kunden kann es im Einzelfall problematisch zu beurteilen sein, ob auch nach Ingebrauchnahme oder teilweisem Verbrauch der Ware von dem Rücktrittsrecht noch Gebrauch gemacht werden darf.[533]

c) Stornierungsbereitschaft

Die freiwillige Bereitschaft des Unternehmers, den Vertrag nach Abschluss zu stornieren, ist nicht mit dem zuvor dargestellten vertraglichen Rücktrittsrecht zu verwechseln. Die Stornierungsbereitschaft ist nicht vertraglich vereinbart und daher an keiner Stelle offengelegt. Vielmehr muss der Verbraucher den Unternehmer von sich aus ansprechen und erfragen, ob die Bereitschaft zur Stornierung besteht.[534] Storniert der Unternehmer in diesem Fall – unabhängig von einer etwaigen gesetzlichen Pflicht – anstandslos, spricht man von einer Stornierungsbereitschaft.[535]

d) Widerrufsrecht

Für Verbraucherverträge im Sinne von § 310 III BGB, namentlich Verträge zwischen Verbrauchern (§ 13 BGB) und Unternehmern (§ 14 BGB), steht dem Verbraucher grundsätzlich ein Widerrufsrecht nach § 355 BGB zu, wenn der Vertrag eine entgeltliche Leistung des Unternehmers zum Gegenstand hat (§ 312 I BGB) und außerhalb von Geschäftsräumen oder im

---

530 MüKoBGB/*Gaier*, § 346 Rn. 4; zu „Rücktrittsvereinbarungen bei AGB und beim Verbrauchsgüterkauf" siehe MüKoBGB/*Gaier*, § 346 Rn. 9.
531 Palandt/*Grüneberg*, BGB, Einf. v. § 346 Rn. 5.
532 *Hefendehl*, Exspektanzen, S. 338.
533 BGH, Urteil v. 22.10.1986 – 3 StR 226/86, BGHSt 34, 199 (203); v. Heintschel-Heinegg/*Beukelmann*, StGB, § 263 Rn. 59.
534 BGH, Beschluss v. 16.07.1970 – 4 StR 505/69, BGHSt 23, 300 (301).
535 MüKoStGB/*Hefendehl*, § 263 Rn. 613.

Fernabsatz geschlossen wurde (§ 312g I BGB).[536] Allein dieses *gesetzliche* Widerrufsrecht ist gemeint, wenn nachfolgend vom Widerrufsrecht gesprochen wird.[537]

Ziel des Widerrufsrechtes ist es unter anderem, dem Verbraucher eine Überlegungsfrist einzuräumen und ihn vor Überrumpelung zu schützen.[538] Allgemeine Grundsätze des Widerrufsrechtes unabhängig vom konkreten Vertragstyp finden sich in § 355 BGB.[539] Dort heißt es:

> „(1) Wird einem Verbraucher durch Gesetz ein Widerrufsrecht nach dieser Vorschrift eingeräumt, so sind der Verbraucher und der Unternehmer an ihre auf den Abschluss des Vertrags gerichteten Willenserklärungen nicht mehr gebunden, wenn der Verbraucher seine Willenserklärung fristgerecht widerrufen hat. Der Widerruf erfolgt durch Erklärung gegenüber dem Unternehmer. Aus der Erklärung muss der Entschluss des Verbrauchers zum Widerruf des Vertrags eindeutig hervorgehen. Der Widerruf muss keine Begründung enthalten. Zur Fristwahrung genügt die rechtzeitige Absendung des Widerrufs.
>
> (2) Die Widerrufsfrist beträgt 14 Tage. Sie beginnt mit Vertragsschluss, soweit nichts anderes bestimmt ist.
>
> (3) Im Falle des Widerrufs sind die empfangenen Leistungen unverzüglich zurückzugewähren. Bestimmt das Gesetz eine Höchstfrist für die Rückgewähr, so beginnt diese für den Unternehmer mit dem Zu-

---

536 Das Widerrufsrecht wird nicht durch § 355 BGB begründet, was sich bereits dem Wortlaut von § 355 I BGB entnehmen lässt. Hierauf weißt *Looschelders* zutreffend hin, SchuldR AT, § 41 Rn. 22. Für den hier vorliegenden Fall ergibt sich das Widerrufsrecht aus § 312g I BGB.

537 Ältere gesetzliche Widerrufsrechte, etwa nach dem jeweils aufgehobenen Abzahlungsgesetz, dem Verbraucherkreditgesetz und dem Haustürwiderrufsgesetz, sind nicht Gegenstand der vorliegenden Untersuchung. Siehe hierzu eingehend *Luipold*, Schadensmerkmal, S. 149–160. Ebenfalls von der vorliegenden Untersuchung nicht erfasst sind freiwillige vertragliche Zusagen des Unternehmers, wie eine „Geld zurück Garantie", eine erweiterte Rückgabemöglichkeit und Ähnliches. Instruktiv zu den Auswirkungen eines „Treuhandservices" auf die Zahlungsgefahr beim Betrug bei Online-Auktionen, *Dingler*, Online-Auktionen, S. 160 ff.

538 *Looschelders*, SchuldR AT, § 41 Rn. 23; MüKoBGB/*Wendehorst*, § 312g, Rn. 1. Gerade der im Fernabsatz fehlenden Möglichkeit, die Ware vor dem Kauf in den Händen halten und prüfen zu können, soll durch das Widerrufsrecht Rechnung getragen werden, BGH, Urteil v. 03.11.2010 – VIII ZR 337/09, BGHZ 187, 268 (275). Ferner soll das Widerrufsrecht nach der Intention des Gesetzgebers die Möglichkeit schaffen, sich von ungewollten im Fernabsatz geschlossenen Verträgen zu lösen, BT-Drs. 16/10734, S. 1.

539 *Looschelders*, SchuldR AT, § 42 Rn. 23.

gang und für den Verbraucher mit der Abgabe der Widerrufserklärung. Ein Verbraucher wahrt diese Frist durch die rechtzeitige Absendung der Waren. Der Unternehmer trägt bei Widerruf die Gefahr der Rücksendung der Waren."

Das Widerrufsrecht darf jedoch nicht ausnahmsweise gesetzlich ausgeschlossen beziehungsweise erloschen sein.[540] Einzelheiten hierzu finden sich insbesondere in §§ 312 II–VI, § 312g II, III BGB und § 356 IV, V BGB. Besonders hervorzuheben ist die zuletzt genannte Regelung des § 356 V BGB.[541] Von dieser erfasst sind Verträge über die Lieferung *digitaler Inhalte*, die einen besonders beliebten Gegenstand des Onlinebetruges darstellen.[542]

Für Ausübung und Rechtsfolgen des Widerrufsrechtes sehen die §§ 356–356c BGB und die §§ 357–357c BGB für die unterschiedlichen Vertragstypen teilweise besondere Regelungen vor. Im Internet geschlossene Verträge sind sogenannte Fernabsatzverträge im Sinne von § 312c I BGB. Da sich die vorliegende strafrechtliche Untersuchung auf im Internet geschlossene Verträge bezieht, beschränken sich auch die nachfolgenden zivilrechtlichen Ausführungen auf die allgemeingültigen Grundsätze, die für sämtliche Vertragstypen gelten, und auf solche Besonderheiten, die Fernabsatzverträge betreffen.

Die Erklärung des Widerrufs ist an keine Formvorschriften gebunden.[543] Anders als etwa das gesetzliche Rücktrittsrecht ist das Widerrufsrecht an keine weiteren Voraussetzungen als an seine fristgerechte Ausübung geknüpft, § 355 I BGB. Die Gründe für den Widerruf sind vollkommen gleichgültig und müssen dem Unternehmer nicht mitgeteilt werden, § 355 I BGB.[544] Beweisen muss der Verbraucher damit grundsätzlich nur, dass er

---

540 Vgl. *Heinig*, MDR 2012, 323 (325 f.); *Looschelders*, SchuldR AT, § 42 Rn. 24 ff.

541 Siehe auch BT-Drs. 17/12637, S. 55 f.

542 Nach Auffassung des OLG München ist mit der „Lieferung" auch die längerfristige Bereitstellung nicht im Einzelnen konkretisierter digitaler Inhalte in einem Portal gemeint, wie dies typischerweise bei einem Abonnement der Fall ist, das dem Verbraucher bis zu dessen Kündigung Zugriff verschafft, Urteil v. 30.06.2016 – 6 U 732/16, WRP 2016, 1399.

543 *Heinig*, MDR 2012, 323 (326); *Looschelders*, SchuldR AT, § 42 Rn. 29; *Schärtl*, JuS 2014, 577 (580). Der Verbraucher kann seine Willenserklärung damit theoretisch auch telefonisch widerrufen. Da er eine solche mündliche Erklärung aber nicht wird nachweisen können, empfiehlt sich jedenfalls ein Widerruf in Textform (§ 126b BGB), beispielsweise per Email. Siehe auch BT-Drs. 17/12637, S. 44.

544 BGH, Urteil v. 16.03.2016 – VIII ZR 146/15, NJW 2016, 1951.

den Widerruf fristgerecht erklärt hat und dass der Unternehmer die Erklärung erhalten hat.[545] Erweiterte Beweispflichten können sich jedoch ausnahmsweise ergeben, wenn die Unternehmer- oder Verbrauchereigenschaft einer Partei streitig ist.

Bei dem Kauf einer beweglichen Sache eines Verbrauchers von einem Unternehmer (sog. Verbrauchsgüterkauf, § 474 I BGB) beginnt die Widerrufsfrist erst mit Erhalt der Ware, § 356 II Nr. 1. a) BGB. Für den Beginn der Widerrufsfrist gilt im Fernabsatz – abweichend von dem in § 355 II 2 BGB geregelten Grundsatz – ferner, dass diese nicht zu laufen beginnt, bevor der Unternehmer den Verbraucher entsprechend den Anforderungen des Art. 246a § 1 II 1 Nr. 1 oder des Art. 246b § 2 I des Einführungsgesetzes zum Bürgerlichen Gesetzbuche unterrichtet hat, § 356 III 1 BGB.[546] Hervorzuheben ist hier die Belehrungspflicht über das Widerrufsrecht, Art. 246a § 1 II EGBGB Bei fehlender oder fehlerhafter Belehrung beträgt die Widerrufsfrist höchstens zwölf Monate und 14 Tage, § 356 III 2 BGB.[547]

Durch die Ausübung des Widerrufs wandelt sich der Vertrag ex nunc in ein Rückabwicklungsschuldverhältnis um.[548] Gegebenenfalls empfangene Leistungen sind unverzüglich zurückzugewähren, § 355 III 1 BGB.[549] Einzelheiten zu den Rechtsfolgen des Widerrufs von außerhalb von Geschäftsräumen geschlossenen Verträgen und Fernabsatzverträgen finden sich in § 357 BGB. Grundsätzlich trägt der Verbraucher die Kosten für die Rücksendung der Ware, § 357 VI BGB.[550] Die Kosten für die Hinsendung der Ware hat hingegen der Unternehmer dem Verbraucher zu erstatten, § 357 II 1 BGB.[551] Ferner steht dem Unternehmer unter bestimmten Voraussetzungen ein Wertersatzanspruch zu, § 357 VII BGB.[552] Dieser Anspruch setzt insbesondere kein Verschulden des Verbrauchers voraus und bezieht sich auf einen solchen Wertverlust, der auf einen Umgang mit der Ware

---

545 MüKoBGB/*Fritsche*, § 355 Rn. 53. Zur Wahrung der Frist genügt indes die rechtzeitige Absendung des Widerrufs, § 355 I 4 BGB, *Schärtl*, JuS 2014, 577 (580).

546 *Looschelders*, SchuldR AT, § 42 Rn. 31.

547 *Looschelders*, SchuldR AT, § 42 Rn. 31.

548 *Brox/Walker*, SchuldR AT, § 19 Rn. 35.

549 *Looschelders*, SchuldR AT, § 42 Rn. 34.

550 *Looschelders*, SchuldR AT, § 42 Rn. 39; *Schärtl*, JuS 2014, 577 (581). Zu beachten sind jedoch die Voraussetzungen nach § 357 VI BGB, die vom Unternehmer einzuhalten sind.

551 *Schärtl*, JuS 2014, 577 (581).

552 Zum Ganzen *Brox/Walker*, SchuldR AT, § 19 Rn. 36 ff.; *Looschelders*, SchuldR AT, § 42 Rn. 41 ff.; *Schärtl*, JuS 2014, 577 (581).

zurückzuführen ist, der über die Prüfung der Beschaffenheit, der Eigenschaften und der Funktionsweise hinausgeht, § 357 VII Nr. 1 BGB.[553] Eine Wertersatzpflicht besteht nicht bei Verträgen über die Lieferung von nicht auf einem körperlichen Datenträger befindlichen digitalen Inhalten, § 357 IX BGB.[554]

2. Grundlegung – Einfluss zivilrechtlicher Lossagungsmöglichkeiten auf den Betrugstatbestand

a) Grundlegung – allgemeiner Einfluss zivilrechtlicher Lossagungsmöglichkeiten auf den Eingehungsbetrug

Ausgehend von einer wirtschaftlichen Vermögensbetrachtung gilt für die Auswirkungen zivilrechtlicher Lossagungsmöglichkeiten, wie dem Anfechtungs-, Rücktritts- und Widerrufsrecht, auf den Eingehungsbetrug Folgendes:

Anknüpfungspunkt im Rahmen von § 263 StGB ist, wie auch im Hinblick auf die „Button-Lösung", die *Vermögensverfügung*[555], die grundsätzlich in jedem Handeln, Dulden oder Unterlassen liegen kann, das sich unmittelbar vermögensmindernd auswirkt.[556] Innerhalb der Vermögensverfügung wiederum ist – anders als bei der „Button-Lösung" – das Merkmal der Vermögensminderung betroffen.[557] Denn wegen des vorliegend nun *wirksam geschlossenen Vertrage*s steht, anders als im ersten Teil der Untersuchung bei der „Button-Lösung", die Verfügungsqualität außer Frage. Es geht deswegen nachfolgend darum, ob in dem täuschungsbedingten Eingehen einer zivilrechtlich wirksamen aber *mit einem Widerrufsrecht behafteten Verbindlichkeit* eine Vermögensminderung liegt, wie sie als Bestandteil

---

553 *Heinig*, MDR 2012, 323 (326).

554 Sofern die Voraussetzungen des § 356 V BGB vorliegen, ist das Widerrufsrecht jedoch ohnehin erloschen, *Schärtl*, JuS 2014, 577 (580).

555 *Winkler*, Vermögensbegriff, S. 135. Auf die unter B. II. 3. c) vorgenomme Präzisierung der Definition der Vermögensverfügung kommt es an dieser Stelle nicht an, da die potentielle Vermögensminderung wegen des erfolgten Vertragsschlusses jedenfalls mit dem Verhalten des Getäuschten verknüpft ist.

556 BGH, Urteil v. 11.03.1960 – 4 StR 588/59, BGHSt 14, 170 (171); *Fischer*, StGB, § 263 Rn. 70; v. Heintschel-Heinegg/*Beukelmann*, StGB, § 263 Rn. 31; *Küper/Zopfs*, BT, Rn. 666. Zur Vermögensverfügung siehe bereits B. I. 1.

557 *Bley*, Warenkreditbetrug, S. 219; *Winkler*, Vermögensbegriff, S. 135.

der Vermögensverfügung vorausgesetzt wird.[558] Ob ein Akt des Getäuschten auch ohne körperliche Herausgabe von Vermögenswerten als Vermögensminderung und damit als Vermögensverfügung im Sinne von § 263 I StGB zu qualifizieren ist, hängt maßgeblich davon ab, ob hierdurch eine Zahlungsgefahr geschaffen wird, die sich vom potentiellen Opfer nicht zuverlässig abschirmen lässt.[559] So hängt das Bestehen einer Vermögensminderung zum Zeitpunkt des Vertragsschlusses neben Art, Umfang und Ausmaß der Zahlungsgefahr nämlich ebenso davon ab, ob dem Getäuschten Begegnungsmöglichkeiten zur Seite stehen, die zum Zeitpunkt des Vertragsschlusses erwarten lassen, dass er eine Zahlung sicher wird abwenden können.[560]

Nach dem hier zugrunde gelegten wirtschaftlichen Maßstab[561] beurteilt sich dies nicht zwingend nach rechtlichen, sondern primär nach tatsächli-

---

558 Ähnlich *Winkler*, Vermögensbegriff, S. 124. Das Widerrufsrecht und auch sonstige zivilrechtliche Lossagungsmöglichkeiten stellen vor Zahlung keine Instrumente der Rückgängigmachung einer eingetretenen Vermögensminderung dar. Vielmehr haften sie der eingegangenen Verpflichtung an und können bei entsprechender wirtschaftlicher Werthaftigkeit eine Vermögensminderung verhindern, indem sie die durch den Vertragsschluss dem Grunde nach hervorgerufene Zahlungsgefahr „im Keim ersticken", bevor sich deren Risiko in einer Zahlung realisieren kann. In diese Richtung gehen auch die Erwägungen *Dinglers*, Online-Auktionen, S. 190. Erst wenn eine Vermögensminderung im Rahmen der Vermögensverfügung festgestellt wurde, kann einer möglichen Kompensation durch den vom Getäuschten erlangten Anspruch nachgegangen werden. Richtigerweise betrifft erst diese nachgelagerte Frage nach der Kompensation den *Vermögensschaden*. Gleichwohl wird die Problematik um die Auswirkungen von zivilrechtlichen Lossagungsmöglichkeiten auf den Betrugstatbestand häufig im Rahmen des Vermögensschadens diskutiert. In der Sache ergeben sich hieraus jedoch keine Unterschiede, Brettel/Schneider/*Brettel*, Wirtschaftsstrafrecht, § 3 Rn. 42; *Winkler*, Vermögensbegriff, S. 118.

559 B. I. 3.; MüKoStGB/*Hefendehl*, § 263 Rn. 727; *Walter* schlägt zudem vor, „auf einen leicht erweiterten inneren Zusammenhang zwischen Verfügung und Vermögensausgleich" abzustellen, FS Herzberg, S. 763 (775 f.).

560 Von diesen zwei grundsätzlichen Parametern geht *Hefendehl* aus, MüKoStGB/ *Hefendehl*, § 263 Rn. 727. Dass solche Begegnungsmöglichkeiten eine Vermögensminderung ausschließen, die eine Zahlung sicher und „ohne Weiteres" abwenden können, ist aber auch ansonsten weitestgehend anerkannt, vgl. Schönke/Schröder/*Perron*, StGB § 263 Rn. 131; *Gähler*, Gefährdungsschaden, S. 167 m. w. N. Einzelheiten sind freilich umstritten. Zu den Anforderungen an Art, Umfang und Ausmaß der Zahlungsgefahr siehe *Cramer*, Vermögensschaden, S. 130 ff. Ganz allgemein in Bezug auf die Bewertung von Rechten, spricht *Achenbach* von der „in ihnen verkörperten Realisierungschance", FS Roxin, S. 1005 (1013).

561 B. I. 2.

chen Kriterien.[562] Kann einer nichtigen oder bereits garnicht entstandenen Forderung grundsätzlich wirtschaftlicher Wert beigemessen werden, sofern sie tatsächlich realisierbar ist, muss umgekehrt die rechtlich bestehende, aus tatsächlichen oder rechtlichen Gründen aber nicht durchsetzbare Verbindlichkeit zu keinen oder jedenfalls zu verminderten wirtschaftlichen Auswirkungen führen.[563] Auch für die Abschirmung der Zahlungsgefahr ist daher konsequenterweise in erster Linie ein tatsächlicher Maßstab entscheidend.[564]

„Um die Möglichkeiten der Vermeidemacht des Getäuschten zutreffend zu würdigen, ist es also gerade erforderlich, von Fall zu Fall zu entscheiden, ob der Getäuschte eine Möglichkeit hatte, aus der formal bestehenden Einredemöglichkeit auch ein materiell werthaftes Recht werden zu lassen."[565]

Daraus folgt, dass eine wirtschaftliche Vermögensminderung nur dann vorliegt, wenn durch den täuschungsbedingt geschlossenen Vertrag auch eine Zahlungsgefahr im Sinne einer *tatsächlich realisierbaren* Forderung begründet worden ist.[566] Wenn nachfolgend die Auswirkungen von zivilrechtlichen Schutzmöglichkeiten untersucht werden, handelt es sich daher stets um die Frage, ob hierdurch *Ausnahmen* von der grundsätzlichen Annahme einer entsprechenden Vermögensminderung und damit eines – bei außerdem fehlendem Äquivalent – vollendeten Betruges zum Zeitpunkt des Vertragsschlusses gemacht werden können.[567] Entsprechend diesem

---

562 *Beseler*, Eingehungsbetrug, S. 66; *Cai*, Zukünftige Ereignisse, S. 136; *Cramer*, JuS 1966, 472 (473).

563 *Cramer*, Vermögensschaden, S. 157; zust. LK/*Tiedemann*, § 263 Rn. 176. In diese Richtung bereits 1954 *Bruns*, FS Mezger, S. 335 (359).

564 Inkonsequent wäre es daher, sich bei der Begründung der Gefahr an tatsächlichen Faktoren zu orientieren, während dementgegen für die Abschirmung der Gefahr durch die hier in Rede stehenden Rechte ein rein rechtlicher (und damit abstrakter) Maßstab gelten soll. In diese Richtung auch *R. Hassemer*, Schutzbedürftigkeit, S. 129–131; *Lenckner*, JZ 1971, 320 (322, 324); *Satzger*, Jura 2009, 518 (525); *Wahl*, Schadensbestimmung, S. 40; *Winkler*, Vermögensbegriff, S. 125. Richtigerweise dürfen auch aus dem Entstehungsgrund einer Lossagungsmöglichkeit – einerseits durch Vertrag oder andererseits durch Gesetz – nicht pauschal Rückschlüsse auf deren wirtschaftliche Werthaftigkeit gezogen werden. Insoweit zutreffend *Ahn*, Schadensberechnung, S. 155.

565 MüKoStGB/*Hefendehl*, § 263 Rn. 644.

566 B. I. 3; *Cramer*, Vermögensschaden, S. 157 f.; *Winkler*, Vermögensbegriff, S. 131.

567 *Hennings*, Teleologische Reduktion, S. 112. In diese Richtung wohl auch *Küper/Zopfs*, BT, Rn. 655, die im Hinblick auf die Auswirkungen zivilrechtlicher Schutzmechanismen auf den Eingehungsbetrug von „Einschränkungsvorschlägen" der Literatur sprechen.

Ausnahmecharakter müssen zivilrechtliche Schutzvorschriften richtigerweise hohe Anforderungen erfüllen, damit bei deren Bestehen eine Vermögensminderung trotz eingegangener Verpflichtung verneint werden kann.[568] Das ist immer dann der Fall, wenn zum Zeitpunkt des Vertragsschlusses zu erwarten steht, dass die Schutzmöglichkeiten auch *tatsächlich* mit Erfolg geltend gemacht werden können.[569] Existieren die Abwehrrechte zwar, kann das Opfer sie aber tatsächlich nicht realisieren, kommt dies unter wirtschaftlichen Gesichtspunkten der Situation gleich, in der ihm etwaige zivilrechtliche Lossagungsmöglichkeiten überhaupt nicht zustehen.[570]

Bei der Bewertung der tatsächlichen Gefahrenlage handelt es sich um eine Prognoseentscheidung zum Zeitpunkt des Vertragsschlusses.[571]

Um gleichwohl einheitlich bewerten zu können, ob das Bestehen einer zivilrechtlichen Lossagungsmöglichkeit die Gefahr der Zahlung derart abschirmen kann, dass zum Zeitpunkt des Vertragsschlusses von einer gegenwärtigen Vermögensminderung nicht mehr auszugehen ist, gilt es zu ermitteln, von welchen rechtlichen und vor allem tatsächlichen Kriterien eine solche Bewertung überhaupt abhängt.

Als „Leitkriterium" bei der Bewertung der Frage, ob mit der Ausübung des Rechtes durch den Getäuschten gerechnet werden kann und eine Zahlungsgefahr deswegen im Ergebnis zu verneinen ist, wird dem Grunde nach zutreffend auf ein tatsächlich begründetes „Herrschaftskriterium" ab-

---

568 Auf den Ausnahmecharakter weisen zutreffend hin *Bottke*, JR 1987, 428 (430); Satzger/Schluckebier/Widmaier/*Satzger*, StGB, § 263, Rn. 263 f.; *Walter*, FS Herzberg, S. 763 (768 f.).

569 *Bohnenberger*, Vertragserschleichung, S. 53; *Lenckner*, JZ 1971, 320 (322). Zutreffend bezeichnet *Cramer* das Bestehen einer zivilrechtlichen Lossagungsmöglichkeit als einen wirtschaftlich bedeutsamen Unsicherheitsfaktor, der den Wert der Forderung des Täuschenden umso mehr schmälert, umso eher die Ausübung des Rechtes durch den Getäuschten zu erwarten ist, Vermögensschaden, S. 146; a. A. *Bley*, Warenkreditbetrug, S. 211, der der Ansicht ist, etwaige Lossagungsmöglichkeiten könnten allenfalls – nach Beendigung der Tat – einen bereits eingetretenen Schaden kompensieren.

570 *Lenckner*, JZ 1971, 320 (322).

571 *Begemeier/Wölfel*, JuS 2015, 307; *Bohnenberger*, Vertragserschleichung, S. 51, 53 f.; *Luipold*, Schadensmerkmal, S. 104; *Tenckhoff*, FS Lackner, S. 677 (683); a. A. *Ahn*, Schadensberechnung, S. 154. Wie sich die Dinge später tatsächlich entwickeln, hat hierbei grundsätzlich außer Betracht zu bleiben, *Bley*, Warenkreditbetrug, S. 21; *Rochus*, JR 1983, 338; *Schröder*, JR 1971, 74 (75).

gestellt.[572] Der Getäuschte muss es *in der Hand haben*, eine Zahlung zu verhindern.[573] Die tatsächliche Herrschaft hat der Getäuschte inne, wenn er entsprechende Rechte „problemlos" realisieren kann.[574] Ob zivilrechtliche Lossagungsmöglichkeiten jedoch *problemlos* eine Zahlungsgefahr abwenden können, bedarf nicht selten einer Würdigung des Einzelfalles.[575] Die rechtliche und tatsächliche Beherrschbarkeit wird ihrerseits durch die *Zumutbarkeit* begrenzt.[576] So ist es nicht ausreichend, dass die erfolgreiche Geltendmachung der zivilrechtlichen Lossagungsmöglichkeit theoretisch möglich, aber mit erheblichen Anstrengungen des Getäuschten verbunden ist.[577] Vielmehr ist die Lossagungsmöglichkeit nur dann wirtschaftlich werthaft, wenn sich die zur erfolgreichen Geltendmachung erforderlichen Bemühungen im Rahmen des Zumutbaren bewegen.[578]

Umstände, die Einfluss auf die Ausübung einer zivilrechtlichen Lossagungsmöglichkeit nehmen, lassen sich in zwei Obergruppen unterteilen: *Erstens* dürfen die Anforderungen des Gesetzgebers an die Ausübung des Rechtes nicht schon so hoch sein, dass sie einer problemlosen Geltendmachung von vornherein entgegenstehen. *Zweitens* dürfen tatsächliche Hindernisse bei der Geltendmachung des zivilrechtlichen Schutzrechtes, die aus der Sphäre des Täuschenden oder des Getäuschten stammen, nicht zur

---

572 MüKoStGB/*Hefendehl*, § 263 Rn. 612; zust. *Wahl*, Schadensbestimmung, S. 90, 135 ff., der entgegen der hier vertretenen Auffassung aber von einer rein rechtlichen Herrschaft ausgeht. Die konkrete Ausgestaltung einer solchen Herrschaft soll für die nachfolgende Untersuchung offenbleiben und orientiert sich keinesfalls zwingend an den Vorschlägen *Hefendehls* und *Wahls*.

573 *Luipold*, Schadensmerkmal, S. 106; Schönke/Schröder/*Perron*, StGB § 263 Rn. 131; *Seelmann*, JR 1986, 346 (347); vgl. auch *Küper/Zopfs*, BT, Rn. 655 m. w. N.

574 Matt/Renzikowski/*Saliger*, StGB, § 263 Rn. 239; MüKoStGB/*Hefendehl*, § 263 Rn. 611; in diese Richtung auch *Jäger*, JuS 2010, 761 (764); *Ladiges*, Jura 2013, 844 (847); *Walter*, FS Herzberg, S. 763 (769).

575 Für eine Einzelfallbetrachtung etwa *Ahn*, Schadensberechnung, S. 167; *Lenckner*, JZ 1971, 320 (322); *Müller-Christmann*, JuS 1988, 108 (113); *Schröder*, JR 1971, 74.

576 *Hennings*, Teleologische Reduktion, S. 173, 190; *Kratzsch*, FS Oehler, S. 65 (70); *Tenckhoff*, FS Lackner, S. 677 (683 f.); Schönke/Schröder/*Perron*, StGB § 263 Rn. 131; vgl. zum Ganzen auch *Küper/Zopfs*, BT, Rn. 655.

577 In diese Richtung auch *Esser*, FS Krey, S. 81 (99); *Hecker*, Strafbare Produktwerbung, S. 239; *Hennings*, Teleologische Reduktion, S. 173; *Satzger*, Jura 2009, 518 (526); *Wahl*, Schadensbestimmung, S. 133.

578 In diese Richtung auch *Hennings*, Teleologische Reduktion, S. 173, 190; LK/*Tiedemann*, § 263 Rn. 167; *R. Hassemer*, Schutzbedürftigkeit, S. 162, der von „zumutbarer Mühe" spricht.

Folge haben, dass die nach den gesetzlichen Vorgaben eigentlich problemlose Durchsetzung faktisch erschwert wird.[579]

Anforderungen an Bestehen und Ausübung der Rechte sind – von vertraglich vereinbarten Lossagungsmöglichkeiten einmal abgesehen – vom Gesetzgeber vorgegeben und stehen damit objektiv fest. So etwa Vorgaben über das Bestehen des Rechtes, Belehrungspflichten und Beweiserleichterungen sowie sonstige Anforderungen, die bei der Ausübung zu beachten sind. Sind schon diese vom Gesetzgeber vorgebebenen Anforderungen als so hoch zu bewerten, dass von einer problemlosen Geltendmachung nicht mehr gesprochen werden kann, ist eine effektive Abwehr der Zahlungsgefahr bereits aus diesem Grund zu verneinen und es bleibt bei einer Vermögensminderung.[580] Selbst wenn sich der Täuschende an die gesetzgeberischen Vorgaben hält, kann in diesem Fall von einer einfachen und unkomplizierten Ausübung der Lossagungsmöglichkeit nicht die Rede sein, sodass die Zahlungsgefahr nicht nach dem für § 263 I StGB erforderlichen Maß abgeschirmt werden kann.[581]

Sprechen nicht schon die gesetzlichen Vorgaben gegen eine grundsätzliche Werthaftigkeit des Rechtes, können bei der Frage nach der tatsächlichen Werthaftigkeit einer zivilrechtlichen Lossagungsmöglichkeit ferner Umstände Bedeutung erlangen, die sich gerade daraus ergeben, dass gesetzliche Vorgaben durch den Täuschenden umgangen oder die Geltendmachung für den Betroffenen subjektiv erschwert ist. Derartige Hindernisse können dann – trotz des rechtlichen Bestehens des entsprechenden Schutzrechtes – dazu führen, dass sich das Recht faktisch nicht realisieren lässt und damit aus dem für § 263 I StGB maßgeblichen wirtschaftlichen Blickwinkel gleichwohl wertlos ist.[582] In diesen Fällen bleibt es bei einer Vermögensminderung, weil die Zahlungsgefahr durch das bestehende Recht tatsächlich nicht erfolgreich abgeschirmt werden kann. Der Täuschende kann beispielsweise gesetzliche Belehrungspflichten ignorieren, das Bestehen entsprechender zivilrechtlicher Schutzmöglichkeiten gänzlich verheimlichen, gezielt über deren Bestehen täuschen oder diese im Ausübungsfall trotz deren rechtlichem Bestehen nicht anerkennen.[583] Aus Sicht des Betroffenen können weitere Aspekte Einfluss auf die tatsächliche

---

579 Ähnlich *Gähler*, Gefährdungsschaden, S. 171 m. w. N.
580 Ähnlich Schönke/Schröder/*Perron*, StGB, § 263 Rn. 131.
581 Ähnlich *Bohnenberger*, Vertragserschleichung, S. 55.
582 In diese Richtung treffend auch *Hennings*, Teleologische Reduktion, S. 173; *Müller-Christmann*, JuS 1988, 108 (113).
583 BGH, Beschluss v. 24.08.2011 – 2 STR 109/11, wistra 2012, 107, Anm. *Kudlich*, ZWH 2012, 192.

Ausübung des Schutzrechtes haben, so etwa der Grad seines Ärgers, das Verhältnis des mit der Geltendmachung verbundenem Aufwands zur Bedeutung des Schadens in Relation zum eigenen Vermögen, die rechtliche Gewandtheit und so weiter.[584]

Wegen der unterschiedlichen zivilrechtlichen Lossagungsmöglichkeiten, den stetig anwachsenden Sachverhaltsvariationen und der variierenden Hindernisse, die eine Durchsetzung erschweren, scheint die Suche nach allgemein gehaltenen Leitlinien geboten, die als *Maßstab* für die Bewertung der Auswirkungen auf den Betrugstatbestand herangezogen werden können. Denn nur dann kann auch bei neuen zivilrechtlichen und sachverhaltlichen Konstellationen eine dem wirtschaftlichen Vermögensbegriff entsprechende und widerspruchsfreie Lösung erzielt werden. Insbesondere soll der Maßstab objektive Anforderungen, aber auch Grenzen der ansonsten wenig aussagekräftigen Begriffe „Beherrschbarkeit" und „Zumutbarkeit" aufzeigen.

Ausgehend von der dargestellten Grundlage lassen sich folgende allgemeine Voraussetzungen ableiten, die bei der Prüfung sämtlicher zivilrechtlicher Lossagungsmöglichkeiten unabhängig vom jeweiligen Einzelfall im Rahmen der strafrechtlichen Vermögensminderung zu berücksichtigen sind.[585] Sie orientieren sich an den Kriterien der *Beherrschbarkeit* und *Zumutbarkeit* und lassen sich, wie nachfolgend dargestellt, strukturieren.[586] Auf der Grundlage des nachfolgend herausgearbeiteten Anforderungsmusters lassen sich im Anschluss die Auswirkungen des Widerrufsrechtes auf den Eingehungsbetrug systematisch einordnen.

aa) Zivilrechtliche Voraussetzungen

Damit zivilrechtliche Lossagungsmöglichkeiten überhaupt erst Auswirkungen auf den Eingehungsbetrug entfalten können, müssen diese zunächst für den konkreten Fall dem Getäuschten zustehen.

---

584 BGH, Urteil v. 22.10.1986 – 3 StR 226/86, BGHSt 34, 199.
585 Siehe zu der Herausbildung entsprechender allgemeiner Kriterien auch *Müller-Christmann*, JuS 1988, 108 (113) und *Tenckhoff*, FS Lackner, S. 677 (683 f.).
586 *Schärtl*, JuS 2014, 577 (578); *Tenckhoff*, FS Lackner, S. 677 (683 f.); ähnlich *Hennings*, Teleologische Reduktion, S. 173; *Kratzsch*, FS Oehler, S. 65 (70); siehe zum Ganzen auch *Küper/Zopfs*, BT, Rn. 655.

Zunächst muss daher grundsätzlich ein *Vertrag geschlossen* worden sein.[587] Ist ein Vertrag schon nicht zustande gekommen, mögen gleichwohl bestimmte tatsächliche Aspekte für eine Zahlungsgefahr streiten. Dies ist im ersten Teil der Untersuchung deutlich zu Tage getreten.[588] Diese Aspekte reichen aber, sofern nicht ausnahmsweise eine Beweislastumverteilung vorliegt, nicht aus, um die im Rahmen der Vermögensverfügung notwendige normative Verknüpfung zwischen Verhalten des Getäuschten und Vermögensminderung darzustellen.[589] An einer im Rahmen von § 263 I StGB *zu berücksichtigenden* Gefahrenlage, die durch zivilrechtliche Lossagungsmöglichkeiten abgeschirmt werden könnte, fehlt es in diesen Fällen mangels durch die Verfügung vermittelter Gefahrenlage bereits.[590] Die Prüfung etwaiger Auswirkungen von zivilrechtlichen Lossagungsmöglichkeiten auf den Eingehungsbetrug wäre in diesem Fall überflüssig, weil es bereits an der erforderlichen Grundlage fehlt.

---

587 In diese Richtung zutreffend *Völschow*, Kostenfallen, S. 35. Ob ein Vertrag tatsächlich oder nur scheinbar geschlossen wird, kann im Rahmen der Betrugsprüfung nämlich keineswegs dahinstehen. Für Vertragsschlüsse im Internet zwischen Unternehmern und Verbrauchern bedeutet dies, dass der Verbraucher auf eine Schaltfläche klicken muss, die „gut lesbar mit nichts anderem als den Wörtern „zahlungspflichtig bestellen" oder mit einer entsprechenden eindeutigen Formulierung beschriftet ist" (§ 312j III BGB; vgl. A. I.). Andernfalls kommt ein Vertrag nicht zustande, § 312j IV BGB, MüKoBGB/*Wendehorst*, § 312j, Rn. 32. Einschränkend *Frevers*, der davon ausgeht, dass bei fehlendem oder fehlerhaftem Button jedenfalls ein unentgeltlicher Vertrag zustande kommt. Umgekehrt liege bei einem gesetzeskonformen Button nicht zwangsläufig ein Vertrag vor, NJW 2016, 2289. Diese Ansicht führt für die vorliegende Untersuchung jedoch zu keinen abweichenden Ergebnissen: Denn wenn weder Zahlungspflicht, noch der Rechtsschein eines *entgeltlichen* Vertrages vorliegen, fehlt es mangels normativer Verknüpfung zwischen Verhalten und ggfls. gegebener Vermögensminderung bereits an der Verfügungsqualität. Weiterführende Ausführungen zu etwaigen Auswirkungen des Widerrufsrechtes auf die Zahlungsgefahr erübrigen sich bereits aus diesem Grund.
588 B. II. 2. a) bb).
589 Die als Momentum der Gefahrenbegründung grundsätzlich ebenso in Betracht kommende Variante mit der Umverteilung der Beweislast durch die potentielle Verfügung kommt bei Vertragsschlüssen im Internet, anders als etwa bei der Unterschriftenerschleichung, nur ausnahmsweise in Betracht (vgl. bereits B. II. 1. a) bb); zu den Konsequenzen für das Widerrufsrecht und dessen Einfluss auf den Eingehungsbetrug unter B. III. 4. b) aa)). Denn durch das Anklicken eines Buttons, der den gesetzlichen Anforderungen nicht entspricht, entsteht nicht der Rechtsschein eines Vertrages (B. II. 1. a) bb); MüKoBGB/*Wendehorst*, § 312j, Rn. 39; Hoeren/Sieber/Holznagel/*Föhlisch*, MMR-HdB, Teil 13.4 Rn. 212).
590 Eingehend bereits unter B. II. 2. u. 3.

Ist ein Vertrag indes geschlossen, muss auch bei der Prüfung der Strafbarkeit wegen Eingehungsbetruges darauf geachtet werden, ob dem potentiellen Opfer im konkreten Fall tatsächlich eine zivilrechtliche Lossagungsmöglichkeit zusteht. Ein besonderes Augenmerk ist auf etwaige zivilrechtliche Ausnahmeregelungen zu legen.

Die Frage nach einem wirksamen zivilrechtlichen Vertragsschluss kann vor diesem Hintergrund im Rahmen der Prüfung des Eingehungsbetruges genauso wenig dahinstehen wie die Frage nach dem Entstehen der jeweiligen Lossagungsmöglichkeit.

bb) Erkennbarkeit von Täuschung und Lossagungsmöglichkeit

Weiterhin muss sowohl das Bestehen der Lossagungsmöglichkeit als auch die Täuschung für das Opfer vor der Zahlung *erkennbar* sein.[591] So ist ein bestehendes Recht faktisch wertlos, wenn es dem Getäuschten nicht bekannt ist.[592] Es kann in diesem Fall eine Zahlungsgefahr nur hypothetisch, nicht aber tatsächlich abschirmen. Der Getäuschte wird mangels Kenntnis der Lossagungsmöglichkeit genauso bezahlen, wie wenn diese überhaupt nicht bestehen würde. Gleiches gilt, wenn keine Möglichkeit besteht, dass das Opfer erkennt, dass es getäuscht wurde, bevor es zahlt oder die Lossagungsmöglichkeit wegen Fristablaufs verliert.[593] Das ist etwa dann der Fall, wenn das Opfer täuschungsbedingt eine mangelhafte Sache kauft, den Kaufpreis jedoch vor Erhalt der Ware zahlt.[594] In diesem Fall kann es die Mangelhaftigkeit der Ware erst nach Zahlung, nämlich bei deren Er-

---

591 BGH, Beschluss v. 16.07.1970 – 4 StR 505/69, BGHSt 23, 300 (303); *Bohnenberger*, Vertragserschleichung, S. 82; *Müller-Christmann*, JuS 1988, 108 (113); *Walter*, FS Herzberg, S. 763 (768). Zutreffend weist *Luipold* darauf hin, dass bereits zum Zeitpunkt des Vertragsschlusses feststehen muss, ob der Getäuschte die Täuschung noch vor seiner Zahlung erkennen kann (Schadensmerkmal, S. 104; 164); zum Ganzen *Kraatz*, JR 2012, 329 (333).

592 *Ahn*, Schadensberechnung, S. 167 f.; *Luipold*, Schadensmerkmal, S. 112; *Krey/Hellmann/Heinrich*, BT 2 Rn. 637; MüKoStGB/*Hefendehl*, § 263 Rn. 622, 644; *Tenckhoff*, FS Lackner, S. 677 (683); LK/*Tiedemann*, § 263 Rn. 172; a. A. *Luipold*, Schadensmerkmal, S. 144.

593 Siehe bereits B. II. 1. c) aa); *Endriß*, wistra 1990, 335 (337); *Loch*, Anzeigenschwindel, S. 177; Satzger/Schluckebier/Widmaier/*Satzger*, StGB, § 263 Rn. 264; insoweit zutreffend auch *Luipold*, Schadensmerkmal, S. 121, 144, 159; *Meyer*, MDR 1971, 718 (720).

594 MüKoStGB/*Hefendehl*, § 263 Rn. 620, 622; *Rengier*, BT I, § 13 Rn. 192 ff. Bei Konstellationen, in denen sich die Mangelhaftigkeit der Ware nicht ohne Weite-

halt entdecken. Dem Kriterium der Erkennbarkeit genügen daher von vornherein solche Fallgestaltungen nicht, in denen der getäuschte Käufer vorleistungspflichtig ist und erst nach Erhalt der Ware die Täuschung überhaupt erkennen kann.[595] Etwaige zivilrechtliche Lossagungsmöglichkeiten mögen in einem solchen Fall gegebenenfalls dabei helfen, eine bereits eingetretene Vermögensminderung wieder rückgängig zu machen. Sie können aber eine Zahlungsgefahr zum Zeitpunkt des Vertragsschlusses schon deswegen dem Grunde nach nicht abschirmen, weil vor dem Bekanntwerden der Täuschung noch überhaupt kein Anlass besteht, von ihnen Gebrauch zu machen.[596] Zu dem Zeitpunkt, zu dem sie dem Opfer Nutzen bringen könnten, hat sich die Zahlungsgefahr bereits realisiert.[597] Eine Zahlungsgefahr kann auch dann nicht durch etwaige zivilrechtliche Schutzmechanismen abgeschirmt werden, wenn zum Zeitpunkt des Vertragsschlusses *ungewiss* ist, ob das Opfer die Täuschung und/oder Bestehen der Lossagungsmöglichkeit vor der Zahlung erkennt.[598] Solche Unsicherheiten beziehungsweise Zufälle betreffen die Risikosphäre des Täters und können sich deswegen nicht zu seinen Gunsten auswirken.[599]

cc) Keine Beweisschwierigkeiten

Allein die Kenntnis eines Rechtes ist aber nicht ausreichend, um die Zahlung problemlos abwenden zu können.[600] Das Abwenden einer Zahlung

---

res zeigt, obwohl sie der Getäuschte in den Händen hält, fehlt es gleichermaßen an der erforderlichen „Erkennbarkeit". Denn zeigt sich ein Mangel nicht derart offensichtlich, dass er für jedermann sofort erkennbar ist, hängt es vom Zufall ab, ob der Getäuschte den Mangel noch vor Ablauf einer etwaigen Lossagungsfrist erkennt. Ein etwaiger zivilrechtlicher Schutzmechanismus kann eine Zahlungsgefahr in diesem Fall nicht *problemlos* abschirmen. Ähnlich auch *Hefendehl*, Exspektanzen, S. 339; *Luipold*, Schadensmerkmal, S. 158; *Seelmann*, JR 1986, 346 (347). Siehe auch *Endriß*, wistra 1990, 335 (337) hinsichtlich des zufälligen Erkennens der sozialen Zweckverfehlung nach Vertragsschluss.

595 Vgl. *Cramer*, Vermögensschaden, S. 180; *Eisele*, NStZ 2010, 193 (198); *ders.*, BT II, Rn. 584; *Hecker*, Strafbare Produktwerbung, S. 240 f.; Schönke/Schröder/*Perron*, StGB, § 263 Rn. 131; *Walter*, FS Herzberg, S. 763 (768). Insoweit zutreffend *Luipold*, Schadensmerkmal, S. 159.

596 *Walter*, FS Herzberg, S. 763 (768).

597 V. Heintschel-Heinegg/*Beukelmann*, StGB, § 263 Rn. 59; *Gähler*, Gefährdungsschaden, S. 169.

598 BGH, Beschluss v. 16.07.1970 – 4 StR 505/69, BGHSt 23, 300 (303 f.).

599 Ähnlich *Kindhäuser*, FS Lüderssen, S. 635 (642); *Völschow*, Kostenfallen, S. 94 f.

600 *Bohnenberger*, Vertragserschleichung, S. 53; *Lenckner*, JZ 1971, 320 (323).

ohne Weiteres verlangt ferner, dass die Geltendmachung der zivilrechtlichen Lossagungsmöglichkeit nicht mit *Beweisschwierigkeiten* für den Getäuschten verbunden sein darf.[601] Stehen dem Getäuschten zwar nach dem Gesetz zivilrechtliche Lossagungsmöglichkeiten zu, muss er deren Voraussetzungen aber beweisen, so schirmt dies eine Zahlungsgefahr nicht dergestalt ab, dass von einer Vermögensminderung nicht mehr gesprochen werden kann.[602] Denn das Risiko, dass der Täter seinen täuschungsbedingt erlangten Anspruch nicht realisieren kann, trägt in diesem Fall weiterhin der Getäuschte.[603] Der Getäuschte kann die Zahlungsgefahr nicht mit der erforderlichen Sicherheit beherrschen.[604]

dd) Zumutbarkeit der rechtlichen und tatsächlichen Durchsetzung

Die zuvor aufgeführten Voraussetzungen müssen im Sinne von Mindestanforderungen stets kumulativ erfüllt sein, damit ein zivilrechtliches Schutzrecht eine durch den Vertragsschluss dem Grunde nach bedingte Zahlungsgefahr so abschirmen kann, dass von einer gegenwärtigen Vermögensminderung im Sinne von § 263 I StGB nicht mehr auszugehen ist. Auch bei Vorliegen dieser allgemeingültigen Anforderungen kann die faktische Durchsetzung des Rechtes jedoch aus anderen Gründen erschwert sein. Deswegen kann von einer wirtschaftlich werthaften Lossagungsmöglichkeit nur dann ausgegangen werden, wenn auch sämtliche weiteren Anforderungen bei der Durchsetzung des Rechtes dem Getäuschten *zumutbar* sind.[605] Bei der Frage, was dem Getäuschten noch zumutbar ist, handelt es sich „um eine am geschützten Rechtsgut orientierte Wertungsfrage", die sich nicht mit „mathematischer Genauigkeit" beantworten lässt.[606] Damit

---

601 *Bohnenberger*, Vertragserschleichung, S. 82; *Loch*, Anzeigenschwindel, S. 180; *Rengier*, BT I, § 13 Rn. 193; Schönke/Schröder/*Perron*, StGB, § 263 Rn. 131; *Tenckhoff*, FS Lackner, S. 677 (684).
602 Jedenfalls insoweit ist *Luipold* zuzustimmen, Schadensmerkmal, S. 106. In diese Richtung auch *Bohnenberger*, Vertragserschleichung, S. 82.
603 BGH, Beschluss v. 16.07.1970 – 4 StR 505/69, BGHSt 23, 300 (303).
604 Vgl. *Küper/Zopfs*, BT, Rn. 655.
605 *Müller-Christmann*, JuS 1988, 108 (113); auch *Tenckhoff* stellt als drittes Kriterium neben Erkennbarkeit und ungehinderter Durchsetzbarkeit auf die Zumutbarkeit ab, FS Lackner, S. 677 (683 f.); zust. *Dingler*, Online-Auktionen, S. 185. Ähnlich auch *Esser*, FS Krey, S. 81 (99); *Hennings*, Teleologische Reduktion, S. 190; *Loch*, Anzeigenschwindel, S. 177; *Satzger*, Jura 2009, 518 (526); Schönke/Schröder/*Perron*, StGB, § 263 Rn. 131.
606 *Dingler*, Online-Auktionen, S. 189.

das Kriterium der Zumutbarkeit nicht zu einem bloßen inhaltsarmen Schlagwort verkommt, ist es Ziel dieses Abschnittes, *Orientierungspunkte für die Konkretisierung* des Kriteriums der Zumutbarkeit zu finden, die bei der anschließenden Untersuchung der Auswirkungen des Widerrufsrechtes als *Maßstab* herangezogen werden können. Demnach werden an dieser Stelle zunächst lediglich „Werte" definiert, an denen eine Zumutbarkeitsprüfung im Einzelfall auszurichten ist.[607] Nur anhand einer solchen einheitlichen Grundlage lassen sich auch neue und unbekannte Konstellationen konsequent und widerspruchsfrei im Hinblick auf deren Auswirkungen auf den Eingehungsbetrug lösen.[608]

Die *Grenzen* dessen, was dem Getäuschten noch zugemutet werden kann, um sich der Zahlungsgefahr zu entledigen, sind eng zu ziehen.[609] Dies ergibt sich im Wesentlichen aus den nachfolgend überblicksartig dargestellten Gründen:

Zu verneinen ist ein genereller Vorrang zivilrechtlicher Schutzmöglichkeiten vor dem Eingreifen des Strafrechtsschutzes.[610] Einen solchen dem Strafrecht vorrangigen Zivilrechtsschutz, dem zufolge sich die Grenzen der Zumutbarkeit zulasten des Getäuschten verschieben, gibt es nach zutreffender Ansicht nicht.[611] Von dem Fehlen einer solch generellen *Subsidiarität des Strafrechts* einmal abgesehen[612], geht es im Rahmen eines wirtschaftlichen Vermögensbegriffes um den faktischen Wert der zivilrechtli-

---

607 Siehe hierzu auch *Hillenkamp*, Opferverhalten, S. 175 ff.

608 Zu Recht weist *Schwarz*, Mitverantwortung beim Betrug, S. 111 darauf hin, dass zunächst unbedingt geklärt werden muss, ab wann die Wahrnehmung einer Selbstschutzmöglichkeit zumutbar ist.

609 Im Grundsatz ähnlich *Hillenkamp*, Opferverhalten, S. 175 ff.

610 *Hecker*, Strafbare Produktwerbung, S. 281; *Petropoulos*, Berücksichtigung des Opferverhaltens, S. 126; *Wahl*, Schadensbestimmung, S. 133; a. A. *Spickhoff*, JZ 2002, 970 (976); differenzierend *Harbort*, Objektive Zurechnung, S. 58 ff.; *R. Hassemer*, Schutzbedürftigkeit, S. 51; *Wittig*, Tatbestandsmäßiges Verhalten, S. 350 ff.

611 *Erb* ZIS 2011, 368 (373 f.); *Wahl*, Schadensbestimmung, S. 133; *Wessels/Hillenkamp/Schuhr*, BT 2 Rn. 487, 512, 549. Ebenfalls zu Recht kritisch ggü. den „Selbstschutzideologen", *Bottke*, JR 1987, 428 (429 f.); *Hecker*, Strafbare Produktwerbung, S. 281; *Krack*, List, S. 63 ff.; *Paschke*, Insertionsoffertenbetrug, S. 78; *Wittig*, Tatbestandsmäßiges Verhalten, S. 364 f.; a. A. *Luipold*, Schadensmerkmal, S. 157; *Klein*, Verhältnis, S. 122; *Peters*, FS Schmidt, S. 488 (503 f.); *Riemann*, Vermögensgefährdung, S. 71 ff.

612 *Hecker*, Strafbare Produktwerbung, S. 281; *Hillenkamp*, Opferverhalten, S. 180; *Paschke*, Insertionsoffertenbetrug, S. 78; *Petropoulos*, Berücksichtigung des Opferverhaltens, S. 126 f.

chen Lossagungsmöglichkeiten.[613] Erfüllen zivilrechtliche Schutzmechanismen die Anforderung an eine problemlose Abwehr einer Zahlungsgefahr, so ist deren „Vorrang" die logische Konsequenz der Anwendung eines wirtschaftlichen Vermögensbegriffes, weil einer Zahlungsgefahr dann tatsächlich effektiv begegnet werden kann.[614] Allein aus dem Bestehen einer zivilrechtlichen Lossagungsmöglichkeit kann eine solch effektive Abwehr jedoch nicht gefolgert werden, weshalb sich allein hieraus auch ein Vorrang des Zivilrechts nicht ergibt.[615] Weil es keinen allgemeinen Vorrang des Zivilrechtsschutzes gibt, darf dem Getäuschten auch nicht zugemutet werden, dass er bestehende zivilrechtliche Schutzmechanismen *um jeden Preis* auch tatsächlich nutzt, bevor ihm der Strafrechtsschutz eröffnet wird.[616]

Auch eine *Abgrenzung nach Risikosphären* des Täuschenden und des Getäuschten spricht dafür, den Aufwand, den der Getäuschte zur Abwehr der Zahlungsgefahr betreiben muss, lediglich in engen Grenzen für noch zumutbar zu halten.[617] Dies wurzelt darin, dass der Täuschende bewusst die Ursache für den Vertragsschluss und damit für die Entstehung der Zah-

---

613 So i. E. auch *Wessels/Hillenkamp/Schuhr*, BT 2 Rn. 549; *Wahl*, Schadensbestimmung, S. 133. Zur „Subsidiarität des Strafrechts" vgl. auch *Amelung*, NJW 1975, 624 und *Kaufmann*, FS Henkel, S. 89–107, die eine solche jedoch grundsätzlich befürworten.

614 Im Grundsatz ähnlich *Petropoulos*, Berücksichtigung des Opferverhaltens, S. 92. Sinn und Zweck zivilrechtlicher Schutzvorschriften ist es indes nicht, pauschal den Strafrechtsschutz nach § 263 StGB zu verkürzen, *Krey/Hellmann/Heinrich*, BT 2 Rn. 637.

615 Ähnlich *Völschow*, Kostenfallen, S. 207, der zu Recht auf die andernfalls eintretende widersinnige Folge verweist, dass nämlich mit der Erhöhung des Zivilrechtsschutzes per se auch eine Reduzierung des Strafrechtsschutzes einhergingе. Allein wegen des Bestehens zivilrechtlicher Lossagungsmöglichkeiten darf daher nicht auf einen subsidiären Schutz durch das Strafrecht geschlossen werden: *Wahl*, Schadensbestimmung, S. 132 f.; eingehend *Hillenkamp*, Opferverhalten, S. 175 ff.; vgl. auch *Küper/Zopfs*, BT, Rn. 655.

616 Ähnlich *Esser*, FS Krey, S. 81 (84); *Hillenkamp*, Opferverhalten, S. 162 f.; i. E. so auch *Hennings*, Teleologische Reduktion, S. 173, 191; a. A. *Luipold*, Schadensmerkmal, S. 157; *Meyer*, MDR 1971, 718 (720), der davon ausgeht, dass es „jedem vernünftigen Rechtsgenossen" zumutbar ist, „nach besten Kräften" einen Vermögensschaden abzuwenden, sofern er die Täuschung erkannt hat.

617 Für eine Abgrenzung nach Verantwortungsbereichen im Rahmen des Betrugstatbestandes auch *Harbort*, Objektive Zurechnung, S. 65 ff.; *Schwarz*, Mitverantwortung beim Betrug, S. 110 f. Zum Ganzen *Wittig*, Tatbestandsmäßiges Verhalten, S. 328 ff. Zutreffend *Völschow*, Kostenfallen, S. 92–94, der bei Vertragsschlüssen im Internet von einem erhöhten Risiko der Verbraucherschaft ausgeht, das den Betreibern von Internetseiten spiegelbildlich eine erhöhte Infor-

lungsgefahr schafft.[618] Es ist grundsätzlich nicht Aufgabe des Getäuschten, auch nur irgendwelche Maßnahmen zu ergreifen, um sich der täuschungsbedingt geschaffenen Zahlungsgefahr zu entledigen.[619] Nur wenn die zivilrechtlichen Abwehrmechanismen derart einfach nutzbar gemacht werden können, dass grundsätzlich jedermann zuzumuten ist, diese auch erfolgreich geltend zu machen und sich dies zum Zeitpunkt des Vertragsschlusses bereits prognostizieren lässt, kann von einer problemlosen und damit zumutbaren Abwendung der Zahlungsgefahr die Rede sein.[620]

Bei der Frage, was dem Getäuschten bei der Geltendmachung zivilrechtlicher Schutzmechanismen noch zuzumuten ist, ist ferner zu beachten, dass durch den Betrug nicht nur besonders aufmerksame oder auch nur durchschnittlich informierte Personen, sondern grundsätzlich *jedermann* geschützt wird.[621] Diese Frage wird von Rechtsprechung und Literatur meist im Zusammenhang mit der Täuschung trotz wahrer Tatsachen thematisiert.[622] Dessen ungeachtet entfaltet sie aber auch in dem hier betrachteten Zusammenhang maßgebliche Bedeutung. Denn ob ein zivilrechtlich

---

mationspflicht auferlegt. Speziell zur Risikoverteilung beim Betrug durch den Verkauf von Illusionen vgl. *Arzt*, FS Hirsch, S. 431 (447 f.). Zur Aufteilung der Verantwortungssphären allgemein *Hillenkamp*, Opferverhalten, S. 181.

618 Vgl. *Rengier*, FS Roxin, S. 811 (812). In diese Richtung auch *Eisele*, NStZ 2010, 193 (195): „Wie auch bei anderen Tatbeständen haftet der Täter damit für den Erfolg seiner tatbestandsmäßigen Handlung, sofern nicht die objektive Zurechnung aus besonderen Gründen zu verneinen ist."; *Göbel*, Unseriöse Geschäftstätigkeit, S. 119; *Kratzsch*, FS Oehler, S. 65 (70).

619 In diese Richtung auch *Eick*, Opferverhalten, S. 147; ähnlich *Amelung*, FS Eser, S. 3 (11), *ders.*, NJW 1975, 624 jedoch grds. für eine allgemeine Subsidiarität des Strafrechts; *Wessels/Hillenkamp/Schuhr*, BT 2 Rn. 513; *Kratzsch*, FS Oehler, S. 65 (70); *Völschow*, Kostenfallen, S. 95; a. A. *Luipold*, Schadensmerkmal, S. 157, 159. Allgemein zur „sozialen Adäquanz im Strafrecht" *Roxin*, FS Klug, S. 303–314.

620 In diese Richtung auch *Bohnenberger*, Vertragserschleichung, S. 53.

621 Vom gleichen Grundsatz ausgehend *Majer/Buchmann*, NJW 2014, 3342 (3344): „Das Strafrecht schützt auch das leichtgläubige Opfer [...]." Ebenfalls in diese Richtung *Brammsen/Apel*, WRP 2011, 1254 (1256); *Fröhlich/Primaczenko*, ZWH 2014, 140 (141); *Hillenkamp*, Opferverhalten, S. 182 f.; *ders.*, FS Müller-Graff, S. 191 (197); *Krack*, List, S. 71; *Stuckenberg*, ZStW 118 (2006), 878 (897 f.); *Rengier*, FS Fezer, S. 365; so offenbar i. E. auch *Vergho*, wistra 2010, 86 (91 f.); *Wessels/Hillenkamp/Schuhr*, BT 2 Rn. 487 f.; a. A. *Greupner*, Schutz des Einfältigen, S. 222 ff.; *Hecker*, Strafbare Produktwerbung, S. 342, der sich im Rahmen von Täuschung und Irrtum am gemeinschaftsrechtlichen Durchschnittsverbraucher orientieren möchte.

622 Zum Ganzen *Bosch*, FS Samson, S. 241–256; *Erb*, FS Müller-Graff, S. 199–205; *Greupner*, Schutz des Einfältigen; *Hillenkamp*, Opferverhalten, S. 191–198; *Kudlich*, ZWH 2011, 39. Mit der Frage, an welcher Stelle im Rahmen des Betrugstat-

bestehendes Schutzrecht zu einer für den Betroffenen auch tatsächlich werthaften Lossagungsmöglichkeit erstarkt, hängt maßgeblich auch von dessen Verständnis durch den Betroffenen ab.

Richtig ist, dass es „einen vernünftigen Grund dafür, ausgerechnet diesen Personen zum Schutz ihres Vermögens eine Eigeninitiative abzuverlangen, die sie nicht leisten können, und damit einen Freiraum zu ihrer gezielten vermögensschädigenden Ausbeutung zu eröffnen," nicht gibt.[623] Das „Geschäftsmodell des Internetbetruges" zielt gerade auf in Internetdingen unerfahrene Verbraucher ab.[624] Die widersinnige Konsequenz einer allgemeinen Subsidiarität des Strafrechts wäre, genau diesem betroffenen Adressatenkreis den strafrechtlichen Schutz jedenfalls teilweise zu versagen.[625] Von dieser grundsätzlichen Frage abgesehen, ergibt sich im Zusammenhang mit der Vermögensminderung der grundsätzliche Schutz für jedermann aber bereits aus einem anderen Grund:[626] Denn, dass in die Beurteilung der *tatsächlichen* Zahlungsgefahr zwingend auch individuelle Eigenschaften besonders schutzwürdiger Personen miteinbezogen werden müssen, ist bereits die Konsequenz der Anwendung eines wirtschaftlichen Vermögensbegriffes.[627] Das verkennt *Luipold*, wenn sie unter Verweis auf eine wirtschaftliche Vermögensbewertung derartige Kriterien gerade unberücksichtigt wissen will.[628] Für das Kriterium der Zumutbarkeit ist daher festzuhalten, dass eine zivilrechtliche Lossagungsmöglichkeit die Zah-

---

bestandes die Opfermitverantwortung am ehesten zu verorten ist, befasst sich *Loch*, Anzeigenschwindel, S. 121–149. Zu den Auswirkungen auf die unterschiedlichen Tatbestandsmerkmale des Betruges eingehend *Petropoulos*, Berücksichtigung des Opferverhaltens.

623 *Erb*, FS Müller-Graff, S. 199 (205); ebenfalls in diese Richtung *Bohnenberger*, Vertragserschleichung, S. 79; *Eisele*, BT II, Rn. 549; *Göbel*, Unseriöse Geschäftstätigkeit, S. 120; *Hillenkamp*, Opferverhalten, S. 46; *Majer/Buchmann*, NJW 2014, 3342 (3344); *Paschke*, Insertionsoffertenbetrug, S. 79; *Rengier*, FS Fezer, S. 365; *Stuckenberg*, ZStW 118 (2006), 878 (897 f.); *Wessels/Hillenkamp/Schuhr*, BT 2 Rn. 487 f., 549: kritisch *Hecker/Müller*, ZWH 2014, 329 (334).

624 B. II. 1. a) ee); so auch *Bohnenberger*, Vertragserschleichung, S. 79 bzgl. der Unterschriftenerschleichung.

625 Vgl. *Völschow*, Kostenfallen, S. 207. Ferner ist die Bewertung des Mitverschuldens des Opfers dem Strafrecht grds. fremd BGH, Urteil v 05.12.2002 – 3 StR 161/02, NJW 2003, 1198 (1199).

626 Diese Differenzierung arbeiten *Brammsen/Apel* zutreffend heraus, WRP 2011, 1254 (1255).

627 In diese Richtung auch *Brammsen/Apel*, WRP 2011, 1254 (1255); nicht überzeugend insoweit die Kritik *Luipolds*, Schadensmerkmal, S. 157.

628 *Luipold*, Schadensmerkmal, S. 157; gegen die Auffassung *Luipolds* zu Recht *Wessels/Hillenkamp/Schuhr*, BT 2 Rn. 549.

lungsgefahr nur dann problemlos abschirmen kann, wenn ihre effektive Inanspruchnahme auch unaufmerksamen, unterdurchschnittlich informierten und ängstlichen Personen zuzumuten ist.[629]

ee) Zwischenergebnis

Die vorstehenden Ausführungen zeigen, dass eine zivilrechtliche Lossagungsmöglichkeit allein wegen ihres rechtlichen Bestehens keineswegs Auswirkungen auf den Eingehungsbetrug entfalten muss.[630] Vielmehr ist für den jeweiligen Einzelfall stets zu prüfen, ob soeben aufgeführte Kriterien erfüllt sind. Denn nur dann erstarkt die Lossagungsmöglichkeit tatsächlich zu einem auch wirtschaftlich relevanten Recht, das dem Betroffenen die effektive und problemlose Abwehr der Zahlungsgefahr ermöglicht.[631] Nur in diesem Fall kann von einer Vermögensminderung trotz täuschungsbedingt eingegangenem Vertrag nicht mehr ausgegangen werden.

Dieser Maßstab soll richtungsweisend sein, um die nachfolgenden Konstellationen – insbesondere die Auswirkungen des Widerrufsrechtes auf den Eingehungsbetrug – einheitlich und widerspruchsfrei einordnen zu können.

---

629 Eine Grenzziehung kann im Einzelfall Schwierigkeiten bereiten.

630 Darauf, dass für den betrugsrechtlichen Vermögensgegenstand nicht einfach Vorgaben des Zivilrechts unkritisch übernommen werden dürfen, sondern eine „eigenständige strafrechtliche Begriffsbildung" zu erfolgen hat, weist zu Recht *Pawlik*, Das unerlaubte Verhalten, S. 254 hin. Ebenso *Cai*, Zukünftige Ereignisse, S. 136.

631 In Bezug auf die Anfechtung spricht etwa *Cramer* von einer Durchführung „ohne Schwierigkeiten" als Maßstab einer Werthaftigkeit des Rechtes, Vermögensschaden, S. 147, 176 f. In diese Richtung auch *Ahn*, Schadensberechnung, S. 167. Bei *Hefendehl* heißt es, die Durchsetzung des Rechtes müsse einen „sicheren Erfolg" versprechen, MüKoStGB/*Hefendehl*, § 263 Rn. 618. Ähnlich auch *Satzger*, nach dem besonderer Wert darauf zu legen ist, dass der Getäuschte die Umstände kennt und sie gefahrlos ohne Mitwirkung des Täuschenden geltend machen kann, Satzger/Schluckebier/Widmaier/*Satzger*, StGB, § 263 Rn. 263 f.; zust. *Gähler*, Gefährdungsschaden, S. 169. Auf die Bedeutung der Mitwirkung des Schuldners im Rahmen einer wirtschaftlichen Vermögensbetrachtung stellt auch *Amelung* ab, NJW 1975, 624 (626); a. A. *Schmidt*, Begriff des Vermögensschadens, S. 72.

b) Grundlegung zum Einfluss des Anfechtungsrechts
    auf den Eingehungsbetrug

Nach zutreffender Ansicht führt das Bestehen eines Anfechtungsrechts grundsätzlich nicht dazu, dass in einer täuschungsbedingt eingegangenen Verpflichtung keine Vermögensminderung im Sinne von § 263 I StGB zu erblicken ist.[632] Dieses Ergebnis entspricht der allgemeinen Meinung in Rechtsprechung und Literatur und wird freilich unterschiedlich begründet.[633] Nach dem hier zugrunde gelegten Maßstab ist entscheidend, dass ein bestehendes Anfechtungsrecht grundsätzlich nicht geeignet ist, die Zahlung des Getäuschten sicher und ohne unzumutbaren Aufwand abzuwenden. Das beruht im Wesentlichen auf dem Fehlen der oben bereits dargestellten allgemeinen Anforderungen, die im Rahmen der strafrechtlichen Vermögensminderung an zivilrechtliche Lossagungsmöglichkeiten zu stellen sind.[634]

Erstens ist das Anfechtungsrecht dem Getäuschten meist nicht bekannt, da eine gesetzliche oder vertragliche Belehrungspflicht nicht besteht. Schon dieser Umstand führt, gemessen an einer *tatsächlichen* Durchsetzbarkeit der täuschungsbedingt erlangten Forderung, faktisch zur Wertlosigkeit des Anfechtungsrechtes. Prognosen darüber, ob dem Getäuschten das Recht ausnahmsweise bekannt sein könnte, sind regelmäßig derart vage, dass sie dem Täter nicht zugutekommen können, jedenfalls aber seinem Risikobereich unterfallen.

Zweitens ist der Täuschende bei täuschungsbedingt erlangter, aber mit einem Anfechtungsrecht behafteten Verbindlichkeit zunächst einmal in

---

632 Siehe nur *Hecker*, Strafbare Produktwerbung, S. 246; *Otto*, Die Struktur, S. 278; *Paschke*, Insertionsoffertenbetrug, S. 253; *Rengier*, BT I, § 13 Rn. 188.

633 BGH, Urteil v. 23.01.1985 – 1 StR 691/84, NJW 1985, 1563; BGH, Urteil v. 20.02.1968 – 5 StR 694/67, BGHSt 22, 88 (89); im Erg. zustimmend Arzt/Weber/Heinrich/Hilgendorf/*Heinrich*, BT, § 20 Rn. 100; *Baumanns* JR 2005, 227 (230); BeckOK-StGB/*Beukelmann*, § 263 Rn. 57; *Eisele*, NStZ 2010, 193 (198); *ders.* BT II, Rn. 584; *Ensenbach*, Prognoseschaden, S. 157; *Fischer*, StGB, § 263, Rn. 176a; Matt/Renzikowski/*Saliger*, StGB, § 263 Rn. 139; Maurach/Schroeder/*Maiwald*, BT 1 § 41 Rn. 110; *Kindhäuser/Nikolaus*, JuS 2006, 293 (297 f.); *Krey/Hellmann/Heinrich*, BT 2 Rn. 631; Lackner/Kühl/*Kühl*, StGB, § 263 Rn. 36a; LK/*Tiedemann*, § 263 Rn. 166; Satzger/Schluckebier/Widmaier/*Satzger*, StGB, § 263 Rn. 225; *Wessels/Hillenkamp/Schuhr*, BT 2 Rn. 549; *Reitemeier*, Täuschungen vor Arbeitsverträgen, S. 149; a. A. *Schmidt*, Begriff des Vermögensschadens, S. 72 f. Einen Überblick über den Stand der Meinungen gibt *Luipold*, Schadensmerkmal, S. 133 ff.

634 B. III. 2. a); in diese Richtung auch MüKoStGB/*Hefendehl*, § 263 Rn. 618.

der Lage, seinen Anspruch im Zivilprozess problemlos durchzusetzen. Es wäre von Seiten des Getäuschten erforderlich, dass er das Vorliegen der Voraussetzungen der Anfechtung beweist.[635] Schon der hiermit einhergehende Aufwand und das Risiko, dass ihm dies nicht gelingen wird, rechtfertigen die Annahme, dass ein Anfechtungsrecht an der vermögensmindernden Qualität einer täuschungsbedingt eingegangenen Verbindlichkeit nichts ändern wird.[636] Insbesondere in Fällen der Unterschriftenerschleichung ist die Zahlungsgefahr unabhängig davon, ob ein Vertrag geschlossen wurde und anfechtbar ist oder ob überhaupt kein Vertrag geschlossen wurde, identisch.[637] Ist aber schon im Falle eines nicht einmal geschlossenen Vertrages – wegen der Beweislastumverteilung – eine Vermögensminderung gegeben, gilt dies erst recht, wenn eine Verpflichtung tatsächlich entstanden, aber anfechtbar ist.

Von diesem grundsätzlichen Ausgangspunkt mögen sich gegebenenfalls Ausnahmen konstruieren lassen, die im Einzelfall für eine problemlose und erfolgreiche Geltendmachung streiten.[638] Dies ist für die vorliegende Untersuchung jedoch nicht weiter von Relevanz.

c) Grundlegung zum Einfluss des Rücktrittsrechts
   auf den Eingehungsbetrug

Bei der Frage nach dem Einfluss des Rücktrittsrechts auf den Eingehungsbetrug muss zwischen dem gesetzlichen und dem vertraglichen Rücktrittsrecht differenziert werden.[639]

---

635 BGH, Urteil v. 27.06.2014 – V ZR 55/13, NJW 2014, 3296 (3297); *Bohnenberger*, Vertragserschleichung, S. 51; *Cramer*, Vermögensschaden, S. 146 f., 176; *Eisele*, BT II, Rn. 584; *Hefendehl*, Exspektanzen, S. 340; Palandt/*Ellenberger*, BGB, § 119 Rn. 32 u. § 123 Rn. 30 m. w. N. Zu dem in der Praxis häufig nicht unerheblichen Aufwand, der hiermit verbunden ist, siehe *Oechsler*, NJW 2017, 2865.
636 BGH, Beschluss v. 16.07.1970 – 4 StR 505/69, BGHSt 23, 300 (302 f.); *Cramer*, Vermögensschaden, S. 147, 176; *Ladiges*, Jura 2013, 844 (847).
637 B. II. 1. a) bb); BGH, Urteil v. 20.02.1968 – 5 StR 694/67, BGHSt 22, 88 (89).
638 *Cramer*, Vermögensschaden, S. 146 f., 177; *Hefendehl*, Exspektanzen, S. 340; *Luipold*, Schadensmerkmal, S. 145; *Otto*, Die Struktur, S. 278.
639 *Wessels/Hillenkamp/Schuhr*, BT 2 Rn. 549.

aa) Gesetzliches Rücktrittsrecht

Bei der Bewertung des gesetzlichen Rücktrittsrechts als mögliches geeignetes Kriterium, eine drohende Zahlung zuverlässig abzuschirmen, kann weitestgehend auf die Wertungen zum Einfluss des Anfechtungsrechts verwiesen werden. Denn auch über das gesetzliche Rücktrittsrecht ist der Kunde nicht aufzuklären. Diese Lossagungsmöglichkeit ist ihm daher zumeist unbekannt. Schon allein wegen dieses Umstandes kann das bloße Bestehen eines gesetzlichen Rücktrittsrechtes grundsätzlich nicht zu einer zuverlässigen Beherrschbarkeit der Zahlungsgefahr durch den Getäuschten führen.

Dass der Gesetzgeber mit § 477 BGB für die Geltendmachung des Rücktrittsrechtes beim Verbrauchsgüterkauf deutliche Beweiserleichterungen schafft, ist wegen der grundsätzlich fehlenden Erkennbarkeit des Rücktrittsrechts im Rahmen der Gefahrenbewertung irrelevant. Selbst wenn man aber die Beweissituation bei der Bewertung der Zahlungsgefahr miteinbeziehen wollte, würde dies zu keinem anderen Ergebnis führen. Denn auch der Umstand, dass der Käufer nun „nur noch" beweisen muss, dass die gekaufte Sache mangelhaft ist und dass der Mangel innerhalb der ersten sechs Monate nach Gefahrübergang aufgetreten ist, rechtfertigt nicht den Ausschluss einer Zahlungsgefahr zum Zeitpunkt des Vertragsschlusses. Nicht erst die Gefahr, dass dem Getäuschten ein solcher Nachweis nicht gelingt, sondern schon der hiermit verbundene Aufwand stehen dem zuverlässigen Abschirmen einer Zahlungsgefahr durch das gesetzliche Rücktrittsrecht entgegen. Auch von dieser grundsätzlichen für die große Mehrzahl denkbarer Konstellationen zutreffenden Sichtweise mag es vereinzelt Ausnahmen geben, in denen die Geltendmachung des Rücktrittsrechts an keinerlei weitere Voraussetzung als dessen Ausübung gebunden ist.

bb) Vertragliches Rücktrittsrecht

Die Auswirkungen eines vertraglichen Rücktrittsrechtes auf die Beherrschbarkeit der Zahlungsgefahr und damit auf die Vermögensminderung im Rahmen des Eingehungsbetruges verlaufen dem Grunde nach gegenläufig zu den Auswirkungen des gesetzlichen Rücktrittsrechtes.[640] Dies liegt an

---

640 Ähnlich *Jäger*, JuS 2010, 761 (764); *Cramer*, Vermögensschaden, S. 180. Zum Ganzen *Hecker*, Strafbare Produktwerbung, S. 238–241. Zu den Auswirkungen

der zumeist gegenläufigen Beurteilung von Erkennbarkeit des Rechtes und Beweislastverteilung.[641]

Auf der Grundlage oben herausgebildeter allgemeiner Kriterien ist zunächst festzustellen, dass auch ein vertragliches Rücktrittsrecht eine Zahlungsgefahr nur dann abschirmen und eine Vermögensminderung verhindern kann, wenn es problemlos geltend gemacht werden und damit eine Zahlung verhindern kann.[642]

Anders als beim gesetzlichen Rücktrittsrecht wird dies vielfach zu bejahen sein.[643] Denn durch die Verankerung im Vertrag ist das Rücktrittsrecht dem Getäuschten regelmäßig bekannt beziehungsweise erkennbar.[644] Auch hier kommt es aber auf die Umstände des Einzelfalles an.[645] Freilich darf sich das vertragliche Rücktrittsrecht nicht allein darauf beschränken, das ohnehin bestehende gesetzliche Rücktrittsrecht zu wiederholen.[646] Es gilt nach der zugrunde gelegten Ansicht ein strenger Maßstab, nach dem es als nicht ausreichend erachtet wird, wenn etwa an irgendeiner Stelle in den Allgemeinen Geschäftsbedingungen auf ein Rücktrittsrecht verwiesen wird. Denn Allgemeine Geschäftsbedingungen bestätigt der Kunde gerade bei Onlinegeschäften regelmäßig durch das Setzen eines Häkchens, ohne sich diese durchzulesen. Die Möglichkeit eines Rücktritts muss ernsthaft und nicht nur „alibimäßig" in Betracht kommen. Um ein vertragliches Rücktrittsrecht als hinreichend erkennbar anzuerkennen, ist deswegen ein ausdrücklicher und im Zuge des Vertragsschlusses ohne Weiteres optisch wahrnehmbarer Hinweis auf die Rücktrittsmöglichkeit zu verlangen.

Sofern ein vertragliches Rücktrittsrecht entsprechend erkennbar gemacht wurde und an keine weiteren Voraussetzungen als dessen Ausübung geknüpft ist, wird die vertraglich begründete Zahlungsgefahr derart abgeschirmt, dass von einer gegenwärtigen Vermögensminderung nicht

---

auf den Eingehungsbetrug von Garantieansprüchen ggü. Dritten siehe *Walter*, FS Herzberg, S. 763 (769 f.).

641 *Luipold*, Schadensmerkmal, S. 164 f.

642 Vgl. v. Heintschel-Heinegg/*Beukelmann*, StGB, § 263 Rn. 59; *Jäger*, JuS 2010, 761 (764); Matt/Renzikowski/*Saliger*, StGB, § 263 Rn. 218 f.; *Krey/Hellmann/Heinrich*, BT 2 Rn. 635; *Maurach/Schroeder/Maiwald*, BT 1 § 41 Rn. 109; *Rengier*, BT I, § 13 Rn. 191.

643 *Wessels/Hillenkamp/Schuhr*, BT 2 Rn. 549.

644 *Luipold*, Schadensmerkmal, S. 164.

645 V. Heintschel-Heinegg/*Beukelmann*, StGB, § 263 Rn. 59; *Rengier*, BT I, § 13 Rn. 191, 193.

646 *Bottke*, JR 1987, 427 (430) geht bei einem ausdrücklichen Hinweis auf das Rücktrittsrecht sogar von einer gezielten Verschleierung des Anfechtungsrechtes aus.

mehr gesprochen werden kann.[647] Es dürfen insoweit jedoch keine konkreten Anhaltspunkte vorliegen, die erwarten lassen, dass der Täuschende den Rücktritt nicht gegen sich wird gelten lassen.

Als durchaus problematisch kann es zu bewerten sein, wenn zu erwarten steht, dass der Getäuschte trotz Kenntnis des Rücktrittsrechtes aus verschiedentlichen Motiven von der Geltendmachung absehen wird.[648] Weitere Probleme können entstehen, wenn der Getäuschte zwar noch nicht gezahlt hat, aber die Ware schon in den Händen hält oder die angebotene Dienstleistung schon nutzt. Es ist in diesen Fällen nicht auszuschließen, dass Irritationen dahingehend entstehen, ob die Ware trotz Ingebrauchnahme überhaupt zurückgenommen wird, was die Ausübung des Rücktrittsrechtes dann gegebenenfalls *faktisch* sogar verhindert.[649] Denkbar ist aber auch, dass die mit der Rücksendung verbundenen Aufwendungen gescheut werden und hierdurch gegebenenfalls Kosten für den Getäuschten entstehen. Inwieweit derartige Gründe im Rahmen einer problemlosen Ausübung der zivilrechtlichen Lossagungsmöglichkeit, wie sie stets zu fordern ist, Berücksichtigung finden dürfen, wird im Einzelnen bei den Auswirkungen des Widerrufsrechtes besprochen.[650]

d) Grundlegung zum Einfluss des Widerrufsrechtes
   nach dem Abzahlungsgesetz, dem Verbraucherkreditgesetz
   und dem Haustürwiderrufsgesetz

Lediglich der Vollständigkeit halber und in aller Kürze soll nachfolgend auf die Auswirkungen des Widerrufs nach dem *jeweils aufgehobenen* Abzahlungsgesetz[651], dem Verbraucherkreditgesetz[652] und dem Haustürwider-

---

647 I. E. so auch *Rengier*, BT I, § 13 Rn. 192; *Wessels/Hillenkamp/Schuhr*, BT 2 Rn. 549. Ebenfalls in diese Richtung *Bottke*, der ein Rücktrittsrecht als bedingungslos anerkennt, wenn es auch bei teilweisem Warenverbrauch ohne Weiteres ausgeübt werden kann, JR 1987, 427 (430).

648 BGH, Urteil v. 22.10.1986 – 3 StR 226/86, BGHSt 34, 199; *Bohnenberger*, Vertragserschleichung, S. 53; v. Heintschel-Heinegg/*Beukelmann*, StGB, § 263 Rn. 59; *Rengier*, BT I, § 13 Rn. 189.

649 BGH, Urteil v. 22.10.1986 – 3 StR 226/86, BGHSt 34, 199.

650 B. III. 4. b) aa) (2).

651 Aufgehoben im Januar 1991, Art. 10 I BGBl Nr. 71 v. 22.12.1990.

652 Aufgehoben im November 2001, Art. 6 Nr. 3 BGBl Nr. 61 v. 29.11.2001.

rufsgesetz[653] eingegangen werden.[654] Zwar waren die entsprechenden Widerrufsrechte abweichend von dem heutigen Verbraucherwiderruf als Wirksamkeitserfordernis ausgestaltet, sodass ein täuschungsbedingter Vertrag zunächst schwebend unwirksam war, sofern er innerhalb einer bestimmten Frist nicht widerrufen wurde.[655] Vergleichbar mit der heutigen Situation ist demgegenüber, dass auch über die damaligen Widerrufsrechte ausdrücklich belehrt werden musste und es keine mit dem Anfechtungsrecht vergleichbaren Beweisanforderungen auf Seiten des Widerrufenden gab.[656] Ausgehend von diesen gesetzgeberischen Vorgaben hatten die genannten Widerrufsrechte grundsätzlich das Potential zu wirtschaftlich relevanten Schutzrechten. So waren die Widerrufsrechte beispielsweise bei korrekter Belehrung ohne Weiteres erkennbar.[657] Zutreffend ist aber auch, dass aus der gesetzgeberischen Ausgestaltung nicht per se auf deren Umsetzbarkeit zu schließen war.[658] Zu prüfen war auch damals stets, ob die konkreten Voraussetzungen, beispielsweise an eine ordnungsgemäße Widerrufsbelehrung, auch eingehalten wurden und das Recht daher auch zu einer *faktisch* tauglichen Lossagungsmöglichkeit erstarkte.[659]

e) Grundlegung zum Einfluss der Stornierungsbereitschaft
   auf den Eingehungsbetrug

Ob der täuschungsbedingt eingegangene Vertrag auf Nachfrage des Getäuschten storniert wird, kann auf die Zahlungsgefahr zum Zeitpunkt des Vertragsschlusses keinen Einfluss haben.[660] Denn zu diesem Zeitpunkt kennt der Getäuschte eine etwaige Stornierungsbereitschaft nicht.[661] Ob die Zahlung ausbleibt stellt sich aus Sicht des Täters vielmehr als Zufall

---

653 Aufgehoben im November 2001, Art. 6 Nr. 5 BGBl Nr. 61 v. 29.11.2001.
654 Zum Ganzen *Bohnenberger*, Vertragserschleichung, S. 51–55 und *Luipold*, Schadensmerkmal, S. 149–160.
655 *Luipold*, Schadensmerkmal, S. 149 ff.
656 *Luipold*, Schadensmerkmal, S. 154, 158.
657 Insoweit zutreffend *Luipold*, Schadensmerkmal, S. 158.
658 *Bohnenberger*, Vertragserschleichung, S. 54. Hierauf weist auch *Dingler* zu Recht hin, Online-Auktionen, S. 166.
659 Insoweit zutreffend *Bohnenberger*, Vertragserschleichung, S. 54 f.; siehe auch *Endriß*, wistra 1990, 335 (337).
660 *Eisele*, BT II, Rn. 584; *Fischer*, StGB, § 263 Rn. 176a; *Krey/Hellmann/Heinrich*, BT 2 Rn. 634; *Maurach/Schroeder/Maiwald*, BT 1 § 41 Rn. 110; *Rengier*, BT I, § 13 Rn. 189; *Wessels/Hillenkamp/Schuhr*, BT 2 Rn. 549.
661 *Eisele*, BT II, Rn. 584; *Fischer*, StGB, § 263 Rn. 176a; *Rengier*, BT I, § 13 Rn. 189.

dar, weil dies davon abhängt, ob das Opfer noch vor Zahlung um Stornierung bitten wird.[662] Es bleibt deswegen, auch bei einer von Beginn an bestehenden Stornierungsbereitschaft, anders als bei einem *bekannten* vertraglichen Rücktrittsrecht, bei einer gegenwärtigen Vermögensminderung
zum Zeitpunkt des Vertragsschlusses.[663]

3. Einfluss des Widerrufsrechtes auf den Eingehungsbetrug im Fernabsatz

In diesem Abschnitt werden auf der zuvor erarbeiteten Grundlage die Auswirkungen des Widerrufsrechtes auf den Eingehungsbetrug im Fernabsatz
untersucht. Sofern in der Literatur bisweilen darauf verwiesen wird, dass
das Widerrufsrecht erkennbar, „der Grund für den Rücktritt bzw. den Widerruf offensichtlich, der Vertragspartner problemlos greifbar" sein und
das Recht auch ansonsten ohne Hindernisse muss geltend gemacht werden
können[664], um als wirtschaftlich werthaft anerkannt zu werden, trifft dies
zwar zu, muss jedoch weiter präzisiert werden, weil allein durch diese Aussagen die relevanten Fragen nach der wirtschaftlichen Werthaftigkeit un-
beantwortet bleiben.[665] Die nachfolgende Beantwortung dieser Fragen orientiert sich an dem zuvor erarbeiteten Anforderungsprofil:[666]
Zunächst wird als Fundament der wirtschaftlichen Werthaftigkeit die zivilrechtliche Entstehung des Widerrufsrechtes erörtert (*B. III. 3. a)*). Weil

---

662 *Rengier*, BT I, §13 Rn.189. Dies verkennt *Ahn*, Schadensberechnung, S.85.
Denn, dass der Getäuschte nicht wird zahlen müssen, steht zum maßgeblichen
Zeitpunkt des Vertragsschlusses für ihn gerade nicht fest.
663 BGH, Beschluss v. 16.07.1970 – 4 StR 505/69, BGHSt 23, 300; MüKoStGB/*Hefendehl*, § 263 Rn. 614.
664 MüKoStGB/*Hefendehl*, § 263 Rn. 611, 620.
665 In Rechtsprechung und Literatur finden sich vereinzelt Ausführungen zu den
Auswirkungen des Widerrufsrechtes nach dem Abzahlungsgesetz, dem Verbraucherkreditgesetz und dem Haustürwiderrufsgesetz (siehe oben unter B. III. 2.
d)). Eine Übersicht findet sich bei *Bohnenberger*, Vertragserschleichung, S. 51–55
und bei *Luipold*, Schadensmerkmal, S. 149–160; knapp hierzu auch *Hefendehl*,
Exspektanzen, S. 338 f. Die Ausgangslage ist jedoch eine andere als heute, da
nach damaliger Rechtslage „der Vertrag bei Eingreifen der Widerrufsrechte erst
wirksam wird, wenn der getäuschte Vertragspartner nicht innerhalb einer Wo-
che nach erfolgter Widerrufsbelehrung widerruft", *Luipold*, Schadensmerkmal,
S. 152. Sollten sich die diesbezüglich vertretenen Ansichten gleichwohl mit dem
heutigen Widerrufsrecht im Fernabsatz vergleichen lassen, wird hierauf an der
jeweils relevanten Stelle Bezug genommen.
666 B. III. 2. a); Deutlich zu pauschal im Hinblick auf die Auswirkungen von Lossagungsmöglichkeiten beim Betrug im Fernabsatz, *Schramm*, BT I, § 7 Rn. 126.

es sich hierbei – trotz ihrer bedeutsamen Auswirkungen für die Betrugsstrafbarkeit – um zivilrechtliche Fragestellungen handelt, wird auf diese lediglich kurz hingewiesen. Es sollen an dieser Stelle wenige Konstellationen verdeutlicht werden, wie sie typischerweise im Zusammenhang mit dem Internetbetrug auftauchen, um so eine Sensibilisierung bei der strafrechtlichen Prüfung zu schaffen.

Aufbauend auf dieser rein zivilrechtlichen Werthaftigkeit wird in einer nächsten Stufe der tatsächliche und damit wirtschaftlich relevante Wert des Widerrufsrechts untersucht (*B. III. 3. b)*). Denn wie bereits ausführlich dargelegt, kann das Widerrufsrecht eine Zahlungsgefahr nur dann in einer für die Betrugsstrafbarkeit zu berücksichtigenden Weise abschirmen, wenn auch die Anforderungen an eine strafrechtliche, das heißt eine wirtschaftliche, Werthaftigkeit erfüllt sind.[667] Es bietet sich an, die Überprüfung des Widerrufsrechtes auf die Einhaltung der hierfür erforderlichen Voraussetzungen in die bereits angesprochenen zwei Obergruppen[668] zu unterteilen:

Erstens ist zu untersuchen, ob das Widerrufsrecht bei Einhaltung sämtlicher gesetzlicher Vorgaben hinsichtlich Belehrung, Rückabwicklung und so weiter eine grundsätzlich wirtschaftlich werthafte Lossagungsmöglichkeit darstellt, die eine Zahlungsgefahr hinreichend abschirmen kann (*B. III. 3. b) aa)*). *Zweitens* wird zu untersuchen sein, welchen Einfluss es auf den Eingehungsbetrug hat, wenn die gesetzlichen Vorgaben gerade nicht eingehalten werden. So gibt es im Zusammenhang mit Entstehung und Ausübung des Widerrufsrechtes typische Problemfelder, weil Internetbetrüger selbstverständlich bemüht sind, ihre Opfer an der effektiven Ausübung des Widerrufsrechtes zu hindern. Strafrechtlich bedeutsame Sachverhalte werden deswegen nahezu ausnahmslos von faktischen Hindernissen bei der Geltendmachung des Widerrufsrechtes begleitet. Es erscheint daher unbedingt geboten, auch einen Blick auf insoweit typische Hindernisse bei der Ausübung des Widerrufsrechtes und deren Auswirkungen auf den Eingehungsbetrug zu richten (*B. III. 3. b) bb)*).

a) Entstehung eines zivilrechtlich werthaften Widerrufsrechtes
   als Fundament

Gilt es im Rahmen der Prüfung des Eingehungsbetruges zu untersuchen, ob eine Vollendungsstrafbarkeit aufgrund eines Widerrufsrechtes ausschei-

---

667 B. III. 2. a).
668 B. III. 2. a).

det, muss zunächst festgestellt werden, ob im konkreten Fall ein Widerrufsrecht mit einer solchen Effizienz entstanden ist, das eine Zahlungsgefahr zuverlässig abschirmen kann. Wie bereits dargelegt, ist aus dem zivilrechtlichen Bestehen des Widerrufsrechtes im konkreten Fall nicht pauschal auf dessen – strafrechtlich relevante – wirtschaftliche Werthaftigkeit im Sinne eines zuverlässigen Abschirmungsinstrumentariums zu schließen.[669]

Gleichwohl muss als Fundament einer derartigen Werthaftigkeitsprüfung zunächst festgestellt werden, ob *zivilrechtlich* überhaupt ein Widerrufsrecht für den konkret zu untersuchenden Fall besteht. Denn besteht ein solches Widerrufsrecht schon nicht, bedarf es im Rahmen der Prüfung des Eingehungsbetruges keinerlei Erörterungen über dessen gefahrenabschirmende Wirkung.

Grundsätzlich muss daher ein Vertrag zwischen den Parteien geschlossen worden sein, ein Widerrufsrecht wirksam entstanden und insbesondere nicht aus irgendwelchen Gründen ausgeschlossen sein. Hierbei handelt es sich um zivilrechtliche Problemstellungen, die vielfach – wegen der relativ jungen Thematik – in Rechtsprechung und Literatur noch nicht abschließend geklärt sind.[670] Es ist nicht Anspruch der vorliegenden Arbeit, diese zivilrechtlichen Problemfelder umfassend darzustellen. Ein Hinweis auf die Thematik und die Nennung weniger typischer Probleme ist jedoch unerlässlich. Denn auch diese Problematik muss wegen ihrer mittelbaren, aber gleichwohl weichenstellenden Bedeutung zwingend bei der strafrechtlichen Prüfung berücksichtigt werden. Unterteilt werden können diese in Probleme bei Entstehung des *Vertrages* zum einen (*dazu unter B. III. 3. a) aa)*) und Probleme bei der Entstehung des *Widerrufsrechtes* zum anderen (*dazu unter B. III. 3. a) bb)*).

aa) Vertrag geschlossen / Rechtsschein

Ausgangspunkt für die strafrechtliche Bewertung der Werthaftigkeit des Widerrufsrechtes bei Vertragsschlüssen im Internet ist zunächst stets die Frage, ob ein Button im Sinne von § 312j III BGB vorliegt. Ist dies schon

---

669 B. III. 2. a); so auch ausdrücklich BT-Drs. 17/7745, S. 6, in dem für den Zeitraum vor Einführung der "Button-Lösung" festgestellt wird, dass allein aus dem formell bestehenden Widerrufsrecht im Fernabsatz „dem Phänomen der Kostenfallen" nicht hinreichend entgegengewirkt werden kann.

670 Hierzu eingehend *Specht*, VuR 2017, 363.

nicht der Fall, scheitert die Strafbarkeit wegen vollendeten Eingehungsbetruges *grundsätzlich* bereits aus den im ersten Hauptkapitel der Untersuchung eingehend dargestellten Gründen.[671] Die Frage nach solchen Formulierungen, die auf dem Button verwendet werden dürfen, kann im Einzelfall zu Schwierigkeiten führen und erlangt an dieser Stelle in der strafrechtlichen Prüfung des Eingehungsbetruges maßgebliche Bedeutung.[672]

Nur *ausnahmsweise* kann trotz fehlendem oder fehlerhaftem Button eine
durch die Vermögensverfügung vermittelte Zahlungsgefahr dem Grunde
nach bejaht werden[673], sodass mit der Prüfung der Auswirkungen des Widerrufsrechtes auf die Vollendungsstrafbarkeit wegen Eingehungsbetruges
gleichwohl fortzufahren ist:

Es geht dabei um Sachverhalte, in denen der Betreiber einer Internetseite durch ihre Ausgestaltung und die Auswahl des Angebots, beispielsweise
mit einer Plattform für Kochrezepte, offenkundig Verbraucher anspricht,
gleichzeitig aber versteckt oder jedenfalls beiläufig darauf hinweist, dass
sich sein Angebot nicht an Verbraucher, sondern ausschließlich an Gewerbetreibende richtet.[674] Weil die Beweislast der Lossagung in diesem Fall
ausnahmsweise der getäuschte Verbraucher trägt, muss er sich trotz des
nicht zustande gekommenen Vertrages lossagen. Die Beantwortung auch
dieser Frage nach der tatsächlichen Ausrichtung des Angebots erscheint
bei entsprechenden Ausgangssachverhalten daher auch in der strafrechtlichen Prüfung geboten. Schließlich kann das Widerrufsrecht nur dann Auswirkungen auf den Betrugstatbestand entfalten, wenn es dem Getäuschten
überhaupt zusteht.

---

671 Siehe hierzu insbes. B. II. 2. u. 3.
672 Als nicht ausreichend wurden bisweilen etwa folgende Formulierungen erachtet: „Jetzt anmelden" (LG Leipzig, Urteil v. 26.07.2013 – 08 O 3495/12, BeckRS
2013, 13273), „anmelden" (LG Berlin, Urteil v. 17.07.2013 – 97 O 5/13, BeckRS
2013, 15956), „Bestellung abschicken" (OLG Hamm, Urteil v. 19.11.2013 – 4 U
65/13, WRP 2014, 330 (332 f.)). Relevant wird an dieser Stelle auch die eingangs
erwähnte Problematik um *kostenlose Probeabos*, für die keine anderen Anforderungen an die Beschriftung des Buttons gelten (siehe A. I. a. E.). Insoweit wurden als unzureichend erachtet: „jetzt kostenlos testen" oder „Jetzt gratis testen –
danach kostenpflichtig", auch wenn der erste Monat der Mitgliedschaft tatsächlich kostenfrei ist (LG München I, Beschluss v. 11.06.2013 – 33 O 12678/13 und
OLG Köln, Urteil. v. 03.02.2016 – 6 U 39/15, GRUR-RR 2016, 456); zum Ganzen BeckOK-BGB/*Maume*, § 312j, Rn. 22; Jauernig/*Stadler*, BGB, § 312j, Rn. 3;
MüKoBGB/*Wendehorst*, § 312j, Rn. 27 f.
673 B. II. 1. a) bb).
674 Hierzu eingehend bereits B II. 1. a) bb). Siehe auch OLG Hamm, Urteil v.
16.11.2016 – 12 U 52/16, GRUR-RR 2017, 198; Hoeren/Sieber/Holznagel/
Föhlisch, MMR-HdB, Teil 13.4 Rn. 28.

bb) Kein Ausschluss des Widerrufs

Es soll hier im Ansatz auf zwei typische Fallstricke bei der Frage des Bestehens eines Widerrufsrechtes hingewiesen werden, wie sie bei Anfechtungs- und Rücktrittsrechten nicht existieren und gerade im Lichte der vorliegend relevanten Problematik des Internetbetruges von besonderer Bedeutung erscheinen.

Erstens normiert der Gesetzgeber – anders als etwa bei Anfechtungs- und Rücktrittsrechten – für den Verbraucherwiderruf zahlreiche Ausnahmen, die eine Widerrufsmöglichkeit ausschließen.[675] Hierbei können teils geringe Abweichungen bei dem Anbieten von Waren im Internet darüber entscheiden, ob ein Ausnahmetatbestand eingreift. Auch die Ausnahmeregelungen beruhen auf der Umsetzung der RL 2011/83/EU. Vieles ist hier noch ungeklärt und es wird sich erst im Laufe der Zeit zeigen, welche praktischen Fallgestaltungen zu Beurteilungsproblemen führen werden.[676] Beispielsweise hat der Bundesgerichtshof jüngst dem Europäischen Gerichtshof die Frage zur Vorabentscheidung vorgelegt, ob Matratzen, die in einer Schutzfolie geliefert werden, als versiegelte Hygieneartikel gelten und der Widerruf deswegen ausgeschlossen sein kann, Art. 16 e) RL 2011/83/EU.[677] Neben derartigen in der Rechtsprechung noch ungeklärten, praktisch aber höchst relevanten Fragen, wird die Unsicherheit auf Verbraucherseite dadurch erhöht, dass Betreiber von Internetseiten oftmals hartnäckig den Standpunkt vertreten, die Widerrufsmöglichkeit sei wirksam ausgeschlossen worden.[678] Dass hierdurch faktisch Einfluss auf die Inanspruchnahme des Widerrufsrechtes genommen wird, liegt auf der Hand. Wegen der Bedeutung des Ausschlusses der Widerrufsmöglichkeit für den Fortgang der weiteren strafrechtlichen Prüfung, soll nachfolgend auf wenige typische Konstellationen hingewiesen werden:

Gründe für das Nichtbestehen des Widerrufsrechtes finden sich insbesondere in §§ 312 II–VI, § 312g II, III BGB und § 356 IV, V BGB. Von besonderer praktischer Bedeutung ist die zuletzt genannte Regelung des

---

675 BeckOK-BGB/*Martens*, § 312g, Rn. 15 ff.; kritisch in Bezug auf Umsetzung und Auswahl der Ausnahmetatbestände durch den deutschen Gesetzgeber Hoeren/Sieber/Holznagel/*Föhlisch*, MMR-HdB, Teil 13.4 Rn. 274.

676 So auch Spindler/Schuster Elektron. Medien/*Schirmbacher*, BGB, § 312g, Rn. 7; mit Verweis auf bereits ergangene Entscheidungen zum Ausschluss des Widerrufsrechtes *Föhlisch/Löwer*, VuR 2016, 443 (450).

677 BGH, Vorlagebeschluss v. 15.11.2017 – VIII ZR 194/16, NJW 2018, 453; anhängig EuGH – C-681/17.

678 LG Göttingen, Urteil v. 17.08.2009 – 8 KLs 1/09.

§ 356 V BGB.[679] Betroffen sind Verträge über die Lieferung *digitaler Inhalte*. Digitale Inhalte bestehen nach der Legaldefinition in § 312f III BGB aus der „Lieferung von nicht auf einem körperlichen Datenträger befindlichen Daten, die in digitaler Form hergestellt und bereitgestellt werden."[680] In diesem Fall erlischt das Widerrufsrecht schon nach Beginn – und nicht erst mit vollständigem Abschluss – der Erbringung der Leistung, nachdem der Verbraucher ausdrücklich zugestimmt hat, dass der Unternehmer mit der Ausführung des Vertrags vor Ablauf der Widerrufsfrist beginnt, und seine Kenntnis davon bestätigt hat, dass er durch seine Zustimmung mit Beginn der Ausführung des Vertrags sein Widerrufsrecht verliert, § 356 V BGB i. V. m. Art. 246a § 1 III Nr. 2 EGBGB. Die Beweislast für das Vorliegen der Voraussetzungen des vorzeitigen Erlöschens des Widerrufsrechtes trägt der Unternehmer.[681]

Gerade weil es beim Onlinebetrug oftmals nicht um Waren, sondern um den Zugriff auf Onlinedienste oder Onlinedatenbanken geht, ist dem Ausnahmetatbestand des § 356 V BGB besondere Aufmerksamkeit zu widmen.[682] Ferner bietet die Ausnahmeregelung die aus Tätersicht vorteilhafte Möglichkeit, sich des störenden Widerrufsrechtes ganz legal entledigen zu können.[683] Liegen die Voraussetzungen des § 356 V BGB vor und das Widerrufsrecht wurde wirksam ausgeschlossen, erübrigen sich weitere Erörterungen hinsichtlich seiner etwaigen gefahrenabschirmenden Wirkung im Rahmen des Betruges. Das Oberlandesgericht München hat jüngst entschieden, dass mit der *Lieferung digitaler Inhalte* im Sinne von § 356 V BGB keineswegs nur die einmalige Bereitstellung, sondern auch der längerfristige Zugriff auf ein Portal mit entsprechenden nicht weiter konkretisierten Inhalten erfasst sein soll.[684] Erwähnenswert ist das deswegen, weil damit bei der im Rahmen der strafrechtlichen Würdigung besonders relevanten Fallgruppe, nämlich der Abonnementverträge über digitale Inhalte, ein Ausschluss des Widerrufsrechts grundsätzlich möglich bleibt.

---

679 Siehe auch BT-Drs. 17/12637, S. 55 f.
680 Für weitere Einzelheiten siehe *Janal/Jung*, VuR 2017, 332; als Beispiele nennt Erwägungsgrund 19 der RL 2011/83/EU Computerprogramme, Apps, Spiele, Musik, Videos und Texte.
681 BeckOK-BGB/*Müller-Christmann*, § 356 Rn. 24.
682 *Schärtl*, JuS 2014, 577 (580).
683 OLG Frankfurt a. M., Urteil v. 04.12.2008 – 6 U 187/07.
684 OLG München, Urteil v. 30.06.2016 – 6 U 732/16, WRP 2016, 1399; die Nichtzulassungsbeschwerde der Klägerin hat der BGH mit Beschluss v. 29.07.2017 – I ZR 183/16 zurückgewiesen; kritisch *Janal/Jung*, VuR 2017, 332 (334).

Zweitens kann an dieser Stelle die Beantwortung der Frage, ob der Verbraucher ordnungsgemäß über den Ausschluss des Widerrufsrechtes belehrt und seine Zustimmung wirksam erteilt wurde, mit Schwierigkeiten verbunden sein.[685] Auch dieses Problem sollte bei der strafrechtlichen Prüfung präsent sein, um hier nicht vorschnell falsche Schlüsse für die Auswirkungen auf den Eingehungsbetrug zu ziehen. Denn erfolgen eine Belehrung und eine Zustimmung, die jedoch den Anforderungen des § 356 V BGB nicht genügen, bleibt das Widerrufsrecht bestehen. Eine hierauf aufbauende Prüfung der strafrechtlichen Konsequenzen kann in diesem Fall – anders als bei einer wirksamen Zustimmung – erfolgen.

cc) Zwischenergebnis

Damit steht fest, dass bei der Prüfung der Strafbarkeit wegen Eingehungsbetruges, begangen durch einen Unternehmer gegenüber einem Verbraucher im Fernabsatz, zivilrechtliche Details bei der Entstehung des Vertrages und des Widerrufsrechtes keinesfalls außer Acht gelassen werden dürfen.[686] Die zivilrechtliche Entstehung des Vertrages oder aber jedenfalls eine Beweislastumverteilung ist Grundlage für die Auseinandersetzung mit dem Widerrufsrecht als potentielle strafrechtlich relevante Lossagungsmöglichkeit. Aber selbst, wenn diese Voraussetzungen erfüllt sind, verbietet es sich, bei der strafrechtlichen Untersuchung sogleich auf die Prüfung der Auswirkungen des Widerrufsrechtes auf den Eingehungsbetrug zu springen. Denn nur wenn das Widerrufsrecht tatsächlich entstanden ist, kann es als eine die Zahlungsgefahr abschirmende Lossagungsmöglichkeit überhaupt erst in Betracht kommen. Anders als beim Anfechtungs- und Rücktrittsrecht sind die Ausnahmetatbestände, bei denen das Widerrufsrecht nicht besteht, äußerst facettenreich und vielfach noch nicht abschließend geklärt.

---

685 LG Berlin Urteil v. 30.06.2016 – 52 O 340/15; anhängig KG Berlin, Az. 23 U 100/16; LG Göttingen, Urteil v. 17.08.2009 – 8 KLs 1/09; *Föhlisch/Löwer*, VuR 2018, 11 (18); *dies.* VuR 2016, 443 (450); *Janal/Jung*, VuR 2017, 332 (339); wie der korrekte Belehrungsablauf einschließlich der erforderlichen Bestätigung (§ 312f III BGB) aussehen sollte, schildert MüKoBGB/*Wendehorst*, § 312j, Rn. 28 f.

686 Im Grundsatz ähnlich *Krell*, ZIS 2019, 62 (63).

b) Entstehung eines wirtschaftlich werthaften Widerrufsrechtes

Aufbauend auf einem zivilrechtlich entstandenen Widerrufsrecht, kann mit der Prüfung der – für die strafrechtliche Untersuchung maßgeblichen – wirtschaftlichen Werthaftigkeit des Widerrufsrechtes fortgeschritten werden. In Erinnerung zu rufen ist, dass im Rahmen des wirtschaftlichen Vermögensbegriffes zivilrechtliche Lossagungsmöglichkeiten nur dann werthaft sind, wenn zum Zeitpunkt des Vertragsschlusses zu erwarten ist, dass sie vom Betroffenen auch tatsächlich problemlos geltend gemacht werden können.[687] Nachfolgend wird zunächst untersucht, ob in Anbetracht der gesetzgeberischen Anforderungen an die erfolgreiche Geltendmachung des Widerrufsrechtes von einer problemlos realisierbaren Lossagungsmöglichkeit gesprochen werden kann, wenn der Realisierbarkeit keine von den gesetzlichen Anforderungen abweichenden Umstände entgegenstehen (*dazu unter B. III. 3. b) aa)*).[688]

Abweichend von dieser Ausgangssituation können jedoch besondere Umstände die Geltendmachung des Widerrufsrechtes erschweren. Das sind beispielsweise die gezielte Verschleierung des Widerrufsrechtes, eine fehlende Widerrufsbelehrung oder schlicht die Weigerung des Täuschenden, den Widerruf anzuerkennen. Diese faktischen Hindernisse, die der effektiven Durchsetzung des Widerrufsrechtes entgegenstehen, sind im Rahmen einer wirtschaftlichen Vermögensbewertung grundsätzlich berücksichtigungsfähig. Es sollen insoweit einige beim Internetbetrug typischerweise auftretende Konstellationen im Hinblick auf deren Auswirkungen auf den Eingehungsbetrug in den Blick genommen werden (*B. III. 3. b) bb)*).

aa) Gesetzliche Anforderungen an die Ausübung des Widerrufsrechtes

Fraglich ist, ob das Widerrufsrecht vom Gesetzgeber grundsätzlich so ausgestaltet ist, dass es – bei Einhaltung der gesetzgeberischen Vorgaben – den Anforderungen an eine problemlose und damit im Rahmen des Eingehungsbetruges relevante Lossagung genügt. Hierfür muss es nach dem ein-

---

687 B. III. 2. a): *Bohnenberger*, Vertragserschleichung, S. 53; *Tenckhoff*, FS Lackner, S. 677 (684).

688 In dieser Ausgangssituation wird quasi unterstellt, dass sich der Täuschende an die gesetzlichen Anforderungen im Zusammenhang mit dem Widerrufsrecht hält.

gangs erarbeiteten Maßstab[689] für den Getäuschten erkennbar sein, die Geltendmachung darf nicht mit Beweisschwierigkeiten verbunden sein und muss auch ansonsten zumutbar sein.

(1) Erkennbarkeit des Widerrufsrechtes und Beweislastverteilung

Damit das Widerrufsrecht faktisch durchsetzbar und somit wirtschaftlich werthaft ist, muss sein Bestehen für den Getäuschten bereits vor der Zahlung *erkennbar* sein. Anders als beim Anfechtungsrecht und beim gesetzlichen Rücktrittsrecht ist die Belehrung über das Bestehen des Widerrufsrechtes beim Verbrauchsgüterkauf im Fernabsatz gesetzlich vorgeschrieben, § 312d I BGB i. V. m. Art. 246a § 1 II EGBGB.[690] Der Unternehmer ist insbesondere verpflichtet, über die Bedingungen, die Fristen und das Verfahren für die Ausübung des Widerrufsrechts nach § 355 I BGB sowie das Muster-Widerrufsformular in der Anlage 2 zu informieren, Art. 246a § 1 II Nr. 1 EGBGB.[691] Die Informationen sind vor Vertragsschluss zu erteilen und werden Vertragsbestandteil, § 312d I 2 BGB. Sofern die Informationen zu diesem Zeitpunkt nicht bereits auf einem dauerhaften Datenträger[692] zur Verfügung gestellt wurden, ist der Unternehmer verpflichtet, dem Verbraucher diese nach Vertragsschluss, aber noch vor Ausführungsbeginn der Dienstleistungen oder mit Lieferung der Ware, zusammen mit der Be-

---

689 B. III. 2. a).
690 Jauernig/*Stadler*, BGB, § 312d, Rn. 5; MüKoBGB/*Wendehorst*, § 312d Rn. 1 ff. Diese hohen Anforderungen an die Widerrufsbelehrung basieren auf der RL 2011/83/EU, deren Zweck es nach Art. 1 unter anderem ist, ein hohes Verbraucherschutzniveau zu erreichen, NK-BGB/*Schulte-Nölke*, BGB, § 312d, Rn. 1. Auch nach dem AbzG und dem HaustürWG war eine Widerrufsbelehrung erforderlich. *Bohnenberger*, Vertragserschleichung, S. 53 fragt daher zu Recht zunächst nach dem Vorliegen einer ordnungsgemäßen Widerrufsbelehrung, um überhaupt erst die Grundlage für eine strafrechtliche Würdigung zu erhalten. Ähnlich auch *Endriß*, wistra 1990, 335 (337), der dem Widerrufsrecht keinen Einfluss auf den Eingehungsbetrug einräumen möchte, wenn es an einer Widerrufsbelehrung fehlt.
691 NK-BGB/*Schulte-Nölke*, BGB, § 312d Rn. 6; Jauernig/*Stadler*, BGB, § 312d, Rn. 8.
692 § 126b I 2 BGB, Erwägungsgrund 23 der RL 2011/83/EU: z. B. Disketten, CD-Roms, DVDs USB-Sticks und die Festplatte des Computers des Verbrauchers, auf der sich per Email übersandte Informationen abspeichern lassen. Nicht ausreichend ist dagegen die Abrufbarkeit der Widerrufsbelehrung über eine gewöhnliche Website. Zum Ganzen BGH, Urteil v. 15.05.2014 – III ZR 368/13, NJW 2014, 2857 (2859); Jauernig/*Stadler*, BGB, § 312d, Rn. 6 ff.; MüKoBGB/*Wendehorst*, § 312f, Rn. 15 f.

stätigung des Vertrages auf einem dauerhaften Datenträger zur Verfügung zu stellen, § 312f II BGB.[693] Anders als im Lauterkeitsrecht ist als Maßstab für die Erkennbarkeit der Widerrufsmöglichkeit nicht ein durchschnittlich informierter, situationsadäquat aufmerksamer Verbraucher heranzuziehen. Vielmehr sollen die hier in Rede stehenden Informationspflichten „den besonderen Bedürfnissen von Verbrauchern Rechnung tragen, die aufgrund ihrer geistigen oder körperlichen Behinderung, ihrer psychischen Labilität, ihres Alters oder ihrer Leichtgläubigkeit in einer Weise besonders schutzbedürftig sind, die für den Unternehmer vernünftigerweise erkennbar ist", Erwägungsgrund 34 der RL 2011/83/EU. Diese Beweggründe machen deutlich, dass die strengen Informationspflichten gerade darauf abzielen, dass *jeder* – und nicht nur der durchschnittlich informierte und situationsadäquat aufmerksame – Verbraucher von seinem Widerrufsrecht erfährt und dieses somit *faktisch* auch nutzen kann, um sich vom Vertrag zu lösen.[694]

Sind die gesetzlichen Belehrungspflichten erfüllt, so genügt das Widerrufsrecht gleichzeitig der eingangs definierten Voraussetzung der *Erkennbarkeit*, die für eine wirtschaftliche Werthaftigkeit unbedingt erforderlich ist.[695] Ein Basiselement der problemlosen Durchsetzung der Lossagungsmöglichkeit als Grundlage einer abschirmenden Wirkung hinsichtlich der drohenden Zahlung ist damit beim Widerrufsrecht des Verbrauchers im Fernabsatz erfüllt, sofern gesetzeskonform belehrt wurde.[696]

---

693 MüKoBGB/*Wendehorst*, § 312f, Rn. 15. Eine Belehrung über das Widerrufsrecht erfolgt in diesem Fall zweimal, nämlich einmal vor Vertragsschluss nicht auf einem dauerhaften Datenträger und einmal nach Vertragsschluss auf einem eben solchen, NK-BGB/*Schulte-Nölke*, BGB, § 312d Rn. 6. Kritisch bzgl. der Sinnhaftigkeit einer solchen doppelten Belehrungspflicht MüKoBGB/*Wendehorst*, § 312f, Rn. 29 f.

694 Die gesetzgeberische Intention untermauert damit das unter III. 2. a) dd) gefundene Ergebnis zur Zumutbarkeit der Ausübung einer zivilrechtlichen Lossagungsmöglichkeit. Ähnlich i. R. d. Täuschung *Hillenkamp*, FS Müller Graff, S. 191 (195), der sich bei der Bestimmung der Risikoverteilung ebenfalls an den Wertungen der „Button-Lösung" orientiert. Vgl. auch *Tiedemann*, FS Klug, S. 405 (407), der sich i.R.d. Täuschung bei der Risikoverteilung auf die „zivilrechtliche Vorprägung" stützt.

695 Vgl. B. III. 2. a) bb). So auch *Bohnenberger*, Vertragserschleichung, S. 55; *Ladiges*, Jura 2013, 844 (847); *Seelmann*, JR 1986, 346 (347); jedenfalls insoweit zutreffend auch *Luipold*, Schadensmerkmal, S. 158.

696 In diese Richtung zutreffend auch *Ladiges*, Jura 2013, 844. (847). Nicht zuzustimmen ist *Luipold*, die bei fehlender Belehrung von einer Erkundigungspflicht des Opfers ausgeht, wenn es „in seiner laienhaften Vorstellung die Tatsache erkannt" hat, „daß es getäuscht wurde und der abgeschlossenen Vertrag für ihn

Entgegen der Auffassung des Bayerischen Obersten Landesgerichtes kann keinesfalls allein aus der *Belehrungspflicht* geschlossen werden, dass der Betroffene „in der Regel" sein Widerrufsrecht erkennen kann.[697] Denn selbstverständlich kann aus dem Bestehen einer solchen Belehrungspflicht nicht auf deren Einhaltung geschlossen werden.[698] Gerade für die hier in Rede stehenden strafrechtlich relevanten Sachverhalte dürfte vielmehr regelmäßig das Gegenteil gelten und es zumindest an einer ordnungsgemäßen Widerrufsbelehrung fehlen.[699] Denn von den Internetbetrügern ist schließlich gerade beabsichtigt, dass ihre Opfer nicht von ihrem Widerrufsrecht Gebrauch machen. Andernfalls würde das gesamte „Geschäftsmodell" in sich zusammenbrechen. Es bedarf insoweit stets einer Prüfung anhand des Einzelfalls, ob über das Widerrufsrecht belehrt wurde. Fehlt eine solche Belehrung vollständig, besteht vielmehr eine Regelvermutung für eine fehlende Erkennbarkeit des Widerrufsrechtes.

Ob ein Widerrufsrecht im Einzelfall besteht oder ausgeschlossen ist, ist aus den oben genannten Gründen keineswegs ohne Weiteres festzustellen. Die zahlreichen Ausnahmetatbestände stellen sich vielmehr aus Verbrauchersicht undurchsichtig dar und sind selbst in Rechtsprechung und Literatur noch nicht abschließend geklärt. Hinzu kommt, dass die Einholung von Rechtsrat oftmals außer Verhältnis zu der Höhe des geschuldeten Geldbetrages stehen dürfte.[700] Dies ist von Täterseite beabsichtigt, weil es quasi zwangsläufig mit sich bringt, dass auf die Einholung von Rechtsrat weitestgehend verzichtet wird. Eine Widerrufsbelehrung ist im Sinne einer

---

nachteilig ist", *Luipold*, Schadensmerkmal, S. 121, 159; zutreffend dagegen *Bohnenberger*, Vertragserschleichung, S. 55; zur Kritik an *Luipolds* Ansicht bereits eingehend unter B. III. 2. a) dd). Die Zahlungsgefahr sei in diesem Fall trotz fehlender Belehrung vom Opfer beherrschbar, weil es eine Obliegenheit darstelle „sich rechtlich kundig zu machen und seine Rechte selbstständig zu verfolgen.", *Luipold*, a. a. O. Es erschiene aber selbst auf Grundlage der Auffassung *Luipolds* widersinnig, für den getäuschten Verbraucher gerade dann den strafrechtlichen Schutz einzuschränken, wenn der täuschende Unternehmer seine Belehrungspflichten verletzt (in diese Richtung auch *Majer/Buchmann*, NJW 2014, 3342 (3344)). Wäre der Täuschende dann doch gleich doppelt begünstigt, weil ein Widerruf – mangels Erkennbarkeit – weniger wahrscheinlich wäre und er zudem auch keine Bestrafung wegen *vollendetem* Eingehungsbetrug fürchten musste.

697 BayObLG, Beschluss v. 05.06.1986 – RReg. 2 St 85/86, BayObLGSt 1986, 62 (63); zu Recht kritisch: *Bohnenberger*, Vertragserschleichung, S. 53; *Dingler*, Online-Auktionen, S. 166, 168, 193.

698 Hierauf weist *Dingler* zu Recht hin, Online-Auktionen, S. 166.

699 *Dingler*, Online-Auktionen, S. 193.

700 A. I.

wirtschaftlichen Werthaftigkeit des Widerrufsrechtes daher unbedingt erforderlich.[701] Fehlt es hingegen an einer solchen Widerrufsbelehrung, die zumindest den vom Gesetzgeber vorgegebenen wesentlichen Inhalt umfasst, ist das Widerrufsrecht nicht in einer für den Eingehungsbetrug relevanten Weise erkennbar.[702]

Damit das Widerrufsrecht faktisch nutzbar ist und somit einen wirtschaftlichen Wert zur Abschirmung der Zahlungsgefahr bilden kann, darf seine Geltendmachung ferner nicht mit *Beweisschwierigkeiten* verbunden sein.[703] Die Anforderungen an das, was vom Verbraucher zu beweisen ist, müssen so gering sein, dass faktisch ein Scheitern des Widerrufs aus Beweisgründen ausgeschlossen ist und deswegen nicht zu erwarten steht, dass der Getäuschte schon wegen der ungünstigen Beweisprognose vom Widerruf seiner Willenserklärung absehen wird.[704] Nur wenn diese Voraussetzung erfüllt ist, ist das Widerrufsrecht problemlos durchsetzbar und kann eine Zahlungsgefahr zuverlässig abschirmen, sodass trotz geschlossenem Vertrag eine Vermögensminderung im Sinne von § 263 I StGB zu diesem Zeitpunkt nicht vorliegt.

Da das Widerrufsrecht, anders als etwa das Anfechtungsrecht oder das gesetzliche Rücktrittsrecht, an keine weiteren Voraussetzungen als dessen Ausübung geknüpft ist, stellt sich die Beweissituation aus Verbrauchersicht vergleichsweise günstig dar.[705] Lediglich im Bestreitensfall muss der Verbraucher erstens die Umstände beweisen, die dazu führen, dass das Widerrufsrecht überhaupt eingreift, insbesondere die Eigenschaften der Vertragspartner als Verbraucher und Unternehmer, §§ 312g I, 355 I BGB.[706] Zweitens trägt er die Beweislast für die fristgerechte Erklärung des Wider-

---

701 So i. E. auch *Endriß*, wistra 1990, 335 (337). Ferner würde die Entbehrlichkeit einer Belehrung falsche Signale an die Täter senden. So könnten sie jedenfalls *strafrechtlich* bedenkenlos auf die Widerrufsbelehrung verzichten und damit dafür Sorge tragen, den Opfern faktisch eine, wenn auch rechtlich bestehende, Lossagungsmöglichkeit zu versagen.

702 So i. E. auch *Endriß*, wistra 1990, 335 (337). Insoweit ähnlich *Luipold*, Schadensmerkmal, S. 158. Kleinste formelle Fehler der Widerrufsbelehrung lassen hingegen die Erkennbarkeit nicht entfallen.

703 *Bohnenberger*, Vertragserschleichung, S. 82. Allein aufgrund der Kenntnis der Widerrufsmöglichkeit darf nicht per se deren Durchsetzbarkeit unterstellt werden, *ders.*, a. a. O., S. 53.

704 Vgl. B. III. 2. a) cc).

705 Vgl. B. III. 1. d).

706 MüKoBGB/*Fritsche*, § 355 Rn. 53; BeckOK-BGB/*Müller-Christmann*, § 355 Rn. 30.

rufs und dafür, dass der Unternehmer die Erklärung erhalten hat.[707] Die Beweislast für die Erfüllung der in dem Untertitel der §§ 312–312k BGB geregelten Informationspflichten trägt hingegen der Unternehmer, § 312k II BGB. Ebenso trägt er die Beweislast für das Vorliegen etwaiger Ausschlusstatbestände, nach denen dem Verbraucher im konkreten Fall kein Widerrufsrecht zustehen soll.[708] Auch die Beweislast für den Beginn der Widerrufsfrist trifft den Unternehmer, § 361 III BGB.

Das Widerrufsrecht im Fernabsatz erfüllt damit grundsätzlich das Erfordernis einer günstigen Beweislastverteilung aus Verbrauchersicht als Voraussetzung für eine werthafte Begegnungsmöglichkeit im Rahmen des Eingehungsbetruges.[709] Eine Ausnahme ergibt sich lediglich, wenn der Unternehmer vorgibt, sein Angebot nicht an Verbraucher gerichtet zu haben.[710] Von dieser Ausnahme abgesehen verbleibt es für den getäuschten Verbraucher bei dem gegebenenfalls zu erbringenden Beweis einer rechtzeitigen Absendung der Widerrufserklärung. Das erinnert an ein vertraglich vereinbartes Rücktrittsrecht und kann dem Getäuschten ohne Weiteres zugemutet werden. Das verbleibende Restrisiko, dass ein telefonisch oder per einfachem Brief erklärter Widerruf vom täuschenden Unternehmer bestritten werden kann und den Verbraucher damit in Beweisnot

---

707 Siehe auch Art. 11 IV RL 2011/83/EU; zur Wahrung der Frist genügt indes die rechtzeitige Absendung des Widerrufs, § 355 I 4 BGB.

708 BeckOK-BGB/*Martens*, § 312g, Rn. 11; Hoeren/Sieber/Holznagel/*Föhlisch*, MMR-HdB, Teil 13.4 Rn. 315; MüKoBGB/*Wendehorst*, § 312g, Rn. 59.

709 Zu diesem Ergebnis gelangt auch *Bohnenberger*, Vertragserschleichung, S. 82 für das damalige Widerrufsrecht nach dem AbzG und HaustürWG.

710 Dass der Unternehmer vorgibt, sein Angebot ausschließlich an Gewerbetreibende richten zu wollen, kann den getäuschten Verbraucher mit erheblichen Beweisschwierigkeiten belasten. Unproblematisch dürfte in der hier zugrunde gelegten Konstellation hingegen stets die Unternehmereigenschaft des Täuschenden sein, weil entsprechende Internetdienste grundsätzlich nicht von Privaten angeboten werden. *Dingler* weist zu Recht darauf hin, dass hiervon abweichend *bei Online-Auktionen*, bei denen typischerweise private und gewerbliche Anbieter über Drittanbieterplattformen wie eBay gleichermaßen tätig sind, gerade die Verschleierung der Unternehmereigenschaft ein weit verbreitetes Problem darstellt, Online-Auktionen, S. 168–175. Es besteht bei Drittanbieterplattformen auch keine Vermutung der Unternehmereigenschaft des Anbieters, *Dingler*, a. a. O., S. 172 f. Zum Ganzen auch Hoeren/Sieber/Holznagel/*Föhlisch*, MMR-HdB, Teil 13.4 Rn. 27. Selbstverständlich können sich in diesem Fall Beweisschwierigkeiten ergeben, die den wirtschaftlichen Wert des Widerrufsrechtes jedenfalls so stark entwerten, dass eine Zahlungsgefahr nicht problemlos abgeschirmt werden kann.

bringt, ist hinzunehmen.[711] Diese Umstände führen zu keiner mit dem Anfechtungsrecht oder gesetzlichem Rücktrittsrecht vergleichbar erschwerten Beweissituation, die eine Einordnung des Widerrufsrechtes als faktisch wertlos rechtfertigen könnte.

(2) Rückabwicklung

Ferner ist im Sinne einer wirtschaftlichen Werthaftigkeit zu fordern, dass die Rückabwicklung eines widerrufenen Vertrages nicht derart aufwendig gestaltet ist, dass sie den Getäuschten faktisch an einer – rechtlich möglichen – Ausübung seines Widerrufsrechtes von vorneherein hindert.[712]

Hierunter fallen von vorneherein lediglich solche Konstellationen, in denen der Täuschende vorleistungspflichtig ist und zu erwarten steht, dass der Getäuschte das Bestehen der Täuschung und des Widerrufsrechtes erst nach Erhalt der Ware, Beginn der Nutzung der Dienstleistung oder nach Lieferung von nicht auf einem körperlichen Datenträger befindlichen digitalen Inhalten erkennt. Nur in diesen Fällen kann der mit der Rückabwicklung verbundene Aufwand hypothetisch wirtschaftlich relevant werden, weil er dann faktisch einer Geltendmachung des Widerrufsrechtes entgegenstehen könnte.[713]

Es geht in diesem Abschnitt in erster Linie um die Auswirkungen auf den Eingehungsbetrug durch die Anforderungen an die Rückabwicklung nach einem Widerruf, wie sie vom Gesetzgeber vorgegeben werden.[714] Verfehlt wäre es, unter pauschalem Verweis auf eine „einfache Ausübung" des Widerrufsrechtes von einer Untersuchung der Auswirkungen der Rückabwicklung abzusehen. Denn übersehen werden darf nicht, dass der Verbraucherwiderruf, anders als etwa Anfechtungs- oder Rücktrittsrecht,

---

711 Insoweit kritisch Hoeren/Sieber/Holznagel/*Föhlisch*, MMR-HdB, Teil 13.4 Rn. 315.

712 Im Grundsatz ähnlich *Ensenbach*, Prognoseschaden, S. 166.

713 In diese Richtung auch *Eisele*, BT II, Rn. 584. Nicht relevant sind an dieser Stelle hingegen Konstellationen, in denen die Täuschung schon vor Erhalt der Leistung erkennbar ist oder erst nach Zahlung zum Vorschein tritt. In ersterem Fall ist eine Rückabwicklung nicht erforderlich. In zweitgenanntem Fall kann das Widerrufsrecht die Zahlung schon dem Grunde nach nicht verhindern, weil sich die Täuschung erst nach der Zahlung offenbart.

714 Ob weitere tatsächliche Hindernisse bei der Ausübung des Widerrufsrechtes aus der Sphäre des Täuschenden oder des Getäuschten hinzutreten, wird gesondert unter B. III. 3. b) bb) erörtert.

jedenfalls nicht ausschließlich von einer durch den Unternehmer bedingten Gefahrenlage, etwa durch Täuschung oder Mangelhaftigkeit der Ware,
ausgeht. Die Widerrufsmöglichkeit im Fernabsatz zielt vielmehr genauso
darauf ab, die fehlende Möglichkeit, die Ware vor Vertragsschluss in den
Händen zu halten, zu kompensieren.[715] Ungeachtet dieser gesetzgeberischen Intention kann das Widerrufsrecht selbstverständlich auch in den
betrugsrelevanten Fällen beansprucht werden. Es bleibt in seinen Rechtsfolgen aber auch in diesem Fall primär auf eine neutrale Situation und
nicht auf eine vom Unternehmer verursachte Gefahrenlage ausgelegt.[716]
Deswegen möchte der Gesetzgeber im Rahmen der Rückabwicklung auch
die Interessen des Unternehmers hinreichend berücksichtigt wissen.[717] Obgleich das Widerrufsrecht vergleichsweise einfach ausgeübt werden kann,
sind die Rechtsfolgen für den getäuschten Verbraucher gegebenenfalls
strenger als nach Ausübung eines Anfechtungs- oder Rücktrittsrechtes,
welche nämlich regelmäßig von einer Lossagungsursache aus der Sphäre
des Unternehmers ausgehen.[718] Diese Umkehrung auf Rechtsfolgenseite
darf bei der strafrechtlichen Beurteilung keinesfalls außer Acht gelassen
werden. Denn im Rahmen einer wirtschaftlichen Vermögensbetrachtung
ist es grundsätzlich unbeachtlich, *warum* dem Getäuschten die Ausübung
des Widerrufsrechtes erschwert sein wird. Ob faktische Hindernisse bei der
Ausübung des Widerrufs oder der sich anschließenden Rückabwicklung
zu erwarten sind, ist damit gleichermaßen relevant, solange sie einer problemlosen Geltendmachung entgegenstehen.[719]

Zur Systematisierung der Auswirkungen der Rückabwicklung auf den
Eingehungsbetrug kann eine Unterteilung in zwei Fallgruppen erfolgen.
Erstens ist in Bezug auf die Täuschung im Zusammenhang mit dem Bezug
von Waren fraglich, ob die gesetzgeberischen Anforderungen an die Rücksendung der Ware nicht einen solchen Aufwand darstellen, der unter wirtschaftlichen Gesichtspunkten zu einer Entwertung des Widerrufsrechtes
führen muss (*dazu unter B. III. 3. b) aa) (2) (a)*). *Zweitens* gilt es zu untersuchen, ob nicht durch die Ingebrauchnahme der Ware, Nutzung der
Dienstleistung oder den Zugriff auf digitale Inhalte, die typischerweise vor
dem Erkennen der Täuschung stattfinden, eine solche Wertersatzpflicht

---

715 BGH, Urteil v. 03.11.2010 – VIII ZR 337/09, BGHZ 187, 268 (275).
716 *Specht*, VuR 2017, 363 (368).
717 Dies zeigt sich beispielhaft an der Regelung des § 357 VI BGB, nach der der Ver-
      braucher nunmehr – unabhängig vom Warenwert – die Kosten der Rücksen-
      dung zu tragen hat, BeckOK-BGB/*Müller-Christmann*, § 357 Rn. 12.
718 *Specht*, VuR 2017, 363 (368).
719 Vgl. *Ensenbach*, Prognoseschaden, S. 166.

gegenüber dem täuschenden Unternehmer ausgelöst wird, dass mit der Ausübung des Widerrufsrechtes vernünftigerweise trotz rechtlicher Möglichkeit nicht zu rechnen ist *(dazu unter B. III. 3. b) aa) (2) (b))*.[720]

(a) Kosten und Aufwand der Rücksendung

Dieser Unterabschnitt behandelt die Frage, inwieweit die Umstände der Rücksendung täuschungsbedingt erhaltener Waren den wirtschaftlichen Wert des Widerrufsrechtes gegebenenfalls schmälern.[721]

Hat der getäuschte Verbraucher die Ware erhalten, die Täuschung entdeckt und den Vertrag widerrufen, ist er grundsätzlich verpflichtet, die erhaltene Ware innerhalb von 14 Tagen nach Widerruf an den Unternehmer zurückzusenden, §§ 357 I, 355 III 1 BGB.[722] Die Rücksendekosten trägt der Verbraucher, wenn er vom Unternehmer hierüber zuvor nach Maßgabe von Art. 246a § 1 II 1 Nr. 2 EGBGB unterrichtet wurde, § 357 VI 1 BGB.[723] Die Gefahr der Rücksendung der Waren trägt der Unternehmer, § 355 III BGB.[724] Jedoch hat der Verbraucher die Waren angemessen zu verpacken, ohne aber zwingend die Originalverpackung verwenden zu müssen.[725] Für Verschlechterungen der Ware während der Rücksendung, die auf eine unzureichende Verpackung zurückzuführen sind, haftet indes ausnahmsweise der Verbraucher.[726] Der Verbraucher hat lediglich den Nachweis zu erbringen, die Waren abgesendet zu haben, § 357 IV 1 BGB.[727]

---

720 Zu den zivilrechtlichen Voraussetzungen siehe *Schärtl*, JuS 2014, 577.
721 Denn nur ein Widerrufsrecht, dessen Ausübung auch tatsächlich zu erwarten ist, weil dessen Umsetzung zumutbar und problemlos möglich ist, stellt ein Instrument dar, das es rechtfertigt trotz wirksam entstandener Forderung, eine gegenwärtige Vermögensminderung zu verneinen, B. III. 2. a); *Bohnenberger*, Vertragserschleichung, S. 53; *Hennings*, Teleologische Reduktion, S. 173, 190.
722 *Schärtl*, JuS 2014, 577 (580 f.).
723 MüKoBGB/*Fritsche*, § 357 Rn. 19; *Schärtl*, JuS 2014, 577 (581).
724 *Schärtl*, JuS 2014, 577 (581); siehe auch BT-Drs. 17/12637, S. 60.
725 BT-Drs. 17/12637, S. 60; allerdings kann im Einzelfall problematisch sein, dass sich die Originalverpackung als wertsteigernd darstellt und deswegen als Bestandteil der Ware selbst zu begreifen ist, *Föhlisch*, Widerrufsrecht, S. 334 ff.
726 MüKoBGB/*Fritsche*, § 357 Rn. 20.
727 Zu Recht weist Hoeren/Sieber/Holznagel/*Föhlisch* MMR-HdB, Teil 13.4 Rn. 318 darauf hin, dass hierfür nicht allein der Einlieferungsbeleg ausreichen kann, weil dieser lediglich beweist, dass irgendetwas, keineswegs aber die betroffene Ware, zurückgesendet wurde.

Wird der Mangel oder die Unbrauchbarkeit der Ware erst erkennbar, wenn der getäuschte Verbraucher sie in seinen Händen hält, stellen die Rücksendekosten einen unvermeidbaren Kostenpunkt auf Verbraucherseite dar.[728] Ob vor diesem Hintergrund von einer *problemlosen und einfachen Ausübung* des Widerrufsrechtes auszugehen ist, wie sie nach dem strafrechtlichen Wertmaßstab erforderlich ist, kann schwerlich pauschal beurteilt werden.[729] So hängt nämlich der strafrechtlich relevante, tatsächliche Wert des Widerrufsrechtes davon ab, ob die Pflicht zur Übernahme der Rücksendekosten den Verbraucher dazu veranlasst, die Ware zu behalten, statt von seinem Widerrufsrecht Gebrauch zu machen.[730] Dies wiederum hängt nach lebensnaher Betrachtung davon ab, in welchem Verhältnis die Rücksendekosten zum Kaufpreis der zurückzusendenden Ware stehen, das heißt, ob ein Widerruf wirtschaftlich sinnvoll ist.[731] Beträgt der Kaufpreis beispielsweise 10 Euro, wird der Getäuschte wohl weniger bereit sein, 5 Euro für die Rücksendung aufzubringen. Beträgt der Kaufpreis dagegen 500 Euro, wird der Verbraucher, nachdem er die Täuschung bemerkt, wohl kaum zögern, die Ware zurückzusenden. Gerade bei relativ geringen Warenwerten lässt sich das Widerrufsrecht damit *faktisch* aushebeln.

Nicht zu unterschätzen ist auch der Umstand, dass mit der Rücksendung stets nicht nur Kosten entstehen, sondern auch ein nicht unerhebli-

---

728 In Erinnerung zu rufen ist, dass es vorliegend nur um solche Konstellationen geht, in denen der Getäuschte zu diesem Zeitpunkt noch keine Zahlung geleistet hat. Andernfalls fehlt es bereits an der notwendigen Erkennbarkeit der Unbrauchbarkeit der Ware vor der Verwirklichung der Zahlungsgefahr (B. III. 2. a) bb)). Zutreffend setzt sich auch *Bohnenberger*, Vertragserschleichung, S. 54 mit der Frage nach der Erkennbarkeit der Brauchbarkeit der Ware während der Widerrufsfrist auseinander.

729 Vgl. B. III. 2. a).

730 Es ist insoweit unbedingt zu differenzieren: So geht es vorliegend selbstverständlich nicht um die Frage, inwieweit die anfallenden Portokosten selbst als Vermögensminderung zu qualifizieren sind (dazu BayObLG, Beschluss v. 05.06.1986 – RReg. 2 St 85/86, BayObLGSt 1986, 62 (63)). Fraglich ist i.R.d. zugrunde gelegten wirtschaftlichen Maßstabes allein, inwieweit die Übernahme der Portokosten den Getäuschten ggfls. dazu veranlasst, sein Widerrufsrecht nicht auszuüben und *dieses* damit faktisch entwertet.

731 Im Grundsatz ähnlich *Höhne*, Widerrufsrecht bei Kaufverträgen, S. 29, 171, der die Effektivität des Widerrufsrechtes im Hinblick auf geringwertige Waren einerseits und beim Verbraucher verbleibenden Hinsendekosten andererseits thematisiert. Zutreffend weist auch *Müller-Christmann*, JuS 1988, 108 (113) auf die Relevanz dieses Kriteriums bei der Bewertung der Auswirkungen zivilrechtlicher Lossagungsmöglichkeiten hin. Entgegen seiner Auffassung stellt der BGH in BGHSt 34, 199 jedenfalls aber nicht ausdrücklich darauf ab.

cher zeitlicher Aufwand verbunden ist. Schließlich muss die Ware verpackt, vor allem aber zur Post gebracht werden. Hierdurch wird die Hemmschwelle, seine Willenserklärung zu widerrufen, aus Verbrauchersicht nochmals erhöht.[732] Wie bereits angedeutet ist eine pauschale Aussage darüber, ab welchem Verhältnis zwischen Warenwert und Rücksendekosten Betrugsopfer von einer Rücksendung absehen, kaum möglich. Nach dem hier zugrunde gelegten strengen Maßstab ist indes davon auszugehen, dass gerade auch wirtschaftlich schwach gestellte Verbraucher schützenswert sind.[733] Eine problemlose und damit im Rahmen des Eingehungsbetruges relevante Lossagungsmöglichkeit stellt das Widerrufsrecht deswegen nur dann dar, wenn auch solche Opfer den Widerruf nicht schon wegen der zu zahlenden Rücksendekosten scheuen. Nach lebensnaher Betrachtung kann davon ausgegangen werden, dass besonders wirtschaftlich schwach gestellte Opfer von einem Widerruf jedenfalls dann absehen, wenn die Rücksendekosten ein Viertel des Kaufpreises oder mehr darstellen. Hierbei handelt es sich freilich um einen Schätzwert. Bei einem solchen Missverhältnis kann vernünftigerweise eine Rücksendung der Ware durch das Opfer nicht erwartet werden. Das Widerrufsrecht stellt in diesem Fall keine auch faktisch werthafte Lossagungsmöglichkeit dar, weswegen es trotz seines zivilrechtlichen Bestehens bei einer Vermögensminderung durch den Vertragsschluss bleibt.

(b) Wertersatz bei Ingebrauchnahme

In diesem Unterabschnitt geht es um die Frage, inwieweit eine etwaige Wertersatzpflicht des Getäuschten die wirtschaftliche Werthaftigkeit des Widerrufsrechtes gegebenenfalls entwertet. Entstünde nämlich zu dem Zeitpunkt, zu dem der Verbraucher die Täuschung erkennen kann, bereits eine Wertersatzpflicht, könnte dies je nach finanziellem Ausmaß dazu führen, dass unter Kosten/Nutzen-Gesichtspunkten vom Widerrufsrecht kein Gebrauch gemacht wird.[734]

---

732 Im Grundsatz ähnlich *Ensenbach*, Prognoseschaden, S. 166, der zutreffend auf den mit der Geltendmachung der Lossagungsmöglichkeit verbundenen Zeitaufwand als wirtschaftlich relevanten Faktor abstellt.

733 Vgl. B. III. 2. a) dd).

734 Eingehend *Höhne*, Widerrufsrecht bei Kaufverträgen, S. 175 ff. In rein zivilrechtlichem Zusammenhang in diese Richtung auch EuGH, Urteil v. 03.09.2009 – C-489/07, NJW 2009, 3015 (3016).

Hat der getäuschte Verbraucher seine Willenserklärung widerrufen, nachdem er die Ware erhalten, mit der Nutzung der Dienstleistung begonnen oder mit dem Zugriff auf nicht auf einem körperlichen Datenträger befindlichen digitalen Inhalten begonnen, so kann unter bestimmten Voraussetzungen eine Wertersatzpflicht des Verbrauchers entstehen, § 357 VII–IX BGB.[735] Insoweit ist zwischen dem Betrug im Zusammenhang mit der Lieferung von Waren, der Erbringung von Dienstleistungen und der Lieferung von nicht auf einem körperlichen Datenträger befindlichen digitalen Inhalten zu differenzieren.

Im Zusammenhang mit dem Vertragsschluss im Fernabsatz über den *Kauf von Waren* gilt, dass der Verbraucher Wertersatz zu leisten hat, wenn der Wertverlust darauf zurückzuführen ist, dass er die Ware in einer Weise gebraucht hat, die über das Maß, das zur Prüfung der Beschaffenheit, der Eigenschaften und der Funktionsweise erforderlich ist, hinausgeht, § 357 VII Nr. 1 BGB.[736] Dies gilt nur, sofern zuvor ordnungsgemäß über das Widerrufsrecht belehrt wurde, § 357 VII Nr. 2 BGB.

Im Zusammenhang mit dem Vertragsschluss im Fernabsatz über die *Erbringung von Dienstleistungen* gilt, dass der Verbraucher dem Unternehmer Wertersatz für die bis zum Widerruf erbrachte Leistung schuldet, sofern der Verbraucher von dem Unternehmer ausdrücklich verlangt hat, dass dieser mit der Leistung vor Ablauf der Widerrufsfrist beginnt, § 357 VIII 1 BGB.[737] Auch dies gilt nur bei vorheriger ordnungsgemäßer Belehrung über beide Umstände, §§ 357 VIII 2, 312f III BGB.

Im Zusammenhang mit dem Vertragsschluss im Fernabsatz über die *Lieferung von nicht auf einem körperlichen Datenträger befindlichen digitalen Inhalten* kommt dem Verbraucher, sofern der Widerruf nicht ohnehin be-

---

735 *Schärtl*, JuS 2014, 577 (581 f.).

736 Hoeren/Sieber/Holznagel/*Föhlisch* MMR-HdB, Teil 13.4 Rn. 336; eingehend *Höhne*, Widerrufsrecht bei Kaufverträgen, S. 179 ff. Entsteht jedoch trotz über die Prüfung hinausgehender Nutzung kein im Vergleich zur reinen Prüfung hinausgehender Wertverlust, besteht eine Wertersatzpflicht trotz Nutzung nicht. Umgekehrt kann ein mit der Prüfung zwingend einhergehender Wertverlust nicht zu einer Wertersatzpflicht führen, BGH, Urteil v. 03.11.2010 – VIII ZR 337/09, BGHZ 187, 268 (272); *Specht*, VuR 2017, 363 (366).

737 Mit den Einzelheiten eines Wertersatzanspruches nach Widerruf eines online geschlossenen Vertrages über die Nutzung einer Partnervermittlungsplattform befasst sich das OLG Hamburg in seinem Urteil v. 02.03.2017 – 3 U 122/14, GRUR-RR 2017, 270. Die Nichtzulassungsbeschwerde hat der BGH mit Beschluss v. 30.11.2017 zurückgewiesen.

reits wirksam ausgeschlossen wurde (§ 356 V BGB), keine Wertersatz-pflicht zu, § 357 IX BGB.[738]

Die Beurteilung des faktischen Wertes des Widerrufsrechtes im Rahmen des Eingehungsbetruges ergibt auf der dargestellten Grundlage Folgendes:

In welchem Umfang *Waren* geprüft werden dürfen, ohne dass eine Wertersatzpflicht ausgelöst wird, muss stets in Bezug auf die konkrete Pro-duktgruppe beurteilt werden.[739] So hat der Bundesgerichtshof jüngst ent-schieden, dass das Befüllen eines Wasserbettes mit Wasser keine Werter-satzpflicht auslöst, weil dies zur Prüfung der Beschaffenheit erforderlich sei.[740] Der Einbau eines im Fernabsatz bestellten Katalysators soll demge-genüber eine Wertersatzpflicht auslösen, weil die Verneinung einer sol-chen zu einer ungewollten Privilegierung des Käufers im Fernabsatz ge-genüber dem Käufer im stationären Handel führen würde.[741] Kleidung darf, wie im Ladengeschäft auch, anprobiert werden, nicht aber in der Öf-fentlichkeit getragen werden.[742] Im Fernabsatz bestellte zerlegte Möbel sol-len vom Verbraucher aufgebaut werden dürfen, ohne dass er sich werter-satzpflichtig macht, weil er sich nur so, entsprechend einem Ausstellungs-stück im Laden, einen Eindruck im aufgebauten Zustand machen kön-ne.[743] Dagegen soll die Benutzung von Toastern, Fritteusen oder Kaffeema-schinen eine Wertersatzpflicht auslösen.[744]

Ohne sich an dieser Stelle mit den vielfach noch ungeklärten Fallgrup-pen auseinanderzusetzen, kann in Bezug auf die strafrechtliche Würdi-gung jedenfalls folgende *Faustformel* gebildet werden, anhand derer im Zu-ge einer Prognoseentscheidung zum Zeitpunkt des Vertragsschlusses[745] wie folgt zu differenzieren ist:

Steht zu erwarten, dass sich die Täuschung erst zeigt, wie beispielsweise bei der Lieferung einer anderen als der bestellten Ware[746], sobald der Ver-braucher die Ware nur in den Händen hält, entsteht keine Wertersatz-pflicht. Der Getäuschte kann die drohende Zahlung abwehren, ohne einer Wertersatzpflicht ausgesetzt zu sein. Gleiches gilt, wenn sich die Täu-

---

738 Siehe auch BT-Drs. 17/12637, S. 64.
739 Hoeren/Sieber/Holznagel/*Föhlisch*, MMR-HdB, Teil 13.4 Rn. 342.
740 BGH, Urteil v. 03.11.2010 – VIII ZR 337/09, BGHZ 187, 268; siehe hierzu *Looschelders*, SchuldR AT, § 42 Rn. 44.
741 BGH, Urteil v. 12.10.2016 – VIII ZR 55/15, BGHZ 212, 248.
742 *Specht*, VuR 2017, 363 (367).
743 BGH, Urteil v. 03.11.2010 – VIII ZR 337/09, BGHZ 187, 268 (274).
744 Hoeren/Sieber/Holznagel/*Föhlisch*, MMR-HdB, Teil 13.4 Rn. 341.
745 *Begemeier/Wölfel*, JuS 2015, 307; *Luipold*, Schadensmerkmal, S. 121.
746 *Lenckner*, JZ 1971, 320 (324).

schung, beispielsweise etwa durch einen offenkundigen Mangel, bei der ersten Prüfung der Funktionsweise zeigt. Auch in diesem Fall entsteht keine Wertersatzpflicht, die den Getäuschten faktisch daran hindern könnte, sein bestehendes Widerrufsrecht auszuüben.[747]

Hiervon zu unterscheiden ist jene Konstellation, in der sich die Täuschung erst bei einer *Benutzung* zeigt, die über das für eine Prüfung der Beschaffenheit üblicherweise erforderliche Maß hinausgeht.[748] Zu denken ist an Mängel, die nicht sofort auffallen. So etwa bei Plagiaten, deren Abweichung vom Originalprodukt, wenn überhaupt, erst nach mehrmaligem Gebrauch auffallen kann.[749] Ein anderes Beispiel sind Produkte, wie sie Gegenstand des bereits mehrfach erwähnten „Wunderhaarmittel-Falls" waren.[750] Wenn der fehlende Wahrheitsgehalt der werblichen Anpreisung, in der gleichermaßen die Täuschung liegt, sich zwangsläufig erst während des Verbrauchs offenbaren kann, weil sich erst dann zeigt, dass es an der zugesprochenen Wirkung fehlt, entsteht bereits eine Wertersatzpflicht, bevor Anlass zum Widerruf besteht. Denn der Verbrauch von Ware löst im Falle eines Widerrufs stets eine Pflicht zum Wertersatz aus.[751] Im denkbar schlechtesten Fall hat der Verbraucher seine Willenserklärung widerrufen, die Ware zurückgesendet und ist in Höhe des vollen Kaufpreises wertersatzpflichtig geworden. In diesem Fall hat er weder Ware noch Geld.[752] Die Ausübung des Widerrufsrechtes macht dann für den Getäuschten schlicht keinen Sinn mehr.[753] Aber auch in den Konstellationen, in denen er nicht in Höhe des vollen Kaufpreises wertersatzpflichtig wird, wird das Widerrufsrecht faktisch erheblich entwertet. Dass die Widerrufsfrist erst zu

---

747 Im Grundsatz ähnlich *Bohnenberger*, Vertragserschleichung, S. 54, der bei der Bemessung des faktischen Wertes einer Widerrufsmöglichkeit ebenfalls auf die Erkennbarkeit der Unbrauchbarkeit der Ware während der Widerrufsfrist abstellt.

748 Im Gundsatz ähnlich *Hecker*, Strafbare Produktwerbung, S. 240 f.

749 Zum Betrug durch den Verkauf von Plagiaten siehe auch *Wagner*, wistra 2017, 466–469.

750 BGH, Urteil v. 22.10.1986 – 3 StR 226/86, BGHSt 34, 199.

751 *Specht*, VuR 2017, 363 (367). Voraussetzung ist freilich, dass das Widerrufsrecht nicht schon wegen der Besonderheiten der Ware von vorneherein wirksam ausgeschlossen ist.

752 *Föhlisch/Diakova*, MMR 2013, 71 (76).

753 Zur „Effektivität des Widerrufsrechts bei Kaufverträgen" eingehend *Höhne*, Widerrufsrecht bei Kaufverträgen.

laufen beginnt, wenn der Getäuschte die Ware erhält, macht das Widerrufsrecht nicht per se zu einer werthaften Lossagungsmöglichkeit.[754]

Festzuhalten ist damit, dass das Widerrufsrecht im Fernabsatz eine drohende Zahlungsgefahr nur dann *problemlos* abschirmen kann, wenn die Täuschung bei Ablieferung der Ware ohne Weiteres erkennbar ist oder sich jedenfalls im Rahmen einer ersten Beschaffenheitsprüfung sofort zeigt, bevor ein Wertverlust durch eine darüberhinausgehende Prüfung überhaupt eintreten kann.[755] Im Zusammenhang mit dem Erwerb von Waren muss das Kriterium der Erkennbarkeit[756] für den Fall des Widerrufsrechtes daher modifiziert werden: Die Täuschung muss nicht nur vor Zahlung und Ablauf der Widerrufsfrist, sondern noch früher, nämlich bereits vor einer eine Wertersatzpflicht auslösenden Ingebrauchnahme erkennbar sein.

Eine ganz andere Problematik zeigt sich bei im Fernabsatz geschlossenen *Dienstleistungsverträgen* zwischen Unternehmern und Verbrauchern. Hat der Unternehmer auf Verlangen des Verbrauchers mit der Ausführung vor Ablauf der Widerrufsfrist begonnen und kann sich die Täuschung erst nach Beginn beziehungsweise während der Erbringung der Dienstleistung zeigen, besteht im Falle eines Widerrufs eine Wertersatzpflicht des Verbrauchers. Er entdeckt demnach die Täuschung und müsste trotz des sofortigen Widerrufs anteilig Wertersatz leisten, § 357 VIII BGB. Selbst vor Erbringung der eigentlichen Dienstleistungen können durch Anfahrt und so weiter „erhebliche Zahlungen [...] mit Streitpotential" entstehen.[757] Dies entwertet das Widerrufsrecht faktisch, da sich der getäuschte Verbraucher unter Kosten/Nutzen-Gesichtspunkten gut überlegen wird, ob er von seinem Widerrufsrecht Gebrauch macht.[758] Festzuhalten ist damit, dass unter den gegebenen Bedingungen das Widerrufsrecht im Fernabsatz eine drohende Zahlungsgefahr nicht *problemlos* abschirmen kann. Denn trotz rechtlicher Möglichkeit seiner Ausübung ist dies doch faktisch erheblich erschwert und mag teils sogar sinnfrei erscheinen, weil es mit der Verpflichtung gegebenenfalls erheblicher Wertersatzleistungen verbunden sein kann.

---

754 In diese Richtung jedoch BayObLG, Beschluss v. 05.06.1986 – RReg. 2 St 85/86, BayObLGSt 1986, 62 (63) in Bezug auf das Widerrufsrecht nach dem AbzG.
755 Im Grundsatz ähnlich *Hecker*, Strafbare Produktwerbung, S. 240 f.
756 B. III. 2. a) bb).
757 MüKoBGB/*Wendehorst*, § 312f, Rn. 18.
758 In diese Richtung auch MüKoBGB/*Wendehorst*, § 312f, Rn. 18.

Wie eingangs bereits erwähnt gibt es für *nicht auf einem körperlichen Datenträger befindlichen digitalen Inhalte*, sofern das Widerrufsrecht in diesem Fall nicht ohnehin schon ausgeschlossen ist, keine Wertersatzpflicht des Verbrauchers. Die Frage nach der faktischen Entwertung des Widerrufsrechtes durch eine eben solche stellt sich deswegen nicht.

(3) Zwischenergebnis

Damit steht fest, dass das Widerrufsrecht als *problemlose* und damit im Rahmen des Eingehungsbetruges relevante Lossagungsmöglichkeit nur in Betracht kommt, wenn folgende Voraussetzungen erfüllt sind:

Zunächst muss der Seitenbetreiber entsprechend den gesetzlichen Vorgaben über das Widerrufsrecht belehrt haben, damit die Lossagungsmöglichkeit für das potentielle Betrugsopfer *erkennbar* ist.[759] Ferner muss außer Streit stehen, dass der Täuschende Unternehmer ist, sein „Angebot" an Verbraucher gerichtet ist und der Getäuschte Verbraucher ist. Denn nur in diesem Fall treffen den Getäuschten *keine unzumutbaren Beweisanforderungen*, die einer problemlosen Geltendmachung im Wege stehen.

Betrifft der Betrug einen Vertrag, der die *Lieferung von Waren* zum Gegenstand hat, dürfen die Kosten der Rücksendung nicht ein Viertel des Kaufpreises oder mehr betragen. Andernfalls ist die Ausübung des Widerrufsrechtes zwar nicht unmöglich, unter lebensnaher Betrachtung jedoch mit derartigen Hindernissen verbunden, dass nicht von einer problemlosen Ausübung die Rede sein kann, wie sie zur Abschirmung der Zahlungsgefahr erforderlich wäre. Die Täuschung muss zudem spätestens bei der ersten Prüfung der Ware ohne Weiteres offenbar werden. Ist demgegenüber eine derartige Ingebrauchnahme nötig, die eine Wertersatzpflicht auslöst, steht dies der faktischen Ausübung des Widerrufsrechtes im Wege.

Bei *Dienstleistungsverträgen*, mit deren Ausführung der Unternehmer auf Wunsch des Verbrauchers vor Ablauf der Widerrufsfrist begonnen hat, steht die anteilige Wertersatzpflicht einer problemlosen Geltendmachung des Widerrufsrechtes entgegen. Das Widerrufsrecht kommt daher in diesen Fällen von vorneherein nicht als beim Eingehungsbetrug berücksichtigungsfähige Lossagungsmöglichkeit in Betracht.

Bei Fernabsatzverträgen über *nicht auf einem körperlichen Datenträger befindliche digitale Inhalte* gibt es bei der Rückabwicklung des Vertrages hin-

---

759 Minimale formale Fehler sind hierbei unerheblich, solange die Widerrufsbelehrung die wesentlichen Informationen enthält.

gegen keine Besonderheiten, die der faktischen Werthaftigkeit des Widerrufsrechtes entgegenstehen könnten.[760]

bb) Hindernisse bei der Ausübung des Widerrufsrechtes

Während in dem zuvor behandelten Abschnitt erst einmal die Werthaftigkeit des Widerrufsrechtes untersucht wurde, sofern die gesetzlichen Vorgaben eingehalten wurden, sieht die „Rechtswirklichkeit" oftmals anders aus.[761] Denn das „Geschäftsmodell" der Internetbetrüger ist gerade darauf ausgelegt, Vorkehrungen zu treffen, damit der Getäuschte das formellrechtlich bestehende Widerrufsrecht faktisch nicht ausüben wird.[762] Es tut sich beim Verbraucherwiderruf insoweit ein Problemfeld auf, das jedenfalls in dieser Breite beim vertraglichen Rücktrittrecht nicht existiert. Denn während der Täuschende ein vertragliches Rücktrittsrecht freiwillig vereinbart, wird ihm das hier in Rede stehende Widerrufsrecht vom Gesetzgeber aufgezwungen. Möchte er seine betrügerischen Absichten durchsetzen, stellt das Widerrufsrecht einen Störfaktor dar, dessen faktischen Wert es, soweit möglich, auszuschalten gilt. Die gut gemeinten gesetzgeberischen Vorgaben werden von den unseriösen Anbietern daher für gewöhnlich nicht eingehalten.[763] Die Umgehungsmöglichkeiten sind noch vielfältiger als bei der „Button-Lösung".[764] So wird der Verbraucher beispielsweise überhaupt nicht oder nicht hinreichend belehrt. Denkbar ist aber auch, dass Belehrungen vorgehalten werden, aber so versteckt sind, dass sie faktisch nicht wahrgenommen werden. Ferner werden häufig unzutreffende Angaben über das Erlöschen des Widerrufsrechtes gemacht oder der Widerruf des Verbrauchers wird schlicht nicht akzeptiert.[765] Die Vielzahl der Regelungen um den Verbraucherwiderruf ist für den Ge-

---

760 Voraussetzung ist freilich, dass das Widerrufsrecht in diesem Fall nicht ohnehin wirksam ausgeschlossen wurde.

761 *Dingler*, Online-Auktionen, S. 174 f.; ähnlich auch *Walter*, FS Herzberg, S. 763 (768 f.), der zutreffend darauf hinweist, dass zivilrechtliche Schutzmechanismen wohl selten Einfluss auf den Eingehungsbetrug nehmen, weil es an einer Aufklärung über entsprechende Rechte durch den Täuschenden regelmäßig fehlt.

762 So bereits *Bohnenberger*, Vertragserschleichung, S. 55, freilich ohne Bezugnahme auf die Begehung im Internet.

763 *Kredig/Uffmann*, ZRP 2011, 36 (39).

764 Zu den Umgehungsmöglichkeiten bei der „Button-Lösung" *Kredig/Uffmann*, ZRP 2011, 36 (40); siehe hierzu außerdem A. I. a. E.

765 Vgl. LG Göttingen Urteil v. 17.08.2009 – 8 KLs 1/09, BeckRS 2011, 10690.

täuschten schier unüberschaubar und ohne die Einholung von rechtlichem Rat nicht zu durchdringen. Ob sich der Täuschende in den geschilderten Fällen im Hinblick auf den Widerruf gegebenenfalls doch rechtmäßig verhält, kann der juristische Laie daher nicht ohne Weiteres einschätzen. Inwieweit sich der Getäuschte gleichwohl zur Wehr setzen und das formell-rechtlich bestehende Widerrufsrecht nutzen wird, hängt maßgeblich auch von seinen subjektiven Eigenschaften, wie etwa seiner geschäftlichen Gewandtheit, dem Grad seines Ärgers, der wirtschaftlichen Bedeutung für sein Vermögen, der Angst vor Konsequenzen durch den Täuschenden und so weiter ab.[766]

Ein Blick auf den Einfluss dieser Lebenssachverhalte auf den Eingehungsbetrug sollte aus den folgenden zwei Gründen unbedingt erfolgen:

Erstens treten die beispielhaft genannten Hindernisse bei der Durchsetzung des Widerrufs typischerweise bei solchen Lebenssachverhalten auf, die auf ihre strafrechtliche Relevanz zu prüfen sind.[767] Wer die Strafbarkeit wegen Eingehungsbetruges aufgrund von Betrügereien im Internet zu prüfen hat, wird sich wohl kaum mit Sachverhalten beschäftigen, bei denen die Täter „brav" die gesetzlichen Vorgaben rund um das Widerrufsrecht befolgen.[768] *Zweitens* sind es aber genau diese faktischen Erschwernisse, die nach der hier zugrunde gelegten wirtschaftlichen Vermögensbetrachtung nicht grundsätzlich außer Acht gelassen werden dürfen, wenn es um den Einfluss des Widerrufsrechtes auf den Eingehungsbetrug geht.[769]

In der nachfolgenden Darstellung sollen die Auswirkungen einiger typischer Hindernisse bei der Durchsetzung des Widerrufsrechtes anhand des zuvor zugrunde gelegten Maßstabes auf deren wirtschaftliche Bedeutung hin untersucht werden. Hierbei wird nicht der Anspruch einer insoweit abschließenden Darstellung erhoben. Dafür sind die denkbaren Umgehungsvariationen zu zahlreich. Der Hinweis auf einige typische Varianten

---

766 *Bohnenberger*, Vertragserschleichung, S. 55, 82; *Ensenbach*, Prognoseschaden, S. 166.

767 Im Grundsatz ähnlich *Bohnenberger*, Vertragserschleichung, S. 82.

768 So bereits *Bohnenberger*, Vertragserschleichung, 54, 82. In diese Richtung auch *Walter*, FS Herzberg, S. 763 (768 f.).

769 *Cramer*, Vermögensschaden, S. 158; *Lenckner* JZ 1971, 320 (324). So ist das Widerrufsrecht nach dem zugrunde gelegten Maßstab nur dann werthaft, wenn es die durch den Vertragsschluss grundsätzlich bestehende Zahlungsgefahr auch tatsächlich effektiv abschirmen kann. Läuft das zivilrechtlich bestehende Widerrufsrecht faktisch ins Leere, weil seine Ausübung aus tatsächlichen Gründen nicht problemlos möglich ist, wird eine Vermögensminderung trotz Widerrufsrecht zu bejahen sein (vgl. B. III. 2. a)).

soll vielmehr bei der strafrechtlichen Prüfung sensibilisieren und den grundlegenden Umgang im Rahmen der Betrugsprüfung verdeutlichen. Dabei lässt sich die Untersuchung in zwei Obergruppen gliedern. Zunächst geht es um Einflüsse aus der Sphäre des Täuschenden (*dazu B. III. 3. b) bb) (1)*). Anschließend werden subjektive Faktoren aus der Sphäre des Getäuschten erörtert (*dazu B. III. 3. b) bb) (2)*).

(1) Aus der Sphäre des Täuschenden

Praktisch relevant ist die Situation, in der ein Widerrufsrecht zwar besteht, vom Täuschenden aber gezielt verschleiert wird.[770] Ein solches Vorgehen erscheint besonders perfide, denn der Anbieter entsprechender Dienste kann sich nach außen als rechtstreu präsentieren, da er vorgibt, seinen Kunden selbstverständlich die gesetzliche Widerrufsmöglichkeit zuzugestehen. Gleichzeitig erweckt er den Anschein, nicht er, sondern der Kunde sei dafür verantwortlich, dass das Widerrufsrecht durch den Beginn der Nutzung des Dienstes erloschen sei. Dass Ausschluss- und Erlöschensgründe des Widerrufsrechtes umfassend geregelt sind und oftmals Details über deren Eingreifen entscheiden, nutzen die Täter in ihrem Sinne bewusst aus. Denn für den Laien sind die facettenreichen Ausnahmeregelungen undurchsichtig, sodass er deren Eingreifen ohne die Einholung von Rechtsrat meist nicht wird beurteilen können. Aus diesem Grund besteht die nicht unbegründete Hoffnung der Täter, dass Opfer bezahlen, obwohl ein Widerrufsrecht besteht und gegebenenfalls ausgeübt wird.

Für die Bedeutung des Widerrufsrechtes im Rahmen des Eingehungsbetruges ergibt sich auf dieser Grundlage Folgendes:

Verschleiert der Täuschende das Bestehen des Widerrufsrechtes, ist dieses wie auch im Fall einer gegebenenfalls unbeabsichtigt fehlenden Wider-

---

770 *Bohnenberger*, Vertragserschleichung, S. 54; *Luipold* spricht in diesem Fall von einer „qualifizierten Täuschung", Schadensmerkmal, S. 122. Dies kann etwa durch eine bewusst fehlende oder versteckt platzierte Widerrufsbelehrung geschehen. Ebenfalls beliebt scheint es, gegenüber dem widerrufenden Verbraucher das Bestehen eines Widerrufsrechtes zu bestreiten. Macht der Verbraucher von seinem Widerrufsrecht Gebrauch, wird ihm beispielsweise entgegengehalten, dass dieses bereits erloschen sei, weil er mit der Nutzung des Dienstes begonnen habe, LG Göttingen Urteil v. 17.08.2009 – 8 KLs 1/09, BeckRS 2011, 10690.

rufsbelehrung für den Verbraucher *nicht erkennbar.*[771] Nach dem zugrunde gelegten Maßstab ist es daher faktisch nicht werthaft und stellt damit keine Möglichkeit dar, eine Zahlungsgefahr problemlos abzuschirmen.[772] Trotz zivilrechtlichem Bestehen der Widerrufsmöglichkeit, ist in diesem Fall eine Vermögensminderung im Sinne von § 263 I StGB zum Zeitpunkt des Vertragsschlusses zu bejahen.

Zum gleichen Ergebnis gelangt man in dem Fall, in dem zum Zeitpunkt des Vertragsschlusses zu erwarten steht, dass der Täuschende einen Widerruf zurückweisen oder das Erlöschen des Widerrufsrechtes behaupten wird. Denn auch in diesem Fall kann die Zahlungsgefahr trotz Bestehen des Widerrufsrechtes nicht effektiv abgeschirmt werden.[773] Dem kann nicht entgegengehalten werden, dass der Widerruf und das damit verbundene Erlöschen der Zahlungspflicht nicht von einer Anerkennung durch den Unternehmer abhängen und es zudem dem Unternehmer obliegt, das Eingreifen von Ausnahmetatbeständen zu beweisen.[774] Von einer problemlosen Abwehr der Zahlungsgefahr kann insoweit keine Rede sein. Hinzu kommt, dass Betreiber entsprechender Internetseiten es nicht dabei belassen, ihre Opfer höflich auf das vermeintliche Erlöschen des Widerrufsrechtes hinzuweisen. Vielmehr werden Verbraucher unter Androhung von beispielsweise Strafanzeigen massiv eingeschüchtert und damit nachdrücklich an der faktischen Wahrnehmung ihrer Rechte gehindert.[775]

Auch in der bereits erwähnten Variante, in der das *Angebot zum Schein an Unternehmer* ausgerichtet wird, um den getäuschten Verbraucher faktisch vom Widerruf abzuhalten, ist die Ausübung des Widerrufsrechtes unzumutbar.[776] Der tatsächliche Nutzen des in diesem Fall dennoch bestehenden Widerrufsrechtes ist gering, hängt die erfolgreiche Ausübung doch bereits davon ab, ob es dem getäuschten Verbraucher gelingen wird, die Anwendbarkeit der Vorschriften über den Verbraucherwiderruf für den

---

771 Ähnlich *Bohnenberger*, Vertragserschleichung, S. 53 und i. E. auch *Luipold*, Schadensmerkmal, S. 158 f.

772 Die wirtschaftliche Werthaftigkeit bei gezielter Verschleierung des Anfechtungsrechts verneinend *Seelmann*, JR 1986, 346 (347); in diese Richtung auch BGH, Urteil v. 14.08.2009 – 3 StR 552/08, BGHSt 54, 69 (124); *Schwarz*, Mitverantwortung beim Betrug, S. 99.

773 So im Ergebnis zutreffend *Luipold*, Schadensmerkmal, S. 159.

774 Zur Beweislast BeckOK-BGB/*Müller-Christmann*, § 356 Rn. 24.

775 LG Göttingen Urteil v. 17.08.2009 – 8 KLs 1/09, BeckRS 2011, 10690.

776 B. II. 1. a) bb); B. III. 3. a) aa).

konkreten Fall nachzuweisen.[777] Gerade dies wird jedoch zu Schwierigkeiten führen, die sich ohne Hinzuziehung eines Rechtsanwaltes nicht lösen lassen. Denn der täuschende Unternehmer wird darauf beharren, auf seiner Internetseite darauf hingewiesen zu haben, dass sich das Angebot nicht an Verbraucher richtet. Es wird dann auf eine Gesamtbetrachtung des Internetangebots ankommen.[778] Unter diesen Umständen ein – wenn auch rechtlich bestehendes – Widerrufsrecht erfolgreich geltend zu machen, muss als gänzlich unzumutbar betrachtet werden.[779] Das Widerrufsrecht ist damit wirtschaftlich wertlos. Es bleibt bei der – jedenfalls durch die Beweislastumverteilung vermittelten – Zahlungsgefahr, die vom Getäuschten nicht abgeschirmt werden kann. Eine Vermögensminderung liegt in diesem Fall vor.

Neben den zuvor aufgeführten recht „plumpen" Varianten, das Bestehen eines Widerrufsrechtes zu bestreiten oder einen Widerruf nicht zu akzeptieren, gibt es weitere – vermeintlich geschicktere – Möglichkeiten, durch die der Unternehmer dem Verbraucher die Ausübung des Widerrufs faktisch erschweren kann. Dies geschieht dadurch, dass der Unternehmer eigenmächtig von den gesetzlichen Anforderungen an die Ausübung des Widerrufsrechtes zulasten des Verbrauchers abweicht und eigene Bedingungen kreiert, von deren Einhaltung er den erfolgreichen Widerruf abhängig machen möchte.

Zu denken ist etwa an die unzutreffende Bedingung, nur unbenutzte und originalverpackte Ware zurücksenden zu dürfen.[780] Auch die „Einkleidung" der Formulierung als Bitte ändert an der Unzulässigkeit nicht zwingend etwas, solange diese vom Verbraucher als Bedingung eines erfolgreichen Widerrufs verstanden werden kann.[781] Eine faktische Erschwerung der Ausübung des Widerrufsrechtes stellt es ebenfalls dar, wenn der Unternehmer auf die Einhaltung bestimmter, gesetzlich nicht vorgesehener Formerfordernisse besteht.[782] So erhöht sich der Aufwand für den Verbraucher doch um ein Vielfaches, wenn er seine Willenserklärung nicht

---

777 Hoeren/Sieber/Holznagel/*Föhlisch*, MMR-HdB, Teil 13.4 Rn. 26; MüKoBGB/ *Fritsche*, § 355 Rn. 53.
778 B. II. 1. a) bb); B. III. 3. a) aa).
779 Im Grundsatz ähnlich *Bohnenberger*, Vertragserschleichung, S. 55.
780 LG Frankfurt a. M., Urteil v. 09.03.2005 – 2/02 O 341/04, WRP 2005, 922.
781 OLG Hamm, Urteil v. 10.12.2004 – 11 U 102/04, NJW-RR 2005, 1582. Anders aber, wenn die Bitte lediglich als „unverbindliche Aufforderung" zu verstehen ist, LG Hamburg, Urteil v. 06.01.2011 – 327 O 779/10, MMR 2012, 96.
782 Pressemitteilung der Verbraucherzentrale Thüringen v. 19.07.2016 unter Verweis auf einen vor dem LG München II erwirkten Beschluss vom selben Tag (2

einfach per Email, sondern per Brief, gegebenenfalls als Einschreiben versendet, widerrufen „muss".[783] Seit dem 13.06.2014 trägt der Verbraucher grundsätzlich die Kosten der Rücksendung, § 357 VI BGB. Eine Auferlegung der Rücksendekosten und auch eine Annahmeverweigerung des Unternehmers für den Fall, dass die Ware unfrei zurückgesendet wird, stellen daher keine faktische, über die gesetzlichen Vorgaben hinausgehende, Beschränkung des Widerrufs dar.[784] Auf welchem Weg der Verbraucher die Ware zurücksendet, darf er grundsätzlich frei entscheiden.[785] Eine Klausel, die dem Verbraucher einen bestimmten Versandweg vorschreibt, ist nur dann zulässig und nicht als faktische Einschränkung zu werten, wenn der Unternehmer die Kosten für die Rücksendung trägt.[786]

Die vorstehende Aufzählung ist keineswegs abschließend. Für die Beantwortung der Frage, inwieweit das Widerrufsrecht in diesen Fällen wirtschaftlich werthaft ist, ist auf den herausgearbeiteten Maßstab zurückzugreifen.[787] Konkret führt dies zu der Frage, ob die genannten faktischen Hindernisse zur *Unzumutbarkeit* der Ausübung des Widerrufsrechtes führen und dieses deswegen die durch den Vertrag bedingte Zahlungsgefahr nicht problemlos abschirmen kann.[788] In diesem Fall würde es trotz des Bestehens des Widerrufsrechtes im Ergebnis bei einer Vermögensminderung bleiben.

In Erinnerung zu rufen ist, dass Anstrengungen des Getäuschten bei der Ausübung einer Lossagungsmöglichkeit richtigerweise nur in äußerst engen Grenzen als noch zumutbar erachtet werden dürfen.[789] Das entspricht im Übrigen auch der gesetzgeberischen Wertung, nach der die Anforderungen an die Ausübung des Widerrufsrechtes bewusst so niedrig angesetzt wurden, dass es grundsätzlich jedermann, insbesondere auch unterdurchschnittlich informierten und technisch wenig versierten Verbrauchern, möglich sein soll, das Widerrufsrecht auszuüben.[790] Die fehlenden

---

HK O 2730/16). Abzurufen unter https://www.vzth.de/zamaro-kann-teuer-werde n (abgerufen am 05.06.2018). Siehe zu der Entscheidung des LG München II, MMR-Aktuell 2016, 379920.

783 Die Widerrufserklärung ist an keine bestimmte Form gebunden, § 355 I BGB. Siehe hierzu bereits B. III. 1. d).
784 Hoeren/Sieber/Holznagel/*Föhlisch*, MMR-HdB, Teil 13.4 Rn. 333 m. w. N.
785 Siehe auch *Höhne*, Widerrufsrecht bei Kaufverträgen, S. 169 f.
786 Hoeren/Sieber/Holznagel/*Föhlisch*, MMR-HdB, Teil 13.4 Rn. 334.
787 B. III. 2. a).
788 Zu dem Erfordernis der Zumutbarkeit siehe B. III. 2. a) dd); *Hennings*, Teleologische Reduktion, S. 173, 190.
789 B. III. 2. a) dd).
790 Vgl. Erwägungsgrund 34 der RL 2011/83/EU.

Anforderungen an eine bestimmte Form der Widerrufserklärung und das fehlende Erfordernis, die Ware in der Originalverpackung zurückzusenden, zeigen außerdem beispielhaft, dass dem Gesetzgeber daran gelegen war, die Ausübung des Widerrufsrechtes nicht durch tatsächliche Hindernisse zu erschweren. Die Grenzen des Verhaltens, das dem Verbraucher im Zusammenhang mit der Ausübung des Widerrufes zugemutet werden darf, sind durch diese Wertungen vorgezeichnet.[791]

Im Rahmen der strafrechtlichen Prüfung gelten insoweit keine geringeren Anforderungen an die Zumutbarkeit, als dies schon nach den genannten zivilrechtlichen Wertungsgesichtspunkten der Fall ist.[792] Wenn demnach der Täuschende eigenmächtig Anforderungen an die Ausübung des Widerrufsrechtes aufstellt, die die gesetzlichen Vorgaben überschreiten, verlässt er den Bereich des Verhaltens, das dem Getäuschten für eine effektive Lossagung noch zugemutet werden kann. Kann der Getäuschte die erhöhten Anforderungen gleichwohl einhalten, weil er beispielsweise die Originalverpackung aufgehoben hat oder bereit ist, den Widerruf per Post zu erklären, betrifft das die Risikosphäre des Täuschenden. Es kann ihm nicht zugutegehalten werden, wenn sich der Getäuschte zufällig an willkürlich gesteckte Widerrufsvoraussetzungen hält. Sind die vom Gesetzgeber an die Ausübung des Widerrufsrechtes aufgestellten Anforderungen nicht eingehalten, steht dies der wirtschaftlichen Werthaftigkeit des Widerrufsrechtes im Wege. Die durch den Vertragsschluss hervorgerufene Zahlungsgefahr kann in diesem Fall nicht zuverlässig abgeschirmt werden. Es verbleibt bei einer Vermögensminderung.

(2) Aus der Sphäre des Getäuschten

Wie bei anderen zivilrechtlichen Lossagungsmöglichkeiten kann auch die Ausübung des Widerrufsrechtes durch bestimmte subjektive Umstände aus der Sphäre des Getäuschten beeinflusst werden.[793] Zu denken ist beispielsweise an „die Geschäftsgewandtheit oder die Unerfahrenheit des Be-

---

791 Im Grundsatz ähnlich geht *Cornelius* von einer Vorzeichnung der Wertungen des § 312j BGB für das Strafrecht aus, NStZ 2015, 310 (315).

792 *Cornelius*, NStZ 2015, 310 (316). Im Grundsatz ähnlich *Erb*, FS Müller-Graff, S. 199 (205); *Fröhlich/Primaczenko*, ZWH 2014, 140 (141); *Majer/Buchmann*, NJW 2014, 3342 (3344); *Rengier*, FS Fezer, S. 365 und *Stuckenberg*, ZStW 118 (2006), 878 (897 f.), die zu Recht darauf hinweisen, dass durch das Strafrecht grds. auch leichtgläubige und besonders schutzbedürftige Opfer geschützt werden.

793 *Ahn*, Schadensberechnung, S. 168.

stellers, der Grad seines Ärgers über die Übertölpelung, seine Neigung zur Bequemlichkeit oder sein Wille, sich keine unlauteren Methoden gefallen zu lassen, die Bedeutung des Kaufpreises für seine Vermögensverhältnisse usw."[794] Die Ausübung der Lossagungsmöglichkeit kann ferner von Unsicherheiten beeinflusst werden, die sich daraus ergeben, dass es dem Getäuschten zweifelhaft erscheint, ob das Lösen vom Vertrag nach teilweisem Verbrauch oder Ingebrauchnahme der Ware noch möglich ist.[795] Nicht auszuschließen ist, dass einzelne Verbraucher schon nach einem Auspacken der Ware den Widerruf für ausgeschlossen halten und deswegen bereits überhaupt keinen Versuch der Lossagung unternehmen. Auch die „Scheu vor Auseinandersetzungen um einen letztlich doch nicht besonders ins Gewicht fallenden Betrag oder auch durchaus sinnvolle wirtschaftliche Erwägungen der Getäuschten, etwa dass der Aufwand einer Rechtsverfolgung unverhältnismäßig erscheint", mögen einzelne Verbraucher von vorneherein davon abhalten, ihr Widerrufsrecht auszuüben.[796] Besondere Relevanz bei dem hier in Rede stehenden Widerrufsrecht im Fernabsatz entfalten insoweit Unsicherheiten auf Rechtsfolgenseite: So lässt sich beispielsweise der Umfang von Prüfmöglichkeiten der Ware durch den Verbraucher in Bezug auf bestimmte Warengruppen weder dem Gesetzeswortlaut eindeutig entnehmen, noch ist diese Frage in Rechtsprechung und Literatur annähernd geklärt, sodass die hieraus resultierende Rechtsunsicherheit durchaus geeignet erscheint, einzelne Verbraucher gänzlich vom Widerruf abzuhalten.[797]

Stehen solche subjektiven Momente der Geltendmachung der Lossagungsmöglichkeit entgegen, kann dies dazu führen, dass der Getäuschte sich aus tatsächlichen Gründen der drohenden Zahlung nicht erfolgreich entziehen kann.[798] Richtig ist andererseits aber auch, dass die Bejahung der

---

794 BGH, Beschluss v. 16.07.1970 – 4 StR 505/69, BGHSt 23, 300 (304).
795 BGH, Urteil v. 22.10.1986 – 3 StR 226/86, BGHSt 34, 199 (203.); v. Heintschel-Heinegg/*Beukelmann*, StGB, § 263 Rn. 59.
796 BGH, Urteil v. 22.10.1986 – 3 StR 226/86, BGHSt 34, 199 (203 f.); siehe auch *Bohnenberger*, Vertragserschleichung, 79.
797 B. III. 3. b) aa) (2) (b); *Specht*, VuR 2017, 363 (367); siehe auch *Föhlisch*, Widerrufsrecht, S. 472.
798 Zur Bedeutung individueller Fähigkeiten im Rahmen einer wirtschaftlichen Vermögensbewertung siehe bereits B. II. 1. c). Entgegen der Ansicht *Luipolds* handelt es sich bei den genannten Umständen nicht um „sozialpolitische Anliegen", die nicht durch das Strafrecht geschützt würden, Schadensmerkmal, S. 124, 156 f. Vielmehr muss „eine wirtschaftliche Betrachtungsweise [...] auch individuelle Verhältnisse des Betroffenen mitberücksichtigen", *Beulke*, NJW

Vermögensverfügung im Rahmen des Betrugstatbestandes nicht *allein* von subjektiven Eigenschaften des Getäuschten abhängen kann.[799]

Gegenstand dieser Untersuchung sind indes nicht grundsätzliche Fragen um die Bedeutung der Opfermitverantwortung für den Betrugstatbestand.[800] Diese werden regelmäßig im Rahmen der Täuschung und des Irrtums erörtert.[801] Der Anknüpfungspunkt in dem hier vorliegenden Kontext ist jedoch nicht nur wegen der insoweit abweichenden Verortung der Problematik bei der Vermögensverfügung ein anderer:

Es ist *Dingler*, der in seiner Monographie vollkommen zu Recht zwischen der Erhöhung der Gefährdungslage einerseits und deren Vermittlung durch die Täuschung andererseits differenziert.[802] Richtigerweise kann sich die Gefährdungslage im Rahmen eines wirtschaftlichen Vermögensbegriffes durch subjektive Umstände sehr wohl erhöhen.[803] Die Berücksichtigung solcher Umstände bei der Bewertung der Zahlungsgefahr und deren Abschirmung im Rahmen des Betrugstatbestandes kann unter

---

1977, 1073 (1074); so auch zutreffend *Ahn*, Schadensberechnung, S. 167; *Brammsen/Apel*, WRP 2011, 1254 (1255).

799 *Cramer*, Vermögensschaden, S. 103; *Lenckner* JZ 1971, 320 (324); eingehend *Hillenkamp*, Opferverhalten.

800 Zur Berücksichtigung des Opferverhaltens bereits *Amelung*, FS Eser, S. 3–24; *Arzt*, FS Tiedemann, S. 595–603; *Eick*, Opferverhalten, S. 55–76; *Esser*, FS Krey, S. 81–104; *R. Hassemer*, Schutzbedürftigkeit; *W. Hassemer*, FS Klug, S. 217–234; *Hillenkamp*, Opferverhalten; *ders.*, FS Müller-Graff, S. 191–198; *Jänicke*, Gerichtliche Entscheidungen, S. 197–294; *Rengier*, FS Roxin, S. 811 (820 ff.); *Schünemann*, NStZ 1986, 193–200 u. 439–443; *Schwarz*, Mitverantwortung beim Betrug; *Völschow*, Kostenfallen, S. 95–109.

801 Vgl. *Basualto*, FS Tiedemann, S. 605–615; *Bosch*, FS Samson, S. 241–256; *Bley*, Warenkreditbetrug, S. 191 ff., 198 f.; *Cai*, Zukünftige Ereignisse, S. 66 f.; *Eick*, Opfermitverantwortung, S. 76–81; *Eisele*, NStZ 2010, 193 (195); *Erb*, ZIS 2011, 368 (372 ff.); *Harbort*, Objektive Zurechnung, S. 177 ff.; *R. Hassemer*, Schutzbedürftigkeit, S. 99 ff.; *v. Heintschel-Heinegg*, JA 2014, 790 (791); *Joecks/Jäger*, StGB, § 263 Rn. 52 ff., 77a; *Krack*, JZ 2002, 613–615; *ders.*, List, S. 63 ff.; *Kudlich*, ZWH 2011, 39; *Majer/Buchmann*, NJW 2014, 3342 (3344); *Naucke*, FS Peters, S. 109–120; *Rengier*, FS Roxin, S. 811 (820 ff.); *Wittig*, Tatbestandsmäßiges Verhalten, S. 326 ff. Im Zusammenhang mit der „Vermögensgefährdung" *Hefendehl*, Exspektanzen, S. 140 f.

802 *Dingler*, Online-Auktionen, S. 182.

803 *Ahn*, Schadensberechnung, S. 167. Gegen die Berücksichtigung einer etwaigen Opfermitverantwortung im Rahmen des Vermögensschadens jedoch *Völschow*, Kostenfallen, S. 104.

Umständen dann eingeschränkt werden, wenn diese vom Täter durch die Täuschung nicht *zurechenbar* verursacht wurden.[804]

Ausgangspunkt der Zurechenbarkeitsprüfung ist zunächst der Umstand, dass die durch den Vertragsschluss dem Grunde nach hervorgerufene Zahlungsgefahr *kausal* durch die Täuschung, das heißt vom Täter, hervorgerufen wurde.[805] Der im Strafrecht allgemein geltende Grundsatz, dass der Täter für den Erfolg seiner tatbestandsmäßigen Handlung haftet, wenn nicht die objektive Zurechnung aus besonderen Gründen verneint werden muss, gilt dem Grunde nach auch in dem vorliegenden Kontext.[806] Die Grenzen dessen, was dem Täuschenden nicht mehr zuzurechnen ist, sind eng zu ziehen.[807] Letztlich geht es hierbei erneut um eine Abschichtung der Risikosphären der Beteiligten voneinander.[808] Bei den Wertungen kann weitestgehend auf die im Rahmen der Ausführungen zur Zumutbarkeit entwickelten Grundsätze zurückgegriffen werden.[809]

Die vorherige Analyse hat insoweit ergeben, dass das Widerrufsrecht versucht, auch subjektive Defizite auf Seiten des Verbrauchers auszugleichen.[810] Dass der Widerruf auch *tatsächlich* problemlos möglich ist und damit eine im Sinne des Eingehungsbetruges werthafte Lossagungsmöglichkeit darstellt, ist an das Vorliegen der zuvor herausgearbeiteten Voraussetzungen im konkreten Einzelfall geknüpft.[811] Etwaigen im Widerrufsrecht selbst angelegten Unsicherheitsfaktoren und Störfaktoren aus der Sphäre des Täuschenden wird bereits dadurch Rechnung getragen, dass das Widerrufsrecht als problemlose Lossagungsmöglichkeit nur dann anzuerkennen ist, wenn die zuvor herausgearbeiteten Anforderungen auch tatsächlich eingehalten sind.

---

804 *Dingler*, Online-Auktionen, S. 182; MüKoStGB/*Hefendehl*, § 263 Rn. 621; LK/*Tiedemann*, § 263 Rn. 98.

805 Vgl. auch *Göbel*, Unseriöse Geschäftstätigkeit, S. 119; *Kindhäuser*, FS Lüderssen, S. 635 (642).

806 *Eisele*, NStZ 2010, 193 (195); *Harbort*, Objektive Zurechnung, S. 51, 69; *Rengier*, FS Roxin, S. 811 (813); siehe auch *Schwarz*, Mitverantwortung beim Betrug, S. 115 ff.

807 *Hillenkamp*, Opferverhalten, S. 180 ff.

808 *Eisele*, NStZ 2010, 193 (195); *Esser*, FS Krey, S. 81 (83), *Rengier*, FS Roxin, S. 811 (812).

809 B. III. 2. a) dd).

810 Insbes. B. III. 1. dd); vgl. auch Erwägungsgrund 34 der RL 2011/83/EU: Das Widerrufsrecht soll auch dem unterdurchschnittlich informierten und/oder ängstlichen Verbraucher eine effektive Lossagungsmöglichkeit an die Hand geben, deren Ausübung einfach durchsetzbar und mit wenig Aufwand verbunden ist.

811 B. III. 3. a).

Durch die Einhaltung dieser Voraussetzungen ist gleichzeitig die Grenze der Zurechenbarkeit gezogen.[812] Haftet dem täuschungsbedingt eingegangenen Anspruch ein Widerrufsrecht an, das im konkreten Fall die zuvor herausgearbeiteten Voraussetzungen erfüllt, hat der Täuschende „lediglich" eine – nach den hier zugrunde gelegten Werten – problemlos abschirmbare Gefahrenlage kausal herbeigeführt. An einer Vermögensminderung fehlt es in diesem Fall.

Werden die entwickelten Kriterien hingegen eingehalten, aber es kommen Umstände hinzu, wegen denen zu erwarten steht, dass der Getäuschte von seinem Widerrufsrecht keinen Gebrauch machen wird, ist dies dem Täuschenden nicht zurechenbar.[813] Etwaige beim Getäuschten verbleibende Unsicherheiten oder sonstige faktische Hindernisse sind in diesem Fall, das heißt bei Einhaltung der Anforderungen an ein werthaftes Widerrufsrecht, weder in der Lossagungsmöglichkeit selbst angelegt noch vom Täuschenden zurechenbar verursacht.[814] Es ist sozusagen der Getäuschte, der die werthafte Lossagungsmöglichkeit schlicht nicht nutzt, vergleichbar mit jemandem, der sich auf einen bestehenden, unstreitigen und durchsetzbaren Anspruch nicht beruft.[815] Insoweit ist *Lenckner* zuzustimmen, der einen vollendeten Eingehungsbetrug verneint, „wenn lediglich die „Gefahr" besteht, daß der Getäuschte aus Bequemlichkeit, Gleichgültigkeit usw. seine Rechte nicht wahrnimmt."[816] Dies gilt gleichermaßen für den Fall, dass „sich der Getäuschte nur aus Unerfahrenheit oder weil er in geschäftlichen Dingen ungewandt ist, nicht zur Wehr setzt, obwohl alle Voraussetzungen im Sinne eines problemlosen und erfolgreichen Widerrufs gegeben wären."[817]

---

812 Auf den Zurechnungszusammenhang zwischen Täuschung und Vermögensverlust beim Betrug eingehend *Pawlik*, Das unerlaubte Verhalten, S. 243 ff. Bei der Frage nach der Mitverantwortung leichtgläubiger Opfers knüpft auch *Harbort* an die Zurechnung an und entwickelt dort eigene Kriterien, Objekitve Zurechnung, S. 52 ff.

813 Dem Grunde nach ähnlich *Esser*, FS Krey, S. 81 (85).

814 Ähnlich bereits *Hefendehl*, Expektanzen, S. 339; *Pawlik*, Das unerlaubte Verhalten, S. 243; *Schünemann*, NStZ 1986, 439 (440): im Einzelfall entfällt die Schutzbedürftigkeit des Opfers, „wenn die konkrete Gefahrensituation in so hohem Grade auf der Entscheidung des Opfers selbst basiert, daß sie nicht mehr als Unterfall der im Gesetzestatbestand generell vorausgesetzten Gefahrenintensität anerkannt werden kann."

815 In diese Richtung auch *Hennings*, Teleologische Reduktion, S. 190.

816 *Lenckner* JZ 1971, 320 (324).

817 *Lenckner* JZ 1971, 320 (324); a. A. *Ahn*, Schadensberechnung, S. 167. Mit „Voraussetzungen" ist freilich nicht allein das Bestehen des Widerrufsrechtes, son-

(3) Zwischenergebnis

Ist zum Zeitpunkt des Vertragsschlusses zu erwarten, dass ein bestehendes Widerrufsrecht nicht derart einfach ausgeübt werden kann wie es der Gesetzgeber vorsieht, gilt es zu differenzieren:

Weicht der Täuschende eigenmächtig von den gesetzlichen Vorgaben ab, indem er beispielsweise nicht belehrt, willkürlich Formerfordernisse für die Widerrufserklärung verlangt oder einen Widerruf nicht akzeptiert, so stellt der Widerruf nach dem hier zugrunde gelegten strengen Maßstab keine problemlose Lossagungsmöglichkeit dar. Ungeachtet dessen, ob der Täuschende in diesen Fällen absichtlich oder unabsichtlich agiert, bleibt es bei einer Zahlungsgefahr, der zwar ein formell bestehendes, aber kein wirtschaftlich werthaftes Widerrufsrecht entgegengehalten werden kann. Eine Vermögensminderung ist in diesen Fällen mangels faktischer Abschirmbarkeit der Zahlungsgefahr gegeben.[818]

Liegen hingegen im konkret zu untersuchenden Fall die hier definierten Anforderungen an ein werthaftes Widerrufsrecht vor und der Getäuschte sieht sich gleichwohl an dessen Ausübung gehindert, ist dies dem Täuschenden nicht zurechenbar. Solche Umstände aus der Sphäre des Getäuschten können zum Beispiel in dessen Arbeitsüberlastung oder Trägheit liegen.[819] Sie ändern daran nichts, dass ihm ein werthaftes Widerrufsrecht zur Verfügung steht, mit dem er die Zahlungsgefahr rechtlich wie auch tatsächlich beherrschen könnte. Er nutzt dieses schlicht nicht. Eine Vermögensminderung liegt somit nicht vor.

4. Ergebnis und Ausblick

Dem vorliegenden Kapitel B. III. lag die zentrale Frage zugrunde, welche Auswirkungen das Widerrufsrecht des Verbrauchers im Fernabsatz auf die Strafbarkeit wegen vollendeten Eingehungsbetruges hat. Neben der konkreten Beantwortung dieser Frage konnten ferner grundlegende Zusammenhänge zwischen den Auswirkungen zivilrechtlicher Lossagungsmöglichkeiten auf den Eingehungsbetrug und einer wirtschaftlichen Vermögensbetrachtung aufgezeigt werden.

---

dern sämtliche nach dem unter B. III. 2. a) entwickelten Maßstab genannten Voraussetzungen im Einzelfall gemeint.

818 So im Grundsatz auch *Ensenbach*, Prognoseschaden, S. 166.
819 *R. Hassemer*, Schutzbedürftigkeit, S. 162.

Zutreffend ist, dass eine Vermögensminderung zu verneinen ist, wenn zum Zeitpunkt des Vertragsschlusses feststeht, dass der Getäuschte über eine Lossagungsmöglichkeit verfügt, die sich unter rechtlichen und tatsächlichen Gesichtspunkten auch von einem unterdurchschnittlich informierten und technisch wenig versierten Verbraucher problemlos und mit zumutbarem Aufwand ausüben lässt.[820] Es gilt hier richtigerweise ein strenger Maßstab, weil es der Täuschende ist, der kausal durch den Vertragsschluss dem Grunde nach eine Zahlungsgefahr erst hervorruft.[821] Es ist grundsätzlich nicht Aufgabe des Getäuschten, Bemühungen unter Ausschöpfung sämtlicher denkbarer Möglichkeiten zu unternehmen, um die drohende Zahlung noch irgendwie abzuwenden.[822] Eine Vermögensminderung ist nicht erst dann zu bejahen, wenn nach Ausschöpfung sämtlicher denkbarer tatsächlicher und rechtlicher Möglichkeiten eine Abwendung der Zahlung durch den Getäuschten nicht mehr möglich erscheint.[823] Vielmehr ist das Gegenteil der Fall: Grundsätzlich liegt in dem täuschungsbedingt eingegangenen Vertrag eine Vermögensminderung. Nur wenn eine Lossagung ausnahmsweise problemlos möglich und mit zumutbarem Aufwand durchführbar ist, liegt trotz Vertragsschlusses keine Vermögensminderung vor.[824] An dieser grundlegenden Ausrichtung hat sich die Bewertung des Widerrufsrechtes des Verbrauchers im Fernabsatz im Hinblick auf seine Auswirkungen auf den Eingehungsbetrug zu orientieren.

Stets im Blick zu halten ist hierbei, dass es auf der Grundlage einer wirtschaftlichen Vermögensbetrachtung keineswegs allein auf das formellrechtliche Bestehen des Widerrufsrechtes, sondern insbesondere auf dessen Realisierbarkeit unter *tatsächlichen* Umständen ankommt.[825] Es ist deswegen verhängnisvoll, allein aufgrund der gesetzgeberischen Intention, nach der das Widerrufsrecht besonders verbraucherfreundlich ausgestaltet sein

---

820 B. III. 2. a).

821 B. III. 2. a) dd).

822 Ähnlich *Esser*, FS Krey, S. 81 (84); *Hillenkamp*, Opferverhalten, S. 162 f.

823 In diese Richtung auch *Funck*, Täuschungsbedingter Betrugsschaden, S. 312 f.

824 An dem Vorliegen einer Vermögensminderung zum Zeitpunkt des Vertragsschlusses ändert es deswegen auch nichts, wenn es dem Getäuschten nachträglich doch noch irgendwie gelingt, die drohende Zahlung abzuwenden, obgleich die zivilrechtliche Lossagungsmöglichkeit nicht grundsätzlich einfach und problemlos handhabbar ist, siehe nur *Bohnenberger*, Vertragserschleichung, S. 53 m. w. N.

825 Satzger/Schluckebier/Widmaier/*Satzger*, StGB, § 263 Rn. 263; *Wahl*, Schadensbestimmung, S. 133; so auch *Hecker*, Strafbare Produktwerbung, S. 240 f. in Bezug auf ein vertragliches Rücktrittsrecht.

soll, per se auch dessen gefahrenabschirmende Wirkung nach einem tatsächlichen Maßstab zu folgern. Wer aus strengen gesetzlichen Vorgaben blindlings auf deren Einhaltung durch Internetbetrüger und damit auf das Vorliegen einer auch faktisch werthaften Lossagungsmöglichkeit schließt, übersieht dies.[826] Das rein zivilrechtliche Bestehen des Widerrufsrechtes liefert vielmehr lediglich das Fundament, das anschließend nach Maßgabe weiterer Voraussetzungen auf dessen auch wirtschaftliche und damit strafrechtlich relevante Werthaftigkeit zu prüfen ist. Gerade auf eine auch tatsächlich handhabbare Gefahrenabschirmungsmöglichkeit unter Berücksichtigung der Lebenswirklichkeit kommt es für die Berücksichtigungsfähigkeit im Rahmen des Eingehungsbetruges nämlich an.

Um für die zahlreichen denkbaren Sachverhaltsvariationen und mannigfaltigen rechtlichen Ausgestaltungen im Zusammenhang mit dem Widerrufsrecht bei im Internet geschlossenen Verträgen eine widerspruchsfreie Lösung entwickeln zu können, war es zunächst erforderlich, einen *einheitlichen Maßstab* zu erarbeiten. Nach diesem Maßstab ist das Widerrufsrecht, wie auch jede andere zivilrechtliche Lossagungsmöglichkeit, erst dann wirtschaftlich werthaft, wenn es nicht nur zivilrechtlich Bestand hat, sondern für den Getäuschten auch erkennbar ist, seine Ausübung nicht mit Beweisschwierigkeiten verbunden und wenn es mit zumutbarem Aufwand durchführbar ist.[827] Nur wenn diese Voraussetzungen im Einzelfall erfüllt sind, kann das Widerrufsrecht die durch den Vertragsschluss dem Grunde nach geschaffene Zahlungsgefahr derart zuverlässig abschirmen, dass sie für den Getäuschten beherrschbar wird und deswegen im Ergebnis eine Vermögensminderung zum Zeitpunkt des Vertragsschlusses zu verneinen ist. Denn nur wenn diese Voraussetzungen eingehalten sind, erstarkt die zivilrechtliche Lossagungsmöglichkeit zu einem auch wirtschaftlich werthaften Selbstschutz, weshalb erst dann eine Berücksichtigung im Rahmen des Betrugstatbestandes zulässig ist.

Auf der Grundlage des erarbeiteten Maßstabes war zunächst zu untersuchen, ob das Widerrufsrecht, so wie es vom Gesetzgeber ausgestaltet ist, diesen Anforderungen gerecht wird.[828] Dementsprechend war der Wert des Widerrufsrechtes zu prüfen, wenn der täuschende Unternehmer sämtliche gesetzliche Anforderungen, wie beispielsweise die Belehrungspflicht, einhält.

---

826 Zutreffend in diese Richtung auch *Wahl*, Schadensbestimmung, S. 133.
827 Hierzu im Einzelnen unter B. III. 2. a).
828 B. III. 3. b) aa).

Bereits bei der unbedingt notwendigen Ausgangsvoraussetzung der Prüfung der Auswirkungen des Widerrufsrechtes auf den Eingehungsbetrug, nämlich dem zivilrechtlichen Bestehen des Widerrufsrechtes, zeigt sich ein ganz erhebliches Problempotential.[829] Ob durch die potentielle Vermögensverfügung tatsächlich ein Vertrag geschlossen wurde und der Willenserklärung des Getäuschten auch ein Widerrufsrecht anhaftet, kann nämlich keineswegs dahinstehen. Vielmehr hängt von eben diesen zivilrechtlichen Fragen der weitere Fortlauf der strafrechtlichen Prüfung ab. Ist schon kein Vertrag geschlossen, fehlt es in den vorliegend relevanten Fallgestaltungen *grundsätzlich* bereits an der Verfügungsqualität der Handlung des Getäuschten.[830] Ist ein Vertrag zivilrechtlich wirksam geschlossen worden, kann das Widerrufsrecht eine hierdurch begründete Zahlungsgefahr denkbarerweise nur dann abschirmen, wenn es auch besteht und nicht ausnahmsweise ausgeschlossen ist. Gerade die Beantwortung dieser zivilrechtlichen Fragen gestaltet sich aber weitaus problematischer als etwa beim Anfechtungs- und Rücktrittrecht. Ob eine der zahlreichen gesetzlichen Ausnahmen vom Widerrufsrecht vorliegt, muss auch in der strafrechtlichen Prüfung in Bezug auf den dort zu prüfenden Einzelfall erörtert werden.[831]

Auch Umstände der voraussichtlichen Rückabwicklung nach einem Widerruf spielen bei der Bewertung der wirtschaftlichen Werthaftigkeit eine Rolle.[832] Denn erwartet den getäuschten Verbraucher nach einem Widerruf eine Rückabwicklung, die überaus aufwendig oder teuer ist, kann dies durchaus dazu führen, dass er schon deswegen von vorneherein von der Ausübung seines Widerrufsrechtes absieht. Gerade auf die Betrachtung dieser *tatsächlichen* Umstände kommt es im Rahmen der hier vorzunehmenden strafrechtlichen Würdigung an. Ob zu erwarten steht, dass der Getäuschte das Widerrufsrecht nicht geltend machen wird, weil die Ausübung oder erst die Rückabwicklung mit Schwierigkeiten behaftet ist, ist aus dem wirtschaftlichen Blickwinkel im Ergebnis irrelevant. Dabei wird zwar wohl häufig von einer problemlosen Rückabwicklung auszugehen sein. Gleichwohl ist auch hier stets der Blick auf den Einzelfall geboten. Kann die Täuschung erst entdeckt werden, nachdem der Getäuschte die Ware schon derart in Gebrauch genommen hat, dass er sich wertersatzpflichtig macht, steht dies einer problemlosen Lossagung im Wege. Glei-

---

829 B. III. 3. a).
830 B. II. 3.
831 B. III. 3. a) bb).
832 B. III. 3. b) aa) (2).

ches gilt bei äußerst geringen Warenwerten, bei denen die vom Getäuschten zu tragenden Rücksendekosten ein Viertel des Kaufpreises oder mehr ausmachen und deswegen vernünftigerweise nicht mit einer Ausübung des Widerrufsrechtes zu rechnen ist. Nur, wenn auch insoweit eine nach wirtschaftlichen Maßstäben zumutbare Rückabwicklung zu erwarten steht, wirkt das Widerrufsrecht grundsätzlich als problemlose und damit im Rahmen des Eingehungsbetruges relevante Lossagungsmöglichkeit.

Nach diesen Überlegungen zur grundsätzlichen Relevanz des Widerrufsrechtes beim Eingehungsbetrug war der Blick auf typische Lebenssachverhalte zu richten, wie sie im Zusammenhang mit dem Internetbetrug auftreten.[833] Diese zeichnen sich ganz überwiegend dadurch aus, dass der Getäuschte an der Ausübung eines zivilrechtlich bestehenden Widerrufsrechtes *faktisch* gehindert werden soll. Denn anders als etwa eine freiwillig vereinbarte vertragliche Rücktrittsmöglichkeit wird dem Täuschenden das Widerrufsrecht des Verbrauchers per Gesetz aufgezwungen. Würde der Getäuschte hiervon aber einfach Gebrauch machen können, so wie dies vom Gesetzgeber beabsichtigt ist, wäre dies für den Internetbetrüger in erheblichem Maße „geschäftsschädigend". Die Versuche, getäuschte Verbraucher von der *tatsächlichen* Inanspruchnahme ihres Widerrufsrechtes abzuhalten sind deswegen vielfältig, wobei die Dreistigkeit und Kreativität der Internetbetrüger keine Grenzen kennt. Einige typische Sachverhalte wurden im Rahmen der vorliegenden Untersuchung dargestellt, um entsprechende Anhaltspunkte bei der Prüfung der Strafbarkeit wegen Eingehungsbetruges zu vermitteln.[834] Als Grundregel konnte insoweit festgehalten werden, dass die vom Gesetzgeber geschaffenen Vorgaben, die von Unternehmern bezüglich Aufklärung über und Akzeptanz des Widerrufsrechtes gefordert werden, als Mindestvoraussetzungen für ein wirtschaftlich werthaftes Widerrufsrecht zu verstehen sind. Weicht der Täuschende eigenmächtig von diesen Voraussetzungen ab, indem er beispielsweise eigene Anforderungen an die Ausübung des Widerrufsrechtes kreiert oder das Bestehen eines Widerrufsrechtes bestreitet, zerstört er bereits das im Rahmen der strafrechtlichen Prüfung erforderliche zivilrechtliche Fundament. Das Widerrufsrecht stellt in diesem Fall keine *problemlose* und damit zur Gefahrenabwehr geeignete Lossagungsmöglichkeit dar.

Was zivilrechtlich als einfache Lossagungsmöglichkeit gedacht ist, erweist sich damit gerade in den strafrechtlich relevanten Fällen überwie-

---

833 B. III. 3. b) bb).
834 B. III. 3. b) bb).

gend als *faktisch wenig werthaft*.[835] Das zwar formell auch in diesen Fallge-staltungen bestehende Widerrufsrecht erstarkt in diesem Kontext nämlich gerade nicht zu einer auch faktisch tauglichen und damit wirtschaftlich werthaften Lossagungsmöglichkeit. Vielmehr bleibt es in diesen Fällen bei der durch den Vertragsschluss begründeten Zahlungsgefahr, weil es an einer – dem erarbeiteten Maßstab entsprechenden – Beherrschbarkeit durch den Getäuschten fehlt.[836] Eine Vermögensminderung liegt vor.

Neben diesen in der Sphäre des Täuschenden wurzelnden Faktoren kön-nen bei der Frage, ob zu erwarten ist, dass der Getäuschte sein Widerrufs-recht auch ausüben wird, auch subjektive Befindlichkeiten des Getäusch-ten miteinspielen.[837] Andererseits kann die Strafbarkeit wegen vollendeten Eingehungsbetruges selbstverständlich nicht willkürlich von den subjekti-ven Befindlichkeiten des Getäuschten abhängig gemacht werden.

Mit der vorliegenden Untersuchung konnte herausgestellt werden, dass eine Abgrenzung solcher Einflüsse, die die Werthaftigkeit des Widerrufs-rechtes beeinflussen, von solchen, denen kein Einfluss zuzumessen ist, vom Kriterium der *Zurechenbarkeit* abhängt.[838] Nur wenn das konkrete subjektive Hindernis in der Lossagungsmöglichkeit selbst angelegt ist oder aber vom Täuschenden zurechenbar verursacht wurde, hat dies eine fakti-sche Entwertung des Widerrufsrechtes zur Folge. Eine solche Zurechen-barkeitsprüfung kann beim Verbraucherwiderruf relativ leicht vorgenom-

---

835 Dieses Ergebnis belegt ferner, wie entscheidend es ist, die wirtschaftliche Ver-mögensbetrachtung auch bei den Auswirkungen zivilrechtlicher Lossagungs-möglichkeiten auf den Eingehungsbetrug konsequent anzuwenden. So er-scheint die Verlockung groß, aus den guten Absichten des Gesetzgebers hin-sichtlich der einfachen Ausübbarkeit des Widerrufsrechtes reflexartig dessen ge-fahrenabschirmenden Charakter zu unterstellen und sich damit partiell auf den Standpunkt einer juristischen Vermögensbewertung zurückzuziehen. Dies führt indes zu fehlerhaften Ergebnissen, weil sich die Tauglichkeit der Lossagungs-möglichkeit in dem hier maßgeblichen strafrechtlichen Kontext weder nach der Intention des Gesetzgebers noch der gesetzlichen Ausgestaltung, sondern nach dem faktischen Nutzen in der Lebenswirklichkeit bemisst (so auch etwa *Ensen-bach*, Prognoseschaden, S. 166). Diese zwei Bewertungsmaßstäbe – der rein for-melle Wert einerseits und der praktische Wert andererseits – verlaufen in den strafrechtlich relevanten Konstellationen regelmäßig gegenläufig zueinander, da der Täuschende ein maßgebliches Interesse an der faktischen Verhinderung der Ausübung des formell-rechtlich bestehenden Widerrufsrechtes hat.
836 Im Grundsatz ähnlich *Ensenbach*, Prognoseschaden, S. 166.
837 Hierzu zählen beispielsweise die Scheu vor der Auseinandersetzung mit dem Vertragspartner oder schlichte Trägheit, siehe nur *R. Hassemer*, Schutzbedürftig-keit, S. 162.
838 B. III. 3. b) bb) (2).

men werden. Denn der Interessenlage des potentiellen Opfers wird bereits dadurch hinreichend Rechnung getragen, dass das Widerrufsrecht nur dann als wirtschaftlich werthaft anzuerkennen ist, wenn die in dieser Untersuchung herausgearbeiteten strengen Kriterien im konkreten Einzelfall eingehalten werden.[839] Diese orientieren sich bereits an einem unterdurchschnittlich informierten und technisch wenig versierten Verbraucher. Sämtliche Umstände, die dazu führen, dass diese Kriterien nicht eingehalten werden, sind der Risikosphäre des Täuschenden zuzuordnen. Dies gilt ungeachtet dessen, ob dies bewusst oder unbewusst geschieht.

Sieht sich aber der Getäuschte, selbst bei Einhaltung dieser strengen Anforderungen, an der Ausübung des Widerrufs gehindert, ist er nicht mehr schützenswert. In diesem Fall ist seine Risikosphäre betroffen. Solche Umstände sind nicht dem Täter zuzuordnen. Es liegt in diesem Fall ein werthaftes Widerrufsrecht vor, von dem der Getäuschte keinen Gebrauch macht. Die Zahlungsgefahr ist dann als grundsätzlich beherrschbar zu beurteilen, weswegen es im Ergebnis an einer Vermögensminderung fehlt. Die Einhaltung der hier erarbeiteten Anforderungen zeichnet damit gleichzeitig die Grenze der Zurechenbarkeit ab.[840]

---

839 B. III. 2. a).
840 B. III. 3. b) bb) (3).

C. Schlussbetrachtung

Nach dem Willen des Gesetzgebers sollen „Button-Lösung" und Widerrufsrecht den Verbraucher vor ungewollten und unüberlegten Vertragsschlüssen im Internet schützen und ihn somit vor der Schädigung seines Vermögens bewahren.[841] Gegenstand der vorliegenden Untersuchung war die Frage, inwieweit diese Schutzmechanismen Auswirkungen auf die Strafbarkeit wegen vollendetem Eingehungsbetrug entfalten, der wiederum eine durch eine Vermögensverfügung vermittelte Vermögensminderung zum Zeitpunkt des (vermeintlichen) Vertragsschlusses gerade voraussetzt.

In dem ersten der beiden Hauptkapitel wurde ein Sachverhalt zugrunde gelegt, der gemeinhin als „Abofalle" bekannt ist[842]: Ein Verbraucher nimmt im Internet einen Dienst, wie zum Beispiel einen Routenplaner, in Anspruch und geht aufgrund der Aufmachung der Internetseite von der Unentgeltlichkeit des Angebots aus. Anschließend wird er aufgrund eines angeblich abgeschlossenen Abonnements unter Verweis auf einen tatsächlich vorhandenen, aber gut versteckten, Kostenhinweis unter massiven Drohungen zur Zahlung aufgefordert.[843] Der Button genügt hierbei nicht den Anforderungen des § 312j III BGB, sodass ein entgeltlicher Vertrag nicht geschlossen wird, § 312j II, IV BGB.

Das zweite der beiden Hauptkapitel geht von einem Sachverhalt aus, bei dem der Verbraucher aufgrund eines gesetzeskonformen Buttons zwar bewusst einen entgeltlichen Vertrag im Internet abschließt, jedoch über sonstige Umstände, wie zum Beispiel die Echtheit, Wirkung oder Brauchbarkeit der Ware oder Dienstleistung, getäuscht wird, wobei er sich jedoch durch ein Widerrufsrecht gegebenenfalls vom Vertrag lossagen kann.[844]

---

841 A. I.; B. III. 1. d).
842 B. II.
843 A. I.; B. II.
844 B. III.

I. Auswirkungen der „Button-Lösung" auf den Eingehungsbetrug

Die zentrale Frage des ersten Hauptkapitels der Untersuchung bestand darin, auf der Grundlage des geschilderten Sachverhalts der Abofalle[845] die Auswirkungen des fehlenden oder fehlerhaft beschrifteten Buttons im Sinne von § 312j III BGB auf die Strafbarkeit wegen vollendetem Eingehungsbetrug im Fernabsatz zu untersuchen.[846]

Ausgangspunkt für die Untersuchung war das Tatbestandsmerkmal der Vermögensverfügung, wobei zunächst die Frage zu beantworten war, ob trotz des fehlenden entgeltlichen Vertrages (§ 312j IV BGB) eine Vermögensminderung, als Bestandteil der Vermögensverfügung, überhaupt vorliegen kann.[847] Dies wiederum beurteilte sich nach der dieser Arbeit zugrunde gelegten wirtschaftlichen Vermögensbetrachtung und damit vornehmlich anhand *tatsächlicher* Kriterien.[848] Der konkrete Sachverhalt der Abofalle liefert insoweit eine Vielzahl denkbarer *tatsächlicher* Anknüpfungspunkte, wie etwa den Glauben der Opfer, sich rechtswirksam verpflichtet zu haben und die massive Drohkulisse durch die Täter.[849] Um hier eine Einordnung des Sachverhaltes der Abofalle vornehmen zu können, wurden unterschiedliche Fallgestaltungen analysiert, in denen sich Rechtsprechung und Literatur mit den Auswirkungen tatsächlicher Gefahren auf Vermögensminderung und Vermögensverfügung auseinandersetzen.[850]

Ein Abgleich der untersuchten Konstellationen mit dem zugrunde gelegten Sachverhalt der Abofalle hat gezeigt, dass eine Vermögensverfügung zum Zeitpunkt der vermeintlichen Anmeldung grundsätzlich nicht vorliegt.[851] Dieses Ergebnis wirkt auf den ersten Blick unspektakulär. Eine tiefergehende Auseinandersetzung im Rahmen der *Stellungnahme*[852] mit der Frage, *woran* die Bejahung einer Vermögensverfügung vorliegend konkret scheitert, hat jedoch zu grundlegenden Erkenntnissen hinsichtlich des Verhältnisses von Vermögensminderung und Vermögensverfügung geführt:

---

845 C; eingehend unter A. I.
846 B. II.
847 B. I. 1.; B. II. 1.
848 B. I. 2. u. 3.
849 A. I.
850 B. II. 1.
851 B. II. 2. a). Ausgenommen hiervon ist die Konstellation, in der sich das Angebot zum Schein an Unternehmer richtet (siehe B. II. 1. a) bb); B. II. 2. a)).
852 B. II. 2.

Anders als man zunächst durchaus vermuten könnte, führt das zivilrechtliche Schutzinstrument der „Button-Lösung" in den betrugsrelevanten Fällen, also bei nicht gesetzeskonformem Button[853], nämlich nicht dazu, dass es an einer strafrechtlich relevanten – wirtschaftlichen – Vermögensminderung fehlt.[854] Weil Opfer von Abofallen ganz überwiegend aus Angst oder dem Glauben, verpflichtet zu sein, und damit weitestgehend unabhängig vom rechtlichen Bestehen eines Anspruchs zahlen, können auch Vorschriften wie § 312j III, IV BGB, die zwar rechtlichen, aber *kaum tatsächlichen Schutz* bieten, eine Vermögensminderung unter wirtschaftlichen Gesichtspunkten nicht maßgeblich reduzieren.[855]

Ungeachtet ihres Ausmaßes muss damit auch nach Einführung der „Button-Lösung" eine wirtschaftliche Vermögensminderung durch die vermeintliche Anmeldung zu einem Abonnement bejaht werden.[856] Das eigentlich Bemerkenswerte ist jedoch, an welcher Stelle innerhalb des Tatbestandsmerkmals der Vermögensverfügung sich die „Button-Lösung" auswirkt:

Im Zuge der vorliegenden Untersuchung konnte insoweit herausgearbeitet werden, dass die „Button-Lösung" *die Art und Weise der Vermittlung der Vermögensminderung über die Vermögensverfügung* beeinflusst.

So lässt sich die Vermögensminderung in dem zugrundegelegten Sachverhalt nicht objektiv nach außen darstellen, wie dies etwa bei einer Vermögensminderung durch eine körperliche Herausgabe von Vermögenswerten oder bei dem rechtlich wirksamen Eingehen einer Verpflichtung gegeben ist.[857]

Die Untersuchung hat insoweit verdeutlicht, dass zwischen den Fragen nach dem Vorliegen einer Vermögensminderung einerseits und den Anforderungen an ihre Vermittlung über die Vermögensverfügung andererseits grundlegend differenziert werden muss. Die fehlende objektive Darstellbarkeit einer tatsächlichen Gefahrenlage betrifft die Art und Weise der Vermittlung einer Vermögensminderung über die Vermögensverfügung, nicht aber die Vermögensminderung als solche.

Abzulehnen sind deswegen Versuche, die zum Beispiel bei Vorliegen einer tatsächlichen Gefahrenlage aber fehlendem Rechtsschein, den wirtschaftlichen Vermögensbegriff einschränken und letztlich primär auf-

---

853 A. I.; § 312j III BGB.
854 B. II. 2. a) bb).
855 B. II. 2. a) bb).
856 Vgl. insbes. B. II. 2. a) bb).
857 B. II. 2. b).

grund einer solchen fehlenden Erfassbarkeit tatsächlicher Gefahren durch Normen eine wirtschaftliche Vermögensminderung verneinen.[858] Denn eine derartige Einschränkung wäre nichts weiter als eine faktische Rückkehr zum juristischen Vermögensbegriff, weil dann letztlich zivilrechtliche Normen über das Bestehen der Vermögensminderung entscheiden würden.[859] Derartige Ansätze vermengen die Frage der Darstellbarkeit des Vermögens mit der Frage nach dem Vorliegen einer wirtschaftlichen Vermögensminderung, was inkonsequent erscheint, weil das Vorliegen einer wirtschaftlichen Vermögensminderung gerade nicht von seiner Darstellbarkeit nach außen abhängt.[860] Umgekehrt ist allein aus dem Vorliegen einer unmittelbaren Vermögensminderung nicht per se auf das Vorliegen einer Vermögensverfügung im Sinne von § 263 I StGB zu schliessen.[861]

Nicht in Frage gestellt werden sollte durch die Untersuchung die vom Bundesverfassungsgericht aufgestellten Anforderungen an die hinreichende Bestimmbarkeit eines Vermögensschadens.[862] Diese beanspruchen dem Grunde nach, dem Schaden vorgelagert, bereits bei der Frage Geltung, ob überhaupt eine Vermögensverfügung vorliegt.[863] Es kann richtigerweise nicht jede tatsächliche Gefahrenlage auch per se als durch die Vermögensverfügung vermittelt angesehen werden, nur weil in ihr eine wirtschaftliche Vermögensminderung liegt.

Mit der vorliegenden Untersuchung konnte jedoch ein Lösungsansatz aufgezeigt werden, der diesem Grundsatz gerecht wird, ohne den wirtschaftlichen Vermögensbegriff als solchen einzuschränken. Eine derartige Einschränkung erscheint schon nicht notwendig, weil hier die Frage nach einer nach außen darstellbaren Vermittlung der Vermögensminderung über die Vermögensverfügung und *nicht* die Frage nach der Vermögensminderung als solcher betroffen ist.[864]

Konsequenterweise musste daher das Tatbestandsmerkmal der Vermögensverfügung entsprechend modifiziert werden. Im Rahmen der Vermögensverfügung ist stets eine *objektive Verknüpfung* des Verhaltens des Getäuschten mit der Vermögensminderung zu fordern, wie dies *faktisch*

---

858 B. II. 2. c).
859 B. II. 2. c).
860 B. II. 2. b) u. c).
861 B. II. 2. b).
862 B. I. 2. b).
863 B. II. 2. b) u. c); B. II. 3).
864 B. II. 2. b); B. II. 3. a).

durch eine körperliche Herausgabe von Vermögenswerten oder *rechtlich* durch das wirksame Eingehen einer Verbindlichkeit geschieht.[865]

Für die konkrete Konstellation der Abofalle und für gleichgelagerte Fallgestaltungen mit tatsächlichen Gefahrenlagen, die jedoch nicht gleichzeitig über einen zivilrechtlich wirksamen Vertrag vermittelt werden, muss daher im Rahmen der Vermögensverfügung eine anderweitige – *eine normative* – Verknüpfung des Verhaltens des Getäuschten mit der Vermögensminderung gefordert werden.[866] Eine solche normative Verknüpfung ist zum Beispiel bei einer erschlichenen Unterschrift unter einem Bestellformular durch den hierdurch erzeugten Rechtsschein eines Vertragsschlusses und der damit einhergehenden Beweislastumverteilung zu sehen.[867] Die tatsächliche und damit wirtschaftlich relevante Gefahrenlage wird hier – trotz fehlendem Vertragsschluss – objektiv nachvollziehbar abgebildet. Mangels Rechtsschein und Beweislastumverteilung fehlt es in der Konstellation der Abofalle bei nicht gesetzeskonformem Button an einer solchen normativen Verknüpfung im Rahmen der Vermögensverfügung, während die grundlegend zu unterscheidende Frage nach dem Bestehen einer wirtschaftlichen Vermögensminderung hiervon nicht berührt wird.[868]

Die Definition der Vermögensverfügung konnte auf der Grundlage der gewonnenen Erkenntnisse präzisiert werden, um zu verdeutlichen, dass das Verhalten des Getäuschten, das unmittelbar zu einer Vermögensminderung führt, nur dann den Anforderungen an eine Vermögensverfügung im Sinne von § 263 I StGB genügt, wenn es faktisch, rechtlich oder normativ mit der Vermögensminderung verknüpft ist.[869] Es ergibt sich folgende Definition:

Eine Vermögensverfügung ist jedes Handeln, Dulden oder Unterlassen, das sich unmittelbar vermögensmindernd auswirkt, wenn die Vermögensminderung faktisch, rechtlich oder normativ mit dem Verhalten des Getäuschten verknüpft ist.[870]

---

865 B. II. 3. b).
866 B. II. 3. b) cc).
867 B. II. 3. b) cc).
868 B. II. 1. a) bb); B. II. 2. a) aa); B. II. 3. b) cc). Ausgenommen sind solche Fallgestaltungen, in denen sich das Angebot zum Schein an Unternehmer richtet, weil der getäuschte Verbraucher dann die Beweislast dafür trägt, dass sich das Angebot in Wahrheit an Verbraucher richtet und er Verbraucher ist.
869 B. II. 3. c).
870 Wie die übrigen Merkmale der Vermögensverfügung (Verhalten, Vermögensminderung, Unmittelbarkeit) müssen freilich auch die ergänzenden Merkmale der faktischen, rechtlichen und normativen Verknüpfung ihrerseits mit Inhalt gefüllt werden. Dies geschieht nach der hier vertretenen Auffassung in dem unter B. II. 3. b) aa)–cc) dargestellten Sinne.

Die Einführung zivilrechtlicher Schutzmechanismen wie der „Button-Lösung" führt damit zu einer *Wechselwirkung*, die von vorneherein keineswegs zu erwarten war.[871] Die Erhöhung des Zivilrechtsschutzes bleibt ohne bedeutende Auswirkungen auf die tatsächliche Zahlungsgefahr und damit auf die wirtschaftliche Vermögensminderung. Vielmehr führen die rein zivilrechtlich als positiv zu bewertenden Umstände, wie das Nichtzustandekommen des Vertrages und das Fehlen einer Beweislastumverteilung zulasten des Getäuschten durch den vermeintlichen Vertragsschluss, dazu, dass die Vermögensminderung nicht rechtlich beziehungsweise normativ mit dem Verhalten des Getäuschten verknüpft wird und daher eine Vermögensverfügung im Sinne von § 263 StGB ausscheidet.[872]

Durch die Darstellung der Konstellation der Abofalle konnte damit eine Problematik aufgezeigt werden, die in Anbetracht des fortschreitenden zivilrechtlichen Schutzniveaus einerseits und der „immer vielfältigeren wirtschaftlichen Umgebungsvariablen"[873] andererseits auch weiterhin in unterschiedlicher Form auftreten wird. Denn gerade tatsächliche Gefahrenlagen ohne rechtlichen Einschlag im Sinne eines Vertragsschlusses oder eine Beweislastumverteilung[874] müssen in bestimmten Konstellationen wegen ihrer fehlenden normativen Darstellbarkeit für den Betrugstatbestand jedenfalls *im Ergebnis* als irrelevant angesehen werden. Denn die Gefahrenlage lässt sich in diesem Fall – so erheblich sie sich aufgrund tatsächlicher Gegebenheiten auch darstellen mag – *mangels normativer Verknüpfung* mit dem Verhalten des Opfers nicht nur nicht der Höhe nach beziffern, sondern kann schon dem Grunde nach nicht als Verfügung im Sinne von § 263 I StGB qualifiziert werden.[875]

Zudem verdeutlicht die vorstehende Untersuchung stellvertretend für weitere ähnliche Fallgestaltungen, von welcher Bedeutung es ist, grundlegend zwischen dem Bestehen einer tatsächlichen Gefahrenlage einerseits und deren normativer Darstellbarkeit andererseits im Rahmen der Vermögensverfügung zu differenzieren.[876] Normen können eine Vermögensmin-

871 B. II. 2. b).
872 B. II. 2. b) u. c); B. II. 3. a).
873 Arzt/Weber/Heinrich/Hilgendorf/*Heinrich*, BT, § 20 Rn. 97.
874 Gemeint ist damit nicht, dass eine Vermögensverfügung nur dann vorliegen kann, wenn ein Vertrag zustande gekommen ist. Ein rechtlicher Einschlag kann bei nur vermeintlichen Verpflichtungen selbstverständlich auch in der bereits angesprochenen Beweislastumverteilung begründet sein.
875 BVerfG, Beschluss v. 07.12.2011 – 2 BvR 2500/09, BVerfGE 130, 1. Zu den Vorgaben des BVerfG siehe auch *Küper/Zopfs*, BT, Rn. 644, 649, 652.
876 *Bittmann*, wistra 2013, 1 (3).

derung unter wirtschaftlichen Gesichtspunkten nicht unabhängig von der tatsächlichen Gefahrenlage begründen oder ausschließen.[877] Hierdurch unterscheidet sich gerade die wirtschaftliche von der juristischen Vermögenslehre. Aus einer Darstellbarkeit des Vermögens durch Normen, sei es durch die Begründung eines Anspruchs oder eine Beweislastumverteilung, ist daher genauso wenig zwangsläufig das Vorliegen einer tatsächlichen Gefahrenlage zu folgern, wie wegen einer fehlenden normativen Darstellbarkeit zwingend eine wirtschaftliche Beeinträchtigung auszuschließen ist.[878]

Zwar mag es zunächst verwundern, dass man tatsächliche Gefahren als potentiell vermögensmindernd begreift, sie aber mangels normativer Verknüpfung im Rahmen der Vermögensverfügung im Ergebnis beim Eingehungsbetrug nicht berücksichtigen darf. Auch wird das vom Täter verwirklichte Unrecht nicht plötzlich anders zu bewerten sein, weil der Gesetzgeber eine einzige Norm, wie hier § 312j BGB, ins Gesetz einfügt.[879] Jedoch wiegen Bestimmtheitsgrundsatz und das Verbot der Verschleifung verschiedener Tatbestandsmerkmale höher als der gegebenenfalls bestehende Wunsch, den Täter schon zum Zeitpunkt des vermeintlichen Vertragsschlusses wegen vollendeten Betruges strafen zu können.[880] Der Betrug ist und bleibt ein Vermögensverletzungsdelikt, das eine Selbstschädigung durch eine Vermögensverfügung erfordert.[881] Verlangt man bei der Vermögensminderung ohne körperliche Herausgabe des Vermögens im Rahmen der Vermögensverfügung keine normative Verknüpfung mit dem Verhalten des Verfügenden, ergibt sich das Risiko einer uferlosen Ausweitung des vollendeten Eingehungsbetruges durch die Aufweichung des Tatbestandsmerkmals der Vermögensverfügung.[882] Bestimmte tatsächliche Gefahren – trotz ihrer grundsätzlichen Vermögensrelevanz – nicht berück-

---

877 *Bittmann*, wistra 2013, 1 (3).

878 Auf die unbedingte Notwendigkeit, zwischen der zivilrechtlichen- und der strafrechtlichen Vermögensbewertung zu differenzieren, weist etwa auch *Pawlik* hin, Das unerlaubte Verhalten, S. 253 f.

879 In Bezug auf Versuchs- und Vollendungsstrafbarkeit beim Betrug schon *Graba*, NJW 1970, 2221 (2222): „Der Zufall trennt oft die Vollendung des Delikts vom Versuch."

880 I. E. ähnlich *Ladiges*, wistra 2016, 180 (182). Zum Bestimmtheitsgrundsatz und „Verschleifungsverbot" *Bittmann*, wistra 2013, 1.

881 Vgl. *Küper/Zopfs*, BT, Rn. 667. Zu dem „verfassungsmäßigen Verschleifungsverbot" und der Vermögensverfügung siehe *Schlösser*, HRRS 2011, 254 (256).

882 In diese Richtung treffend *Cramer*, der von der Gefahr spricht, „die Grenze zwischen den einzelnen Tatbestandsmerkmalen des Betruges zu verwischen", Vermögensschaden, S. 173.

sichtigen zu dürfen, ist damit gewissermaßen der Preis für eine unbedingt erforderliche verfassungskonforme Auslegung des Betrugstatbestandes.[883]

Hingewiesen werden soll schließlich noch darauf, dass Abofallenbetreiber fortan selbstverständlich nicht straflos gestellt sind, nur weil eine Vollendungsstrafbarkeit wegen Eingehungsbetruges zum Zeitpunkt der vermeintlichen Anmeldung nicht (mehr) auszumachen ist. Sofern auch die übrigen Tatbestandsmerkmale des Betruges erfüllt sind, verbleibt es zum Zeitpunkt des vermeintlich geschlossenen Vertrages bei einem versuchten Erfüllungsbetrug.[884] Einen weiteren denkbaren Ansatzpunkt liefert die Zahlungsaufforderung, mit der die – nach der „Button-Lösung" nun zweifelsfrei – unwahre Behauptung vorgetragen wird, es sei ein entgeltlicher Vertrag zustande gekommen.[885] Zahlt das Opfer, wird hierin regelmäßig ein vollendeter Erfüllungsbetrug zu sehen sein.[886] Die Drohgebärden der Abofallenbetreiber bieten, je nach Ausmaß, weitere Anknüpfungspunkte für eine strafrechtliche Erfassung.[887]

---

883 Ob dies eine auch „kriminalpolitisch befriedigende Grenze zwischen strafwürdiger und nicht strafwürdiger Gefährdung" darstellt (*Cramer*, Vermögensschaden, S. 130), liegt im Auge des Betrachters. Zur „Spannung zwischen kriminalpolitischen und dogmatischen Argumenten" im Rahmen der Täuschung beim Betrug, vgl. *Basualto*, FS Tiedemann, S. 605–615; siehe auch *Schlüchter*, MDR 1974, 617 (618).

884 Zur Frage, wann eine Abofalle den Tatbestand der strafbaren Werbung (§ 16 I UWG) erfüllt, siehe *Brammsen/Apel*, WRP 2011, 1254–1258.

885 In diese Richtung LG Hamburg, Urteil v. 21.03.2012 – 608 KLs 8/11, das mit der h.M. auch vor Einführung der „Button-Lösung" einen Vertragsschluss verneint. Es begründet den Irrtum damit, dass durch die Zahlungsaufforderung bei den Opfern der unzutreffende Eindruck eines wirksam geschlossenen entgeltlichen Vertrages entsteht. Ähnlich auch LG Göttingen Urteil v. 17.08.2009 – 8 KLs 1/09, BeckRS 2011, 10690; *Eisele*, NStZ 2010, 193 (199) m. w. N.

886 Siehe auch MüKoStGB/*Hefendehl*, § 263 Rn. 814.

887 Zur Strafbarkeit von Inkassoanwälten bei „Masseninkasso" für Gewinnspieleintragungsdienste BGH, Beschluss v. 05.09.2013 – 1 StR 162/13, NJW 2014, 401 m. Anm. *Tsambikakis*, a. a. O., 407 und *Beckemper*, ZJS 2014, 210.

II. Auswirkungen des Widerrufsrechtes auf den Eingehungsbetrug

Hat der Verbraucher zwar wegen eines Buttons im Sinne von § 312j III BGB Kenntnis von der Entgeltlichkeit des Angebots und geht einen rechtswirksamen Vertrag ein, wird jedoch über andere Umstände getäuscht, so war in dem zweiten Hauptkapitel der Arbeit zu untersuchen, welche Auswirkungen ein gegebenenfalls bestehendes Widerrufsrecht auf die Strafbarkeit wegen vollendetem Eingehungsbetrug im Fernabsatz haben kann.[888]

Anknüpfungspunkt war erneut die Vermögensverfügung. Allerdings ging es nun um die Frage, inwieweit das Widerrufsrecht geeignet erscheint, eine zum Zeitpunkt des Vertragsschlusses bestehende tatsächliche Zahlungsgefahr derart abzuschirmen, dass im Ergebnis von einer wirtschaftlichen Vermögensminderung nicht gesprochen werden kann.[889] Die Untersuchung hat verdeutlicht, dass keinesfalls aus dem formellen Bestehen einer zivilrechtlichen Lossagungsmöglichkeit auf ihre strafrechtliche Bedeutung geschlossen werden darf, weil der Wert der Lossagungsmöglichkeit auf Grundlage einer wirtschaftlichen Vermögensbetrachtung davon abhängt, ob das Recht auch *tatsächlich* effektiv zur Verhinderung einer Zahlung führen kann.[890] Gleichwohl muss bei der Prüfung der Strafbarkeit wegen Eingehungsbetruges zunächst stets festgestellt werden, ob erstens ein Vertrag wirksam geschlossen wurde und zweites ein entsprechendes Schutzrecht, wie beispielsweise das Widerrufsrecht, dem Getäuschten auch tatsächlich zusteht.[891]

Um unterschiedliche Sachverhaltskonstellationen nach einem einheitlichen Maßstab beurteilen zu können, war es zunächst erforderlich, Voraussetzungen *wirtschaftlich werthafter* zivilrechtlicher Lossagungsmöglichkeiten vorzustellen.[892] Zu verlangen ist insoweit, dass Täuschung und Lossagungsmöglichkeit für den Getäuschten *vor* der Zahlung sicher *erkennbar* sind.[893] Die Wahrnehmung des Rechts darf für den Getäuschten ferner *nicht mit Beweisschwierigkeiten verbunden* sein und muss auch ansonsten zu-

---

888 B. III.
889 B. III. 2. a). Die Vermögensminderung ist notwendiger Bestandteil der Vermögensverfügung, sodass die gegenwärtige Problematik richtigerweise dem Tatbestandsmerkmal der Vermögensverfügung zuzuordnen ist, hierzu bereits eingehend B. I. 1.
890 B. III. 2. a).
891 B. III. 2. a) aa).
892 B. III. 2. a) aa)–ee).
893 B. III. 2. a) bb).

mutbar sein.[894] Hervorzuheben ist, dass sich die Zumutbarkeit am Maßstab eines jeden – auch unterdurchschnittlich informierten und technisch wenig versierten – Verbrauchers orientiert.[895] Stehen der Ausübung demgegenüber faktische Hindernisse entgegen, die entweder in dem Recht selbst angelegt oder vom Täuschenden zurechenbar verursacht sind, scheidet die Lossagungsmöglichkeit als wirtschaftlich werthafte Gefahrenabschirmungsmöglichkeit aus.[896]

Für die Prüfung der Auswirkungen des Widerrufsrechtes auf den Eingehungsbetrug bedeutet dies, dass zunächst auf zivilrechtlicher Ebene die Weichen für den weiteren Fortgang der strafrechtlichen Prüfung gestellt werden. Ist ein Vertrag nicht geschlossen[897], besteht die Frage nach etwaigen gefahrenabschirmenden Wirkungen eines Widerrufsrechtes von vorneherein bereits nicht.[898] Ob der Vertrag geschlossen wurde und ein Widerrufsrecht entstanden ist, kann daher im Rahmen der Prüfung der Strafbarkeit wegen vollendeten Eingehungsbetruges keinesfalls dahinstehen. Damit finden aktuelle und teilweise noch nicht abschließend geklärte zivilrechtliche Fragestellungen, wie die korrekte Beschriftung des „Buttons" oder die zahlreichen Ausnahmen des Verbraucherwiderrufs, mittelbar Einfluss in die strafrechtliche Prüfung.[899]

Ist ein Vertragsschluss gegeben und steht dem getäuschten Verbraucher nach dem Gesetz ein Widerrufsrecht zu, waren hierauf aufbauend die gesetzgeberischen Anforderungen an die Ausübung des Widerrufsrechtes an dem herausgearbeiteten Maßstab[900] auf ihre wirtschaftliche Werthaftigkeit hin zu messen.

Es hat sich gezeigt, dass das Widerrufsrecht nur dann *erkennbar* ist, wenn der Getäuschte rechtzeitig über seine Widerrufsmöglichkeit belehrt wurde.[901] Freilich kann aus der gesetzlichen Belehrungspflicht nicht deren Einhaltung durch den Täuschenden gefolgert werden, sodass dies stets für den jeweiligen Einzelfall zu prüfen ist. Ferner kann das Widerrufsrecht *ohne Beweisschwierigkeiten* ausgeübt werden, solange die Eigenschaften der Parteien als Unternehmer und Verbraucher unstreitig sind, weshalb es

---

894 B. III. 2. a) cc) u. dd).
895 B. III. 2. a) dd).
896 B. III. 2. a) dd) u. ee).
897 So etwa in dem Sachverhalt, der dem Kapitel B. II. zugrunde liegt.
898 B. III. 2. a) aa); B. III. 3. a).
899 B. III. 3. a).
900 B. III. 2. a).
901 B. III. 3. b) aa) (1).

auch insoweit den Anforderungen an eine *problemlose* Lossagungsmöglichkeit genügt.[902]

Zu berücksichtigten waren bei der Prüfung der Tauglichkeit des Widerrufsrechtes als relevenate Lossagungsmöglichkeit im Rahmen des Betrugstatbestandes aber auch solche Umstände, die eine Rückabwicklung des Vertrages nach Widerruf gegebenenfalls *faktisch* erschweren oder unattraktiv machen.[903] Denn diese können einer Ausübung des Widerrufsrechtes entgegenstehen und dieses damit *wirtschaftlich* entwerten. Zu beachten war insoweit, dass das Widerrufsrecht – weitestgehend anders als etwa Anfechtungs- und Rücktrittsrecht – keineswegs voraussetzt, dass der Unternehmer den Grund für den Widerruf verursacht.[904] Das Widerrufsrecht berücksichtigt in seinen Rechtsfolgen daher die Interessen beider Parteien, sodass sich für den Verbraucher faktisch Nachteile ergeben können, wenn er sich wegen einer Täuschung des Unternehmers vom Vertrag lossagen möchte.[905] Diese können zum Beispiel in Rücksendekosten zu sehen sein, die außer Verhältnis zu dem Wert der täuschungsbedingt erhaltenen Ware stehen.[906] Das kann aber auch eine Wertersatzpflicht des Getäuschten sein, der er sich durch Ingebrauchnahme der Sache aussetzt und deretwegen von ihm unter wirtschaftlichen Gesichtspunkten vernünftigerweise eine Rückabwicklung nicht erwartet werden kann.[907] Zu differenzieren ist hierbei stets auch danach, ob es sich um Waren, Dienstleistungen oder die Lieferung digitaler Inhalte handelt.[908] Ist der Widerruf nicht schon wirksam ausgeschlossen, so ist auf die besondere gesetzgeberische Ausgestaltung der jeweiligen Rückabwicklung und Wertersatzpflicht zu achten. Hier ergeben sich jeweils abweichende Hürden, die ihrerseits Einfluss auf die Bewertung der strafrechtlich maßgeblichen wirtschaftlichen Werthaftigkeit haben.[909]

Für Verträge über die *Lieferung von Waren* gilt deswegen, dass sich der Grund für den Widerruf, wie zum Beispiel die Mangelhaftigkeit der Sache oder die fehlende Echtheit des Produkts, zeigen muss, *bevor* es zu einer Benutzung durch den Verbraucher kommt, die über das für eine Prüfung der Beschaffenheit üblicherweise erforderliche Maß hinausgeht.[910] Denn

---

902 B. III. 3. b) aa) (1).
903 B. III. 3. a) aa).
904 B. III. 3. b) aa) (2).
905 B. III. b) aa) (2).
906 B. III. 3. b) aa) (2) (a).
907 B. III. 3. b) aa) (2) (b).
908 B. III. 3. b) aa) (2) (b); B. III. 3. b) aa) (3).
909 B. III. 3. b) aa) (2) u. (3).
910 B. III. 3. b) aa) (2) (b).

durch eine entsprechende Benutzung würde eine Wertersatzpflicht ausgelöst, die die Widerrufsmöglichkeit faktisch entwertet. Ferner konnte gezeigt werden, dass die vom Verbraucher zu tragenden Rücksendekosten
das Widerrufsrecht faktisch entwerten, wenn diese außer Verhältnis zum
Warenwert stehen.[911] Es erscheint kaum möglich, dabei ein festes Verhältnis du definieren. Es konnte lediglich eine Schätzung vorgenommen werden, nach der jedenfalls bei Rücksendekosten in Höhe von mindestens
einem Viertel des Warenwertes von einer deutlichen faktischen Entwertung des Widerrufsrechtes auszugehen ist, sodass eine werthafte Lossagungsmöglichkeit in diesem Fall nicht mehr gegeben ist.

Bei *Dienstleistungsverträgen* kommt das Widerrufsrecht von vorneherein
nicht als beim Eingehungsbetrug berücksichtigungsfähige Lossagungsmöglichkeit in Betracht, wenn der Unternehmer mit der Ausführung auf
Wunsch des Verbrauchers vor Ablauf der Widerrufsfrist begonnen hat.[912]
Denn in diesem Fall steht eine anteilige Wertersatzpflicht einer problemlosen Geltendmachung des Widerrufsrechtes entgegen.

Wurde bei Fernabsatzverträgen über *nicht auf einem körperlichen Datenträger befindliche digitale Inhalte* das Widerrufsrecht nicht ohnehin wirksam
ausgeschlossen, gibt es bei der Rückabwicklung des Vertrages hingegen
keine Besonderheiten, die der faktischen Werthaftigkeit des Widerrufsrechtes entgegenstehen könnten.[913]

Die Untersuchung hat ferner gezeigt, dass in den typischerweise strafrechtlich zu überprüfenden Konstellationen unbedingt solche Umstände
zu berücksichtigen sind, mit denen der Täuschende, ungeachtet der Ausgestaltung des Widerrufsrechtes durch den Gesetzgeber, die *tatsächliche* Ausübbarkeit des Widerrufs zu verhindern versucht.[914] Diese können zum Beispiel in dem Verheimlichen des Rechtes oder dem Kreieren gesetzlich
nicht vorgeschriebener Widerrufsvoraussetzungen wie etwa die Rücksendung der Ware in Originalverpackung oder die Ausübung der Widerrufs
ausschließlich per Einschreiben liegen.[915] Kreiert der Täuschende derartige
Anforderungen, die über die vom Gesetzgeber vorgesehenen Voraussetzungen hinausgehen, handelt es sich nicht mehr um eine problemlos
durchsetzbare Lossagungsmöglichkeit. Das gilt auch, wenn der getäuschte
Verbraucher sich gegebenenfalls an derartige Anforderungen hält.

---

911 B. III. 3. b) aa) (2) (a).
912 B. III. 3. b) aa) (2) (b); B. III. 3. b) aa) (3).
913 B. III. 3. b) aa) (2) (b); B. III. 3. b) aa) (3).
914 B. III. 3. b) bb).
915 B. III. 3. b) bb) (1).

Sofern aber der herausgearbeitete strenge Maßstab an die wirtschaftliche Werthaftigkeit des Widerrufsrechtes[916] im konkret zu überprüfenden Fall eingehalten ist und der Täuschende keine Ursachen dafür schafft, dass die Ausübung erschwert wird, der Getäuschte sich aber trotzdem – beispielsweise aus Trägheit oder Faulheit – am Widerruf gehindert sieht, steht dies der wirtschaftlichen Werthaftigkeit des Widerrufsrechtes nicht entgegen.[917] In diesem Fall nutzt der Getäuschte das werthafte Recht schlichtweg nicht. Es fehlt an einer Vermögensminderung.

---

916 B. III. 2. a).
917 B. III. 3. b) bb) (2) u. (3).

Literaturverzeichnis

Achenbach, Hans: Vermögen und Nutzungschance. Gedanken zu den Grundlagen des strafrechtlichen Vermögensbegriffes, in: Manfred Heinrich/Christian Jäger/ Hans Achenbach/Knut Amelung/Wilfried Bottke/Bernhard Haffke/Bernd Schünemann/Jürgen Wolter (Hrsg.), Strafrecht als Scienta Universalis. Festschrift für Claus Roxin zum 80. Geburtstag am 15. Mai 2011, Berlin [u. a.] 2011, S. 1005–1017.

Albrecht, Helena: Vorspiegeln von Bonität und Schadensbestimmung beim Betrug – Zugleich eine Besprechung von BGH, Urteil vom 20.03.2013 (5 StR 344/12), NStZ 2014, S. 17–22.

Alexander, Christian: Neuregelungen zum Schutz vor Kostenfallen im Internet, NJW 2012, S. 1985–1990.

Amelung, Knut: Auf der Rückseite der Strafnorm. Opfer und Normvertrauen in der strafrechtsdogmatischen Argumentation, in: Jörg Arnold/Björn Burkhardt/ Walter Gropp/Günter Heine/Hans-Georg Koch/Otto Lagodny/Walter Perron/ Susanne Walther (Hrsg.), Festschrift für Albin Eser zum 70. Geburtstag, München 2005, S. 3–24.

Ders.: Unternehmerpfandrecht und Schadensberechnung beim Betrug, NJW 1975, S. 624–626.

Ahn, Kyongok: Das Prinzip der Schadensberechnung und die Vollendung des Betruges bei zweiseitigen Vertragsverhältnissen. Frankfurt a. M. [u. a.] 1995 (zugl. Diss. Kiel 1994). [zitiert als: *Ahn*, Schadensberechnung].

Anwaltskommentar zum Strafgesetzbuch, herausgegeben von Klaus Leipold, Michael Tsambikakis und Alexander Zöller. 2. Aufl., Heidelberg 2015 [zitiert als: AnwK-StGB/*Bearbeiter*].

Arzt, Gunther/Weber, Ulrich/Heinrich, Bernd/Hilgendorf, Eric: Strafrecht Besonderer Teil, Lehrbuch. 3. Aufl., Bielefeld 2015 [zitiert als: Arzt/Weber/Heinrich/Hilgendorf/*Bearbeiter*, BT].

Arzt, Gunther: Betrug durch massenhafte plumpe Täuschung, in: Ulrich Sieber/ Gerhard Dannecker/Urs Kindhäuser/Joachim Vogel/Tonio Walter (Hrsg.), Strafrecht und Wirtschaftsstrafrecht. Festschrift für Klaus Tiedemann zum 70. Geburtstag, Köln [u.a.] 2008, S. 595–603.

Ders.: Bemerkungen zum Überzeugungsopfer – insbesondere zum Betrug durch Verkauf von Illusionen, in: Thomas Weigend/Georg Küpper, Festschrift für Hans Joachim Hirsch zum 70. Geburtstag am 11. April 1999, Berlin [u.a.] 1999, S. 431–450.

Basualto, Héctor Hernández: Täuschung und Opferschutzniveau beim Betrug – zwischen Kriminalpolitik und Dogmatik. Rechtsvergleichende Überlegungen, in: Ulrich Sieber/Gerhard Dannecker/Urs Kindhäuser/Joachim Vogel/Tonio Walter (Hrsg.), Strafrecht und Wirtschaftsstrafrecht. Festschrift für Klaus Tiedemann zum 70. Geburtstag, Köln [u.a.] 2008, S. 605–615.

Baumanns, Silke: Die fehlende Zahlungsbereitschaft des solventen Vertragspartners als Unterfall des Eingehungsbetruges? – Zugleich ein Beitrag zur grundsätzlichen Anerkennung der schadensgleichen Vermögensgefährdung, JR 2005, S. 227–232.

Beckemper, Katharina: Anmerkung zu BGH, Beschluss vom 05.09.2013 – 1 StR 162/13, ZJS 2014, S. 210–213.

Becker, Christian/Rönnau, Thomas: Grundwissen – Strafrecht: Der Gefährdungsschaden bei Betrug (§ 263 StGB) und Untreue (§ 266 StGB), JuS 2017, S. 499–503.

Becker, Christian: Der Vermögensschaden beim Abschluss manipulierter Sportwettenverträge, in Thomas Fischer/Elisa Hoven/Hans-Peter Huber/Rolf Raum/Thomas Rönnau/Frank Saliger/Gerson Trüg (Hrsg.), Dogmatik und Praxis des strafrechtlichen Vermögensschadens, Band 1, Baden-Baden 2015, S. 273–284.

Beck´scher Online Kommentar zum Bürgerlichen Gesetzbuch, herausgegeben von Heinz Georg Bamberger, Herbert Roth, Wolfgang Hau und Roman Poseck. 49. Edition. [zitiert als: BeckOK-BGB/*Bearbeiter*].

Beck´scher Online Kommentar zum Strafgesetzbuch, herausgegeben von Bernd von Heintschel-Heinegg. 41. Edition. [zitiert als: BeckOK-StGB/*Bearbeiter*].

Begemeier, Moritz/Wölfel, Johannes: Sale-and-Steal-back: Betrug? – Zugleich eine Besprechung von BGH, Urteil v. 15.04.2015 – 1 StR 337/14, NStZ 2016, S. 129–133.

Dies.: Betrugsschaden trotz gutgläubigen Erwerbs?, JuS 2015, S. 307–311.

Beseler, Rolff: Der Eingehungsbetrug. Göttingen 1934 (zugl. Diss. Göttingen 1934). [zitiert als: *Beseler*, Eingehungsbetrug]

Bittmann, Folker: Verschleifungsverbot, Quantifizierungsgebot (§§ 263, 266 StGB) und Pflichtwidrigkeit (§ 266 StGB), wistra 2013, S. 1–8.

Blassl, Sebastian: Bilanzierung von Vermögensnachteilen -, Gefährdungsschaden, Vorsichtsprinzip und in dubio pro reo -, wistra 2016, S. 425–431.

Bley, Richard: Warenkreditbetrug. Funktion, Theorie und Rechtswirklichkeit. Hamburg 2008 (zugl. Diss. Düsseldorf 2007).

Bohnenberger, Claus: Betrug durch Vertragserschleichung. Heidelberg 1989 (zugl. Diss. Würzburg 1988). [zitiert als: *Bohnenberger*, Vertragserschleichung].

Bosch, Nikolaus: „Moderne Vertriebsformen" und Schutz des „exquisit Dummen", in: Wolfgang Joecks/Heribert Ostendorf/Thomas Rönnau/Thomas Rotsch/Roland Schmitz (Hrsg.), Recht – Wirtschaft – Strafe. Festschrift für Erich Samson zum 70. Geburtstag, Heidelberg [u.a.] 2010, S. 241–256.

Bottke, Wilfried: Anmerkung zu BGH, Urteil v. 22.10.1986 – 3 StR 226/86, JR 1987, S. 428–431.

Brammsen, Joerg/Apel, Simon: Strafbare Werbung für „Abo-Fallen" – ein „Sternchenhinweis" zur Ergänzung der Betrugsstrafbarkeit, WRP 2011, S. 1254–1258.

Brand, Marco: Die einheitliche Auslegung des § 263 StGB bei leistungsbefreienden Normen des Zivilrechts, JZ 2011, S. 96–102.

Brettel, Hauke/Schneider, Hendrik: Wirtschaftsstrafrecht. 2. Aufl., Baden-Baden 2018.

Brox, Hans/Walker, Wolf-Dietrich: Allgemeines Schuldrecht, Lehrbuch. 42. Aufl., München 2018. [zitiert als: *Brox/Walker*, SchuldR AT].

Bruns, Hans-Jürgen: Gilt die Strafrechtsordnung auch gegen Verbrecher untereinander?, in: Karl Engisch/Reinhart Maurach (Hrsg.), Festschrift für Edmund Mezger zum 70. Geburtstag 15.10.1953, München [u.a.] 1954, S. 335–361.

Buchmann, Felix/Majer, Christian F./Hertfelder, Johannes/Vögelein, Anna: „Vertragsfallen" im Internet – rechtliche Würdigung und Gegenstrategien, NJW 2009, S. 3189–3194.

Buchmann, Felix/Majer, Christian F.: Die "Abo-Falle" im Internet – Mitverschulden des Betrogenen und Europarecht, NJW 2014, S. 3342–3344.

Bundesministerium der Justiz und für Verbraucherschutz: Evaluierung des Gesetzes zum besseren Schutz der Verbraucherinnen und Verbraucher vor Kostenfallen im elektronischen Geschäftsverkehr – Button-Lösung. Abschlussbericht. Berlin 2014, abgerufen am 16.03.2018 unter: http://www.bmjv.de/SharedDocs/Publikat ionen/DE/Evaluierung_Verbraucherschutz_Kostenfallen.html

Cai, Guisheng: Zur Täuschung über zukünftige Ereignisse beim Betrug. Von einem positivistischen zu einem zweckrationalen Tatsachenbegriff. Hamburg 2014 (zugl. Diss. Bonn 2013). [zitiert als: *Cai*, Zukünftige Ereignisse].

Cornelius, Kai: Europäisches Verbraucherleitbild und nationales Betrugsstrafrecht am Beispiel von Kostenfallen im Internet, NStZ 2015, S. 310–316.

Cramer, Peter: Vermögensbegriff und Vermögensschaden im Strafrecht. Bad Homburg v. d. H. [u. a.] 1968 (zugl. Habil. Tübingen 1966). [zitiert als: *Cramer*, Vermögensschaden].

Ders.: Grenzen des Vermögensschutzes im Strafrecht – OLG Hamburg, NJW 1966, 1525, JuS 1966, S. 472–477.

Dannecker, Christoph: Die Bestimmung des Betrugsschadens in der Rechtsprechung des BGH – Von der intersubjektiven Wertsetzung zur gegenleistungsbasierten Verkehrswertermittlung, NStZ 2016, S. 318–327.

Dingler, Andreas: Betrug bei Online-Auktionen. Aachen 2008 (zugl. Diss. München 2008). [zitiert als: *Dingler*, Online-Auktionen].

Eick, Teresa: Die Berücksichtigung des Opferverhaltens beim Betrug am Beispiel der Werbung. Tübingen 2011 (zugl. Diss. Tübingen 2011). [zitiert als: *Eick*, Opferverhalten].

Eisele, Jörg: Strafrecht – Besonderer Teil II. Eigentumsdelikte und Vermögensdelikte, Lehrbuch. 4. Aufl., Stuttgart 2017. [zitiert als: *Eisele*, BT II].

Ders.: Zur Strafbarkeit von sog. „Kostenfallen" im Internet, NStZ 2010, S. 193–199.

Ellbogen, Klaus/Saerbeck, Andreas: Kunde wider Willen – Vertragsfallen im Internet, CR 2009, S. 131–136.

Endriß, Rainer: Nochmals: Strafbare Werbung beim Vertrieb von Zeitschriften. Besprechungsaufsatz zu den Entscheidungen des BGH vom 29.3.1990 und des OLG Düsseldorf vom 6.3.1990, wistra 1990, S. 335–338.

Engländer, Armin: Anmerkung zu BGH, Beschluss v. 12.03.2002 – 3 StR 4/02, JZ 2003, S. 164–165.

Ensenbach, Kai: Der Prognoseschaden bei der Untreue. Tübingen 2016 (zugl. Diss. Kiel 2015). [zitiert als: *Ensenbach*, Prognoseschaden].

Erb, Volker: Der europarechtliche Maßstab des „verständigen Durchschnittsverbrauchers" und das Strafrecht. Inwieweit kann man den Schutz vor Ausnutzung von Unaufmerksamkeit der Eigeninitiative potenzieller Täuschungsopfer überlassen?, in: Cordula Stumpf/Friedemann Kainer/Christian Baldus (Hrsg.), Privatrecht, Wirtschaftsrecht, Verfassungsrecht. Privatinitiative und Gemeinwohlhorizonte in der europäischen Integration. Festschrift für Peter-Christian Müller-Graff zum 70. Geburtstag, Baden-Baden 2015, S. 199–205.

Ders.: Gängige Formen suggestiver Irrtumserregungen als betrugsrelevante Täuschungen, ZIS 2011, S. 368–378.

Ders.: Besprechung: Hefendehl, Roland, Vermögensgefährdung und Exspektanzen. GA 1996, S. 142–143.

Ernst, Stefan: Das Gesetz gegen Abofallen – Guter Wille, mehr nicht, VuR 2012, S. 205–207.

Esser, Robert: Opferverhalten als Zurechnungskriterium. Überlegungen zum Tatbestand des Betrugs (§ 263 StGB) aus Anlass der aktuellen Wirtschaftskrise, in: Knut Amelung/Hans-Ludwig Günther/Hans-Heiner Kühne (Hrsg.), Festschrift für Volker Krey. Zum 70. Geburtstag am 9. Juli 2010, Stuttgart 2010, S. 81–104.

Fischer, Thomas: Strafgesetzbuch. Kommentar. 66. Aufl., München 2019.

Ders.: Wirtschaftlicher, faktischer und normativer Schadensbegriff, in Thomas Fischer/Elisa Hoven/Hans-Peter Huber/Rolf Raum/Thomas Rönnau/Frank Saliger/Gerson Trüg (Hrsg.), Dogmatik und Praxis des strafrechtlichen Vermögensschadens, Band 1, Baden-Baden 2015, S. 51–57.

Föhlisch, Carsten/Löwer, Daniel: Die Entwicklung des E-Commerce-Rechts seit Mitte 2016, VuR 2018, S. 11–22.

Dies.: Die Entwicklung des E-Commerce-Rechts seit Mitte 2015, VuR 2016, S. 443–452.

Föhlisch, Carsten: Das Widerrufsrecht im Onlinehandel. München 2009 (zugl. Diss. Münster 2009). [zitiert als: *Föhlisch*, Widerrufsrecht].

Fröhlich, Martin/Primaczenko, Vladimir: Versand fingierter Rechnungen nach erfolgten Handelsregistereintragungen. Zur Strafbarkeit wegen versuchten Betrugs sowie sonstigen Gegenmaßnahmen, ZWH 2014, S. 140–144.

Funck, Michael: Täuschungsbedingter Betrugsschaden – bei Abschluss eines in Manipulations- oder Täuschungsabsicht abgeschlossenen Vertrags mit bedingtem Leistungsanspruch. Baden-Baden 2018 (zugl. Diss. Bayreuth 2016). [zitiert als: *Funck*, Täuschungsbedingter Betrugsschaden].

Frevers, Matthias: Die Button-Lösung im Lichte der Rechtsgeschäftslehre, NJW 2016, S. 2289–2294.

Gaedertz, Johann Christoph/Martinek, Michael/Ory, Stephan (Hrsg.): Handbuch Mediaagenturen. Aufgabenfelder, Geschäftsmodelle, Vertrags- und Wettbewerbsrecht. München 2016. [zitiert als: Gaedertz/Martinek/Ory/*Bearbeiter*, Mediaagenturen].

Gähler, Sven Gerry: Der Gefährdungsschaden im Untreuetatbestand – Eine Untersuchung vor dem Hintergrund der neueren Entwicklung der Rechtsprechung. Baden-Baden 2016 (zugl. Diss. Hamburg 2015). [zitiert als: *Gähler*, Gefährdungsschaden].

Gallas, Wilhelm: Der Betrug als Vermögensdelikt, in: Paul Bockelmann/Wilhelm Gallas (Hrsg.), Festschrift für Ebehard Schmidt zum 70. Geburtstag, Göttingen 1961, S. 401–436.

Gaßner, Maximilian/Strömer, Jens M.: Die digitale Abofalle – Die straf- und ordnungswidrigkeitenrechtliche Bewertung innovativer Kostenfallen bei der Nutzung mobiler Endgeräte, HRRS 2017, S. 110–122.

Göbel, Thomas: Die strafrechtliche Bekämpfung der unseriösen Geschäftstätigkeit. Zugleich ein Beitrag zur Harmonisierung von Betrugs- und Lauterkeitsstrafrecht. Hamburg 2007. (zugl Diss. Dresden 2006). [zitiert als: *Göbel*, Unseriöse Geschäftstätigkeit].

Goeckenjan, Ingke: Phishing von Zugangsdaten für Online-Bankdienste und deren Verwertung, wistra 2008, S. 128–136.

Graba, Hans-Ulrich: Anmerkung zu BGH, Beschluss v. 16.07.1970 – 4 StR 505/69, NJW 1970, S. 2221–2222.

Greupner, Mathias: Der Schutz des Einfältigen durch den Betrugstatbestand. Berlin 2017 (zug. Diss. Erlangen-Nürnberg 2017). [zitiert als: *Greupner*, Schutz des Einfältigen].

Hampe, Dennis/Köhlert, Sophie: Branchenverzeichnisse im Internet. Arglistige Täuschung durch wettbewerbswidrige Formularschreiben?, MMR 2012, S. 722–725.

Hassemer, Raimund: Schutzbedürftigkeit des Opfers und Strafrechtsdogmatik. Zugleich ein Beitrag zur Auslegung des Irrtumsmerkmals in § 263 StGB. Berlin 1981 (zugl. Diss. Mannheim 1980). [zitiert als: *R. Hassemer*, Schutzbedürftigkeit].

Hassemer, Winfried: Rücksichten auf das Verbrechensopfer, in: Günter Kohlmann (Hrsg.), Festschrift für Ulrich Klug zum 70. Geburtstag, Köln 1983, S. 217–234.

Hatz, Andreas: Die Strafbarkeit von sog. „Abofallen" im Internet, JA 2012, S. 186–189.

Harbort, Nikolai: Die Bedeutung der objektiven Zurechnung beim Betrug. Berlin 2010 (zugl. Diss. Kiel 2008). [zitiert als: *Harbort*, Objektive Zurechnung].

Hauck, Pierre: Betrug und Untreue als konkrete Gefährdungsdelikte de lege lata und de lege ferenda, ZIS 2011, S. 919–930.

Hecker, Bernd/Müller, Hans-Friedrich: Europäisches Verbraucherleitbild und Schutz vor irreführenden Geschäftspraktiken am Beispiel sog. „Internet-Kostenfallen" aus lauterkeits- und betrugsstrafrechtlicher Sicht. Zugleich eine Besprechung von BGH, Urteil v. 05.03.2014 – 2 StR 616/12, ZWH 2014, S. 329–336.

Hecker, Bernd: Strafrecht BT: Betrug durch irreführende Gestaltung einer Internetseite. StGB § 263 I, III 2 Nr. 1, 2 | Der BGH äußert sich erstmals zur Relevanz des europäischen Verbraucherleitbildes im Anwendungsfeld des Betrugstatbestands, JuS 2014, S. 1043–1046.

Ders.: Strafrecht BT: Betrug durch irreführende Gestaltung einer Webseite – StGB § 263 I, III 2 Nrn. 1, 2 | Das OLG Frankfurt a. M. bewertet die „Abzocke" von Internetnutzern durch „Abo-Fallen" als gewerbsmäßiger Betrug, JuS 2011, S. 470–472.

Ders.: Strafbare Produktwerbung im Lichte des Gemeinschaftsrechts. Tübingen 2001 (zugl. Habil. Konstanz 2000/2001). [zitiert als: *Hecker*, Strafbare Produktwerbung].

Hefendehl, Roland: Vermögensgefährdung und Exspektanzen: oder das scheinbare Schreckgespenst des Normativen, in Thomas Fischer/Elisa Hoven/Hans-Peter Huber/Rolf Raum/Thomas Rönnau/Frank Saliger/Gerson Trüg (Hrsg.), Dogmatik und Praxis des strafrechtlichen Vermögensschadens, Band 1, Baden-Baden 2015, S. 77–88.

Ders.: Auslaufmodell „Vermögensgefährdung", in Wolfgang Joecks/Heribert Ostendorf/Thomas Rönnau/Thomas Rotsch/Roland Schmitz (Hrsg.), Recht – Wirtschaft – Strafe. Festschrift für Erich Samson zum 70. Geburtstag, Heidelberg [u.a.] 2010, S. 295–314.

Ders.: Vermögensgefährdung und Exspektanzen. Das vom Zivilrecht konstituierte Herrschaftsprinzip als Grundlage des strafrechtlichen Vermögensbegriffs. Berlin 1994 (zugl. Diss. München 1993). [zitiert als: *Hefendehl*, Exspektanzen].

Heger, Martin: Unionsrechtskonforme Auslegung des Betrugstatbestandes?, HRRS 2014, S. 467–473.

Heim, Cornelia: Die Vereinbarkeit der deutschen Betrugsstrafbarkeit (§ 263 StGB) mit unionsrechtlichen Grundsätzen und Regelungen zum Schutz der Verbraucher vor Irreführungen. Göttingen 2013 (zugl. Diss. Osnabrück 2013). [zitiert als: *Heim*, Vereinbarkeit].

Heinig, Jens: Verbraucherschutz – Schwerpunkte der EU-Verbraucherrechte-Richtlinie, MDR 2012, S. 323–327.

v. Heintschel-Heinegg, Christian: In die Kostenfalle getappt – Betreiben von „Abo-Fallen" im Internet ist betrügerisch, JA 2014, S. 790–791.

Hellmann, Uwe: Risikogeschäfte und Untreuestrafbarkeit, ZIS 2007, S. 433–443.

Ders.: Taterfolg der Vermögens(verletzungs)delikte, in: Martin Heger/Brigitte Kelker/Edward Schramm (Hrsg.), Festschrift für Kristian Kühl zum 70. Geburtstag, München 2014, S. 691–711.

Hillenkamp, Thomas: Ist die „Internet-Abo-Falle" bei richtlinienkonformer Auslegung Betrug? in: Cordula Stumpf/Friedemann Kainer/Christian Baldus (Hrsg.), Privatrecht, Wirtschaftsrecht, Verfassungsrecht. Privatinitiative und Gemeinwohlhorizonte in der europäischen Integration. Festschrift für Peter-Christian Müller-Graff zum 70. Geburtstag, Baden-Baden 2015, S. 191–198.

Ders.: Vorsatztat und Opferverhalten. Göttingen 1981 (zugl. Habil. Göttingen1980). [zitiert als: *Hillenkamp*, Opferverhalten].

Hennings, Frank: Teleologische Reduktion des Betrugstatbestandes aufgrund von Mitverantwortung des Opfers – unter besonderer Berücksichtigung des Kapitalanlage- und Kreditbetruges. Berlin 2002 (zugl. Diss. Hamburg 2001). [zitiert als: *Hennings*, Teleologische Reduktion].

Herzberg, Rolf Dietrich: Eingehungsbetrug und Vorteilsabsicht beim Erschleichen von Warenlieferungen zur Belästigung Dritter – zugleich Besprechung von BayObLG, Urteil v. 17.09.1971 – 7 St 143/71, JuS 1972, S. 185–189.

Hoeren, Thomas/Sieber, Ulrich/Holznagel, Bernd (Hrsg.): Handbuch Multimedia-Recht. Rechtsfragen des elektronischen Geschäftsverkehrs. Loseblatt, Stand: 45. Ergänzungslieferung Juli 2017. [zitiert als: Hoeren/Sieber/Holznagel/*Bearbeiter*, MMR-HdB].

Högel, Bernadette: Die Abgrenzung zwischen Trickdiebstahl und Betrug. Berlin 2015 (zugl. Diss. Augsburg 2014). [zitiert als: *Högel*, Trickdiebstahl und Betrug].

Höhne, Michael: Das Widerrufsrecht bei Kaufverträgen im Spannungsverhältnis von Opportunismus und Effektivität. Die Rückabwicklung nach Widerruf unter besonderer Berücksichtigung der Verhaltensökonomik. Tübingen 2016 (zugl. Diss. Frankfurt a. M. 2016). [zitiert als: *Höhne*, Widerrufsrecht bei Kaufverträgen].

Hövel, Daniel: Anmerkung zu OLG Frankfurt a. M., Beschluss v. 17.12.2010 – 1 Ws 29/09, GRUR 2011, S. 254.

Hoven, Elisa: Der Schadensbegriff bei schwarzen Kassen, in Thomas Fischer/Elisa Hoven/Hans-Peter Huber/Rolf Raum/Thomas Rönnau/Frank Saliger/Gerson Trüg (Hrsg.), Dogmatik und Praxis des strafrechtlichen Vermögensschadens, Band 1, Baden-Baden 2015, S. 201–216.

Jäger, Christian: Nicht nur ein Schaden für den Sport, sondern auch für das Vermögen. Zugleich Besprechung von BGH, Urteil. v. 20.12.2012 – 4 StR 55/12, BGHSt 58, 102, JA 2013, S. 868–871.

Ders.: Die drei Unmittelbarkeitsprinzipien beim Betrug, JuS 2010, S. 761–766.

Janal, Ruth/Jung, Jonathan: Spezialregelungen für Verträge über digitale Inhalte in Theorie und Praxis, VuR 2017, S. 332–340.

Jänicke, Harald: Gerichtliche Entscheidungen als Vermögensverfügung im Sinne des Betrugstatbestandes. Berlin 2001. (zugl. Diss. Mainz 2000). [zitiert als: Jänicke, Gerichtliche Entscheidungen].

Jauering, Othmar (Bgr.)/Stürner, Rolf (Hrsg.): Bürgerliches Gesetzbuch. Kommentar. 16. Aufl., München 2015. [zitiert als: Jauering/*Bearbeiter*, BGB].

Joecks, Wolfgang/Jäger, Christian: Studienkommentar StGB. 12. Aufl., München 2018. [zitiert als: *Joecks/Jäger*, StGB].

Joecks, Wolfgang: Gefühlte Schäden?, in Wolfgang Joecks/Heribert Ostendorf/Thomas Rönnau/Thomas Rotsch/Roland Schmitz (Hrsg.), Recht – Wirtschaft – Strafe. Festschrift für Erich Samson zum 70. Geburtstag, Heidelberg [u.a.] 2010, S. 355–375.

Ders.: Zur Vermögensverfügung beim Betrug. Köln 1982 (zugl. Diss. Kiel 1981). [zitiert als: *Joecks*, Vermögensverfügung].

Kargl, Walter: Der strafrechtliche Vermögensbegriff als Problem der Rechtseinheit, JA 2001, S. 714–720.

Kaufmann, Arthur: Subsidiaritätsprinzip und Strafrecht, in: Claus Roxin/Hans-Jürgen Bruns/Herbert Jäger (Hrsg.), Grundfragen der Strafrechtswissenschaft. Festschrift für Heinrich Henkel zum 70. Geburtstag am 12. September 1973, Berlin [u.a.] 1974, S. 90–107.

Kindhäuser, Urs/Nikolaus, Sonja: Der Tatbestand des Betrugs (§ 263 StGB), JuS 2006, S. 293–298.

Ders.: Zur Vermögensverschiebung beim Betrug, in: Gunter Widmaier/Heiko Lesch/Bernd Müssig/Rochus Wallau (Hrsg.). Festschrift für Hans Dahs, Köln 2005, S. 65–80.

Ders.: Zum Vermögensschaden beim Betrug, in: Cornelius Prittwitz/Michael Baurmann/Klaus Günther/Lothar Kuhlen/Reinhard Merkel/Cornelius Nestler/Lorenz Schulz (Hrsg.), Festschrift für Klaus Lüderssen. Zum 70. Geburtstag am 2. Mai 2002, Baden-Baden 2002, S. 635–648.

Kirschbaum, Jochen: Die gesetzliche Neuregelung der sog. „Internetfalle". Zur dogmatischen Einordnung des § 312g Abs. 3 und 4 BGB n.F., MMR 2012, S. 8–12.

Klas, Benedikt/Schwarz, Philipp: Neue Wege im Kampf gegen Kostenfallen im Internet, VuR 2009, S. 341–346.

Klein, Kerstin: Das Verhältnis von Eingehungs- und Erfüllungsbetrug. Herbolzheim 2003 (zugl. Diss. Frankfurt a. M. 2002). [zitiert als: *Klein*, Verhältnis].

Kliegel, Thomas: Zivil- und strafrechtliche Beurteilung sog. Abofallen im Internet unter Berücksichtigung des neuen § 312g II–IV BGB, JR 2013, S. 389–401.

Klisa, Daniel: Betrug trotz wahrer Erklärung am Beispiel von Abo-Fallen im Internet und Ping-Anrufen. Hamburg 2017 (zugl. Diss. Tübingen 2016). [zitiert als: *Klisa*, Betrug trotz wahrer Erklärung].

Krack, Ralf: Sportwettenbetrug und Manipulation von berufssportlichen Wettbewerben – zur Einführung der §§ 265c ff. StGB -, wistra 2017, S. 289–297.

Ders.: Sind Bestellungen zu Belästigungszwecken eine Betrugskonstellation?, in: Hans-Ulrich Paeffgen/Martin Böse/Urs Kindhäuser/Stephan Stübinger/Torsten Verrel/Rainer Zacyk (Hrsg.). Festschrift für Ingeborg Puppe zum 70. Geburtstag, Berlin 2011, S. 1205–1216.

Ders.: Anmerkung zu BGH, Urteil v. 26.04.2001 – 4 StR 439/00, JZ 2002, S. 613–615.

Ders.: List als Straftatbestandsmerkmal. Frankfurt a. M. [u.a.] 1994 (zugl. Diss. Göttingen 1993). [zitiert als: *Krack*, List].

Kraatz, Erik: Zum Eingehungsbetrug durch Abschluss von Lebensversicherungsverträgen in der Absicht rechtswidriger Inanspruchnahme der Versicherungsleistungen – zugleich eine Anmerkung zu BVerfG 2 BvR 2500/09, 2 BvR 1857/10, JR 2012, S. 329–335.

Kratzsch, Dietrich: Aufgaben- und Risikoverteilung als Kriterien der Zurechnung im Strafrecht, in: Rolf Dietrich Herzberg (Hrsg.), Festschrift für Dietrich Oehler zum 70. Geburtstag, Köln [u.a.] 1985, S. 65–81.

Kredig, Alexander/Uffmann, Katharina: Kostenfallen im elektronischen Geschäftsverkehr. Verbesserung der Rechtslage durch die Buttonlösung des § 312e II BGB-RefE?, ZRP 2011, S. 36–40.

Krell, Paul: Betrugsschaden und Versuchsbeginn bei Abofalle im Internet, ZIS 2019, S. 62–70.

Ders.: Der Eingehungsschaden bei Betrug und Untreue. Zugleich Besprechung von BGH, Urteil. v. 20.03.2013 – 5 StR 344/12, NZWiSt 2013, S. 370–379.

Krey, Volker/Hellmann, Uwe/Heinrich, Manfred: Strafrecht Besonderer Teil, Band 2, Vermögensdelikte. 17. Aufl., Stuttgart 2015. [zitiert als: *Krey/Hellmann/Heinrich*, BT 2].

Krischker, Sven: Das Internetstrafrecht vor neuen Herausforderungen. Berlin 2014 (zugl. Diss. Würzburg 2014). [zitiert als: *Krischker*, Internetstrafrecht].

Kubiciel, Michael: Anmerkung zu BGH, Urteil v. 20.03.2013 – 5 StR 344/12, JZ 2014, S. 99–102.

Kudlich, Hans: Anmerkung zu BGH, Beschluss v. 24.08.2011 – 2 StR 109/11, ZWH 2012, S. 192–193.

Ders.: Anmerkung zu LG Hamburg, Urteil v. 14.01.2011 – 309 S 66/10, ZWH 2011, S. 39.

Küper, Wilfried/Zopfs, Jan: Strafrecht Besonderer Teil Definitionen mit Erläuterungen. 10 Aufl., Heidelberg 2018. [zitiert als: *Küper/Zopfs*, BT].

Küper, Wilfried: Der sog. Erfüllungsbetrug. Bemerkungen zu Begriff, Methode und Konstruktion, in: in: Ulrich Sieber/Gerhard Dannecker/Urs Kindhäuser/Joachim Vogel/Tonio Walter (Hrsg.), Strafrecht und Wirtschaftsstrafrecht. Festschrift für Klaus Tiedemann zum 70. Geburtstag, Köln [u.a.] 2008, S. 617–636.

Lackner, Karl/Kühl, Kristian/Heger, Martin: Strafgesetzbuch. Kommentar, begründet von Eduard Dreher und Herrmann Maassen. 29. Aufl., München 2018. [zitiert als: Lackner/Kühl/*Bearbeiter*, StGB].

Ladiges, Manuel: Die Erlangung von Kontozugangsdaten durch Täuschung – Strafbarkeit des „analogen Phishings", wistra 2016, S. 180–184.

Ders.: Anmerkung zu BGH, Urteil v. 26.11.2015 – 3 StR 247/15, wistra 2016, S. 231.

Ders.: Fortgeschrittenenklausur im Strafrecht: »Surfen und Strafrecht«, Jura 2013, S. 844–850.

Lampe, Ernst-Joachim: Strafrechtliche Aspekte der „Unterschriftenerschleichung" durch Provisionsvertreter, NJW 1978, S. 679 -682.

Leipziger Kommentar zum Strafgesetzbuch, herausgegeben von Heinrich Wilhelm Laufhütte, Ruth Rissing-van Saan und Klaus Tiedemann. Neunter Band: §§ 263–283d, 1. Teilband: §§ 263–266b. 12. Aufl., Berlin 2012. [zitiert als: LK/*Bearbeiter*].

Lenckner, Theodor: Vermögensschaden und Vermögensgefährdung beim sog. Eingehungsbetrug, JZ 1971, S. 320–324.

Ders.: Vermögenswert und Vermögensschaden beim Betrug des Verkäufers, MDR 1961, S. 652–655.

Lobe, Adolf: Der Einfluß des bürgerlichen Rechts auf das Strafrecht, in: August Hegler (Hrsg.), Festgabe für Reinhard von Frank zum 70. Geburtstag 16. August 1930 Band I, Neudruck der Ausgabe Tübingen 1930, Aalen 1669, S. 33–61.

Loch, Claudia: Der Adressbuch- und Anzeigenschwindel. Eine Erscheinungsform wirtschaftskrimineller Kundenwerbung. Hamburg 2008 (zugl. Diss. Köln 2008). [zitiert als: *Loch*, Anzeigenschwindel].

Looschelders, Dirk: Schuldrecht Allgemeiner Teil, Lehrbuch. 16. Aufl., München 2018. [zitiert als: *Looschelders*, SchuldR AT].

Luipold, Ann: Die Bedeutung von Anfechtungs-, Widerrufs-, Rücktritts- und Gewährleistungsrechten auf das Schadensmerkmal des Betrugstatbestandes. Pfaffenweiler 1998 (zugl. Diss. Tübingen 1997). [zitiert als: *Luipold*, Schadensmerkmal].

Majer, Christian F./Buchmann, Felix: Die „Abo-Falle" im Internet – Mitverschulden des Betrogenen und Europarecht, NJW 2014, S. 3342–3344.

Malek, Klaus/Popp, Andreas: Strafsachen im Internet, herausgegeben von Werner Beulke und Alexander Ignor. 2. Aufl., Heidelberg [u.a.] 2015.

Matt, Holger/Renzikowski, Joachim (Hrsg.): Strafgesetzbuch. Kommentar. 1. Aufl., München 2013. [zitiert als: Matt/Renzikowski/*Bearbeiter*, StGB].

Maurach, Reinhart: Anmerkung zu BayObLG, Urteil v. 17.09.1971 – 7 St 143/71, JR 1972, S. 345–346.

Maurach, Reinhart/Schroeder, Friedrich-Christian/Maiwald, Manfred: Strafrecht Besonderer Teil, Teilband 1: Straftaten gegen Persönlichkeits- und Vermögenswerte. 10. Aufl., Heidelberg 2009. [zitiert als: *Maurach/Schröder/Maiwald*, BT 1].

Meyer, Dieter: Schließt das Werkunternehmerpfandrecht beim Betrug einen Vermögensschaden aus? Bemerkungen zu einem Urteil des BayObLG vom 17.12.1973, MDR 1975, S. 357–359.

Ders.: Zum Problem des Vermögensschadens beim sog. „Eingehungsbetrug", MDR 1971, S. 718–720.

Meyer-van Raay, Oliver/Deitermann, Jörg: Gefangen in der (Internet-) Kostenfalle?, VuR 2009, S. 335–341.

Miehe, Olaf: Unbewusste Verfügungen: zur Spannung zwischen Unrechtsgehalt und Tatbild des Betruges. Heidelberg, 1987. [zitiert als: *Miehe*, Unbewusste Verfügungen].

Müller-Christmann, Bernd: Problematik des Vermögensschadens beim Betrug im Falle eines vereinbarten Rücktrittsrechts – zugleich Besprechung von BGH, Urteil v. 22.10.1986 – 3 StR 226/86, JuS 1988, S. 108–114.

Münchener Kommentar zum Bürgerlichen Gesetzbuch, herausgegeben von Franz Jürgen Säcker, Roland Rixecker, Hartmut Oetker und Bettina Limperg. Band 1: §§ 1–240. 8. Aufl., München 2018. [zitiert als: MüKoBGB/*Bearbeiter*].

Ders.: Band 2: §§ 241–432. 8. Aufl., München 2019.

Münchener Kommentar zum Strafgesetzbuch, herausgegeben von Wolfgang Joecks und Klaus Miebach. Band 5: §§ 263–358. 3. Aufl., München 2019. [zitiert als: MüKoStGB/*Bearbeiter*].

Naucke, Wolfgang: Der Kausalzusammenhang zwischen Täuschung und Irrtum beim Betrug. Zum Verhältnis zwischen Kriminalpolitik und Strafrechtsdogmatik, in: Jürgen Baumanns/Klaus Tiedemann (Hrsg.), Festschrift für Karl Peters zum 70. Geburtstag, Tübingen 1974, S. 109–120.

Nelles, Ursula: Untreue zum Nachteil von Gesellschaften. Zugleich ein Beitrag zur Struktur des Vermögensbegriffs als Beziehungsbegriff. Berlin 1991 (zugl. Habil. 1990). [zitiert als: *Nelles*, Untreue].

Nomos Kommentar, Bürgerliches Gesetzbuch Handkommentar, 10. Aufl., Baden Baden 2019. [zitiert als: NK-BGB/*Bearbeiter*].

Nomos Kommentar zum Strafgesetzbuch, herausgegeben von Urs Kindhäuser, Ulfried Neumann und Hans-Ulrich Paeffgen. 5. Aufl., Baden-Baden 2017. [zitiert als: NK-StGB/*Bearbeiter*].

Oechsler, Jürgen: Rückabwicklung des Kaufvertrages gegenüber Fahrzeugherstellern im Abgasskandal, NJW 2017, S. 2865–2869.

Otto, Harro: Die neue Rechtsprechung zum Betrugstatbestand, Jura 2002, S. 606–615.

Ders.: Vermögensgefährdung, Vermögensschaden und Vermögensminderung, Jura 1991, S. 494–498.

Ders.: Die sog. Tatsächliche oder wirtschaftliche Betrachtungsweise – eine spezifisch strafrechtliche Auslegungsmethode, Jura 1989, S. 328–330.

Ders.: Die Struktur des strafrechtlichen Vermögensschutzes. Berlin 1970 (zugl. Habil. Gießen 1969). [zitiert als: *Otto*, Die Struktur].

Palandt, Otto: Bürgerliches Gesetzbuch. Kommentar. 78. Aufl., München 2019. [zitiert als: Palandt/*Bearbeiter*, BGB].

Pannenborg, Eerke S.: Vermögensschaden trotz gutgläubigen Eigentumserwerbs – Zugleich eine Besprechung von BGH, Urteil v. 15.04.2015 – 1 StR 337/14, NZWiSt 2015, S. 427–430.

Paschke, Matthias: Insertionsoffertenbetrug – Eine Untersuchung zur Strafbarkeit des Versendens von rechnungsähnlich aufgemachten Vertragsangeboten als Betrug im Sinne des § 263 StGB -. Hamburg 2007 (zugl. Diss. Heidelberg 2007). [zitiert als: *Paschke*, Insertionsoffertenbetrug].

Pawlik, Michael: Das unerlaubte Verhalten beim Betrug. Köln [u.a.] 1999 (zugl. Habil. Bonn 1997/98). [zitiert als: *Pawlik*, Das unerlaubte Verhalten].

Peters, Karl: Die Begrenzung des Strafrechts bei zivilrechtlichen Verhältnissen als materiellrechtliches und prozessuales Problem, in: Paul Bockelmann/Wilhelm Gallas (Hrsg.), Festschrift für Ebehard Schmidt zum 70. Geburtstag, Göttingen 1961, S. 488–510.

Petropoulos, Vasileios: Die Berucksichtigung des Opferverhaltens beim Betrugstatbestand. München 2005 (zugl. Diss. München 2005). [zitiert als: *Petropoulos*, Berücksichtigung des Opferverhaltens].

Puppe, Ingeborg: Anmerkung zur Befreiung des Strafrechts vom ökonomischen Denken, ZIS 2010, S. 216–219.

Dies.: Vermögensverfügung und Vermögensschaden bei Eingehung unwirksamer Verbindlichkeiten, MDR 1973, S. 12–13.

211

Raue, Benjamin: „Kostenpflichtig bestellen" – ohne Kostenfalle? Die neuen Informations- und Formpflichten im Internethandel, MMR 2012, S. 438–443.

Reifner, Udo: Anmerkung zu LG München I, Urteil v. 12.05.2009 – 28 O 398/09, VuR 2010, S. 228.

Reitemeier, Wiebke: Täuschungen vor Abschluß von Arbeitsverträgen. Zum Verhältnis zwischen dem Straftatbestand des Betruges und dem Anfechtungsrecht wegen Arglistiger Täuschung (§§ 263 Abs. 1 StGB, 123 Abs. 1 Alt. 1 BGB). Frankfurt a. M. [u.a.] 2001 (zugl. Diss. Göttingen 2000). [zitiert als: *Reitemeier*, Täuschungen vor Arbeitsverträgen].

Rengier, Rudolf: Strafrecht Besonderer Teil I, Vermögensdelikte. 20. Aufl., München 2018.

Ders.: Europäisches Verbraucherleitbild und Betrugsstrafrecht, in: Wolfgang Büscher/Jochen Glöckner/Axel Nordemann/Christian Osterrieth/Rudolf Rengier (Hrsg.), Festschrift für Karl-Heinz Fezer zum 70. Geburtstag, München 2016, S. 365–376.

Ders.: Gedanken zur Problematik der objektiven Zurechnung im Besonderen Teil des Strafrechts, in: Bernd Schünemann/Hans Achenbach/Wilfried Bottke/Bernhard Haffke/Hans-Joachim Rudolphi (Hrsg.), Festschrift für Claus Roxin zum 70. Geburtstag am 15. Mai 2001, Berlin [u.a.] 2001, S. 811–826.

Ders.: Betrugsprobleme bei vorgetäuschter Zahlungsfähigkeit – BayObLG, NJW 1999, 663, JuS 2000, S. 644–646.

Riemann, Thomas: Vermögensgefährdung und Vermögensschaden. Heidelberg 1989 (zugl. Diss. Köln 1988). [zitiert als: *Riemann*, Vermögensgefährdung].

Rochus, Reinhard: Anmerkung zu BGH, Urteil v. 02.11.1982 – 5 StR 358/82, JR 1983, S. 338–339.

Rönnau, Thomas/Wegner, Kilian: Anmerkung zu BGH, Urteil v. 05.03.2014 – 2 StR 616/12, JZ 2014, S. 1064–1068.

Rose, Frank: Zusendung rechnungsähnlicher Vertragsofferten als (versuchter) Betrug: Zur strafrechtlichen Risikoverteilung im Geschäftsverkehr – zugleich eine Anmerkung zu BGH, Urteil v. 26.04.2001 – 4 StR 439/00, wistra 2002, S. 13–17.

Roth, Hans-Peter: „Button"-Lösung – Gesetz zum Schutz der Verbraucher vor Abo- und Kostenfallen im Internet, VuR 2012, S. 477–482.

Rotsch, Thomas: Der Vermögensverlust großen Ausmaßes bei Betrug und Untreue, ZStW 117 (2005), S. 577–604.

Roxin, Claus: Bemerkungen zur sozialen Adäquanz im Strafrecht, in: Günter Kohlmann (Hrsg.), Festschrift für Ulrich Klug zum 70. Geburtstag, Köln 1983, S. 303–314.

Saliger, Frank: Juristischer und wirtschaftlicher Schaden, HRRS 2012, S. 363–368.

Ders.: Auswirkungen des Untreue-Beschlusses des Bundesverfassungsgerichtes vom 23.6.2010 auf die Schadensdogmatik, ZIS 2011, S. 902–918.

Ders.: Die Normativierung des Schadensbegriffs in der neuern Rechtsprechung zu Betrug und Untreue, in: Wolfgang Joecks/Heribert Ostendorf/Thomas Rönnau/Thomas Rotsch/Roland Schmitz (Hrsg.), Recht – Wirtschaft – Strafe. Festschrift für Erich Samson zum 70. Geburtstag, Heidelberg [u.a.] 2010, S. 455–482.

Samson, Erich: Grundprobleme des Betrugstatbestandes (2. Teil), JA 1978, S. 564–570.

Satzger, Helmut/Schluckebier, Wilhelm/Widmaier, Gunter (Hrsg.): Strafgesetzbuch. Kommentar. 4. Aufl., Köln 2019. [zitiert als: Satzger/Schluckebier/Widmaier/*Bearbeiter*, StGB].

Satzger, Helmut: Probleme des Schadens beim Betrug, Jura 2009, S. 518–528.

Schade, Jürgen: Geschäfte an der Haustür durch unbestellte Vertreter, in: Eduard Reimer (Begr.)/Friedrich-Karl Beier/Gerhard Schricker/Eugen Ulmer (Hrsg.), Schriftenreihe zum gewerblichen Rechtsschutz, Köln [u.a.] 1978. [zitiert als: *Schade*, Unbestellte Vertreter].

Schärtl, Christoph: Der verbraucherschützende Widerruf bei außerhalb von Geschäftsräumen geschlossenen Verträgen und Fernabsatzverträgen, JuS 2014, S. 577–583.

Scheinfeld, Jörg: Betrug durch unternehmerisches Werben? – Zur Divergenz zwischen Wettbewerbsrecht und Absichtskriterium des BGH -, wistra 2008, S. 167–173.

Schlösser, Jan: Die Betrugsdogmatik vor den Schranken des Verfassungsrechts. Anmerkungen zu BVerfG, Beschluss v. 07.12 2011–2 BvR 2500/09, 1857/10, NStZ 2012, S. 473–479.

Ders.: Verfassungsrechtliche Grenzen einer Subjektivierung des Schadensbegriffes – Zur jüngsten Rechtsprechung des BVerfG zur Untreue und ihren Folgen für eine Schadensbegründung im Rahmen des Betruges, HRRS 2011, S. 254–264.

Schlüchter, Ellen: Der Vermögensschaden im Sinne des § 263 StGB aus wirtschaftlicher Sicht. Dargestellt am Fall von Vertragsschlüssen, erschlichen durch Täuschung über die Bedeutung des Bestellscheins, MDR 1974, S. 617–624.

Schmidhäuser, Eberhard: Der Zusammenhang von Vermögensverfügung und Vermögensschaden beim Betrug (§ 263 StGB), in: Hans-Heinrich Jescheck und Theo Vogler (Hrsg.). Festschrift für HERBERT TRÖNDLE zum 70. Geburtstag am 24. August 1989, Berlin [u.a.] 1989, S. 305–311.

Schmidt, Frank-Richard: Zum Begriff des Vermögensschadens beim Betrugstatbestand. Göttingen 1970 (zugl. Diss. Göttingen 1970). [zitiert als: *Schmidt*, Begriff des Vermögensschadens].

Schmoller, Kurt: Ermittlung des Betrugsschadens bei Bezahlung eines marktüblichen Preises. Zur wirtschaftlichen Relevanz subjektiver Nützlichkeitsvorstellungen, ZStW 103 (1991), S. 92–135.

Schönke, Adolf/Schröder, Horst: Strafgesetzbuch. Kommentar. 30. Aufl., München 2019. [zitiert als: Schönke/Schröder/*Bearbeiter*, StGB].

Schramm, Edward: Strafrecht Besonderer Teil I. Eigentums- und Vermögensdelikte. 1. Aufl., Baden Baden 2017. [zitiert als: *Schramm*, BT I].

Schröder, Horst: Anmerkung zu BayObLG, Urteil v. 17.09.1971 – 7 St 143/71, JZ 1972, S. 26.

Ders.: Anmerkung zu BGH, Beschluss v. 16.07.1970 – 4 StR 505/60, JR 1971, S. 74–75.

Ders.: Zum Vermögensbegriff bei Betrug und Erpressung. Zugleich Besprechung des Urteils des BGH v. 18.12.1964 – 2 StR 461/64, JZ 1965, S. 513–516.

Schuhr, Jan C.: Mehraktige Vermögensdispositionen beim Betrug und die Grenzen des sachgedanklichen Mitbewusstseins, ZStW 123 (2011), S. 517–547.

Schüler-Springorum, Horst: Über Vivtimologie, in: Juristische Fakultät der Georg-August-Universität Göttingen (Hrsg.), Festschrift für Richard M. Honig. Zum 80. Geburtstag 3. Januar 1970, Göttingen 1970, S. 201–215.

Schünemann, Bernd: Die Stellung des Opfers im System der Strafrechtspflege, NStZ 1986, S. 193–200 und S. 439–443.

Schwarz, Torsten: Die Mitverantwortung des Opfers beim Betrug. Berlin 2013 (zugl. Diss. Regensburg 2012). [zitiert als: *Schwarz*, Mitverantwortung beim Betrug].

Seelmann, Kurt: Anmerkung zu BGH, Urteil v. 23.01.1985 – 1 StR 691/84, JR 1986, S. 346–348.

Seyfert, Christian: Vermögensschaden und Schadensrelation beim Betrug des Verkäufers, JuS 1997, S. 29–35.

Sinn, Arndt: Anmerkung zu BGH, Urteil v. 20.03.2013 – 5 StR 344/12, ZJS 2013, S. 625–628.

Specht, Louisa: Wertersatz nach Verbraucherwiderruf im Fernabsatz – Was kommt nach den Entscheidungen „Wasserbett" und „Katalysatorkauf"?, VuR 2017, S. 363–370.

Spickhoff, Andreas: Zivilrechtliche Wertungen und strafrechtlicher Vermögensbegriff, JZ 2002, S. 970–977.

Spindler, Gerald/Schuster, Fabian: Recht der elektronischen Medien. Kommentar. 3. Aufl., München 2015. [zitiert als: Spindler/Schuster Elektron. Medien/*Bearbeiter*].

Spindler, Gerald/Thorun, Christian/Blom, Annelies G.: Die Evaluation der Button-Lösung. Ergebnisse einer empirischen Studie, MMR 2015, S. 3–7.

Stuckenberg, Carl-Friedrich: Zur Strafbarkeit von Phishing, ZStW 118 (2006), S. 878–912.

Strelczyk, Christoph: Die Strafbarkeit der Bildung schwarzer Kassen. Eine Untersuchung zu schadensgleichen Vermögensgefährdung sowie zur objektiven Zurechnung finanzieller Sanktionen infolge schwarzer Kassen als Vermögensnachteil i. S. d. § 263 StGB. Herbolzheim 2008 (zugl. Diss. München 2008). [zitiert als: *Strelczyk*, Schwarze Kassen].

Tenckhoff, Jörg: Eingehungs- und Erfüllungsbetrug, in: Wilfried Küper (Hrsg.). Festschrift für Karl Lackner zum 70. Geburtstag am 18. Februar 1987, Berlin [u.a.] 1987, S. 677–693.

Thomas, Heinz/Putzo, Hans: Zivilprozessordnung. Kommentar. 39. Aufl., München 2018. [zitiert als: Thomas/Putzo/*Bearbeiter*, ZPO].

Tiedemann, Klaus: Wirtschaftsstrafrecht. 5. Aufl., München 2017.

Ders.: Die Zwischenprüfung im Strafrecht. München 1987.

Ders.: Der Vergleichsbetrug, in: Günter Kohlmann (Hrsg.), Festschrift für Ulrich Klug zum 70. Geburtstag, Köln 1983, S. 405–418.

Tsambikakis, Michael: Anmerkung zu BGH, Beschluss vom 05.09.2013 – 1 StR 162/13, NJW 2014, S. 407.

Ullenboom, David: Neuere Erscheinungen der Betrugskriminalität aus strafrechtlicher Perspektive – das sog. Carding, NZWiSt 2018, S. 26–28.

Verbraucherzentrale Bundesverband e.V.: Kostenfallen im Internet und Praxistest Buttonlösung. Eine Übersicht über die Verfahren des Verbraucherzentrale Bundesverbandes zu Verträgen im Internet vor und nach Einführung der „Buttonlösung". Berlin 2013, abgerufen am 02.03.2018 unter: www.vzbv.de/sites/default/fi les/downloads/Kostenfallen_im_Internet.pdf

Ders.: Unseriöse Routenplaner: Vorsicht Kostenfalle. Berlin 2017, abgerufen am 02.03.2018 unter: www.verbraucherzentrale.de/abofalle-routenplaner

Ders.: Routenplaner-Abzocke: Inkasso-Büros drohen mit absurdem Besuch. Berlin 2017, abgerufen am 02.03.2018 unter: www.verbraucherzentrale.de/routenplane r-inkasso

Verbraucherzentrale Hamburg e.V.: Abofalle im Internet – zahlen Sie nicht! Hamburg, abgerufen am 02.03.2018 unter: www.vzhh.de/telekommunikation/30115/ abofalle-nicht-zahlen.aspx

Ders.: Falsche Streaming-Dienste: Vorsicht vor Abo-Fallen! Hamburg 2017, abgerufen am 14.05.2018 unter: www.vzhh.de/themen/telefon-internet/abofallen/falsch e-streaming-dienste-vorsicht-vor-abo-fallen

Verbraucherzentrale Niedersachsen e.V.: Routenplaner-Abzocke hat neuen Namen. Hannover 2017, abgerufen am 02.03.2018 unter: www.verbraucherzentrale-nied ersachsen.de/maps-routenplaner-pro

Verbraucherzentrale Rheinland-Pfalz e.V.: Comeback der Internetabzocke. Verbraucherzentrale warnt vor Kostenfalle bei Routenplaner. Mainz 2016, abgerufen am 02.03.2018 unter: www.verbraucherzentrale-rlp.de/routenplaner-abzocke

Ders.: Routenplaner-Abzocke: absurde Drohungen
 Verbraucherzentrale warnt vor ungewollten Abonnements und ungerechtfertigten Mahnungen. Mainz 2017, abgerufen am 02.03.2018 unter: www.verbraucherzentrale-rlp.de/pr essemeldungen/routenplanerabzocke-absurde-drohungen-verbraucherzentrale-w arnt-vor-ungewollten-abonnements-und-ungerechtfertigten-mahnungen-17599

Vergho, Raphael: Das Leitbild eines verständigen Durchschnittsverbrauchers und das Strafrecht – ein inkongruentes Verhältnis, wistra 2010, S. 86–92.

Völschow, Clemens Dion: Die Strafbarkeit der sog. ‚Kostenfallen‘ im Internet. Zum Kriterium der ‚hypothetischen Gegenprobe‘. Hamburg 2015 (zugl. Diss. Kiel 2014). [zitiert als: *Völschow*, Kostenfallen].

Wabnitz, Heinz-Bernd/Janovsky, Thomas: Handbuch des Wirtschafts- und Steuerstrafrechts. 4. Aufl., München 2014. [zitiert als: *Wabnitz*/Janovsky/*Bearbeiter*, HdB Wirtschafts- und Steuerstrafrecht]

Wagner, Tobias: Das Problem des Vermögensschadens beim Betrug durch den Verkauf von Plagiaten, wistra 2017, S. 466–469.

Wahl, Matthias: Die Schadensbestimmung beim Eingehungs- und Erfüllungsbetrug. Berlin 2007 (zugl. Diss. Heidelberg 2006/2007). [zitiert als: *Wahl*, Schadensbestimmung].

Walter, Tonio: Die Kompensation beim Betrug (§ 263 StGB), in: Holm Putzke/Bernhard Hardtung/Tatjana Hörnle/Reinhard Merkel/Jörg Scheinfeld/Horst Schlehofer/Jürgen Seier (Hrsg.). Strafrecht zwischen System und Telos. Festschrift für Rolf Dietrich Herzberg zum siebzigsten Geburtstag am 14. Februar 2008, Tübingen 2008, S. 763–776.

Wang, Jing: Die Vermögensverfügung als Tatbestandsmerkmal des Betrugs. Rechtsvergleichende Untersuchung des deutschen, japanischen und chinesischen Rechts. Baden-Baden 2016 (zugl Diss. Freiburg 2015). [zitiert als: *Wang*, Vermögensverfügung als Tatbestandsmerkmal].

Weber, Ulrich: Rücktritt vom vermögensgefährdenden Betrug, in: Ulrich Sieber/Gerhard Dannecker/Urs Kindhäuser/Joachim Vogel/Tonio Walter (Hrsg.), Strafrecht und Wirtschaftsstrafrecht. Festschrift für Klaus Tiedemann zum 70. Geburtstag, Köln [u.a.] 2008, S. 637–647.

Wegner, Kilian: Betrugsstrafbarkeit bei Missbrauch des „WAP-Billing"-Verfahrens, NStZ 2016, S. 455–460.

Weiss, Alexander: Die Untiefen der „Button-Lösung", JuS 2013, S. 590–594.

Weisser, Jochen: Verstoß gegen „Button-Lösung" – Anmerkung zu LG München 11.06.2013 – 33 O 12678/13, VuR 2013, S. 393–395.

Wessels, Johannes/Hillenkamp, Thoma/Schuhr, Jan C.: Strafrecht Besonderer Teil 2, Straftaten gegen Vermögenswerte. 41. Aufl., Heidelberg 2018. [zitiert als: *Wessels/Hillenkamp/Schuhr*, BT 2].

Wilschke, Jan: Einordnung und Behandlung von „Abofallen" – aktuelle Rechtsprechung und Schaltflächenlösung, VuR 2012, S. 171–183.

Winkler, Harald: Der Vermögensbegriff beim Betrug und das verfassungsrechtliche Bestimmtheitsgebot. Zur Auslegung des Merkmals „Vermögen" in § 263 StGB unter dem Aspekt der Rechtssicherheit. Frankfurt a. M. [u.a.] 1995 (zugl. Diss. Marburg 1994). [zitiert als: *Winkler*, Vermögensbegriff].

Wittig, Petra: Wirtschaftsstrafrecht. 4. Aufl., München 2017.

Dies.: Das tatbestandsmäßige Verhalten des Betruges. Frankfurt a. M. 2005 (zugl. Habil. Passau 2003). [zitiert als: *Wittig*, Tatbestandsmäßiges Verhalten].

Wostry, Thomas: Schadensbezifferung und bilanzielle Berechnung des Vermögensschadens bei dem Tatbestand des Betruges (§ 263 StGB). Berlin 2016 (zugl. Diss. Düsseldorf 2014). [zitiert als: *Wostry*, Schadensbezifferung].